JN418823

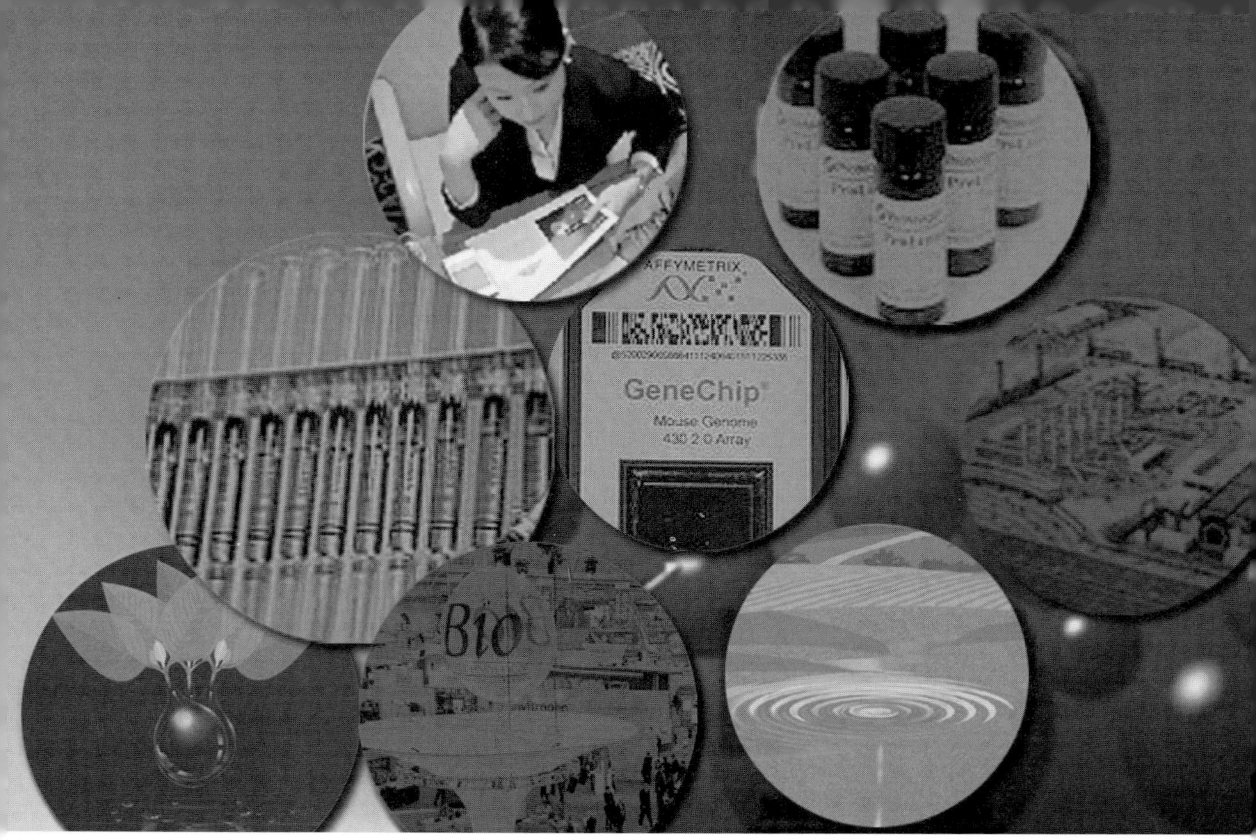

바이오산업과 환경

| 윤상욱 · 강호덕 · 강규영 |

| 머리말 |

바이오산업은 한국의 미래를 이끌어갈 성장동력산업이고, 고부가가치 산업으로 세계 각국에서는 일찍이 국가 핵심산업으로 육성하고 있다. 또한 바이오산업은 한국과 같이 과학기술과 지식의 축적이 높고 다양한 인재 육성이 가능한 나라에서 매우 강점을 가진 산업으로서 정부의 관심과 지원만 있으면 선도그룹에 빠르게 진입할 수 있다. 하지만 삼성, 현대 등 거대기업 중심으로 경제가 운용되다 보니, 전자, IT, 자동차 등에는 정부의 지원이 몰리지만 오히려 더 높은 부가가치를 가진 바이오산업은 항상 뒷전에 밀릴 수밖에 없었다. 중국만 보더라도 우리보다 더 의욕적으로 바이오기술산업화 프로젝트를 추진하고 있다. 중국 국무원은 바이오산업이 향후 중국 국내 총생산에서 차지하는 비중이 10퍼센트를 넘을 것으로 예상할 정도로 관심과 지원이 지대하다.

한국에서는 국정 최고지도자들이나 공무원들이 바이오산업에 대한 이해와 관심이 부족한 것 같다. 정부는 3년간 4대강 사업 예산을 22조5000억 원으로 설정한 바 있으나 바이오산업 관련 예산은 1조 원도 되지 않는다. 바이오신약 1개 품목의 연간 매출액이 1조 원이라는 것을 감안하면 바이오산업의 중요성을 별로 인식하지 못하는 것이다. 하지만 이 돈의 1/10도 안 되는 2조 원만 바이오산업에 투자해도 현재 답보상태인 전자, 반도체, IT를 뛰어넘어 한국의 효자산업으로 자리 잡을 수 있다. 최근 삼성, LG, SK 등이 늦었지만 바이오산업에 관심을 갖고 최근 투자를 늘리고 있는 것은 다행이라 하겠다. 바이오산업은 기술집약 산업이라서 단시간에 따라 잡을 수 없기 때문에 국내외 기업과의 협력 및 합병으로 발전을 도모하고 해외시장에 진출하는 것도 좋은 방법이다.

그동안 정부의 미미한 지원 속에서도 국내의 바이오벤처기업들은 놀라운 성과를 거두었고 일부 기업들은 세계가 인정하는 놀라운 기술력을 일구어냈다. 오히려 해외의 다국적 기업들이 국내의 작은 기업의 기술을 더 알아주고 협력을 요청하는 경우도 생겼다. 그들의 노력에 찬사를 보내며 정부의 더 많은 지원이 하루 속히 미치기를 바랄 뿐이다.

바이오산업의 바이오칩, 바이오센서 등 전자, 화학, IT와도 밀접한 관계를 가지고 있고 이들 산업을 동반 발전시키는 중요한 원동력이 된다. 바이오산업은 바이오에너지를 통해 국가에 미래 에너지를 공급하게 될 것이다. 태양열, 풍력, 조력발전 등은 차량 및 일반 에너지원으로는 한계가 있으며, 바이오산업은 전적으로 수입에만 의존하는 화석연료를 대체할 값싼 바이오연료를 생산할 수 있다. 바이오농약과 생물정화복원 등 지구를 살리고 인류의 건강을 보호하는 중요한 임무를 바이오산업이 가지고 있다. 기존의 약재나 의약품으로 고치지 못한 인류의 난치병과 불치병을 치료하는 열쇠를 바이오산업이 쥐고 있다. 질병에 강하고 환경 적응력이 뛰어난 작물들을 개발해서 심각한 식량난을 겪고 있는 제3세계의 기아해결에 바이오산업이 큰 역할을 할 수 있다. 이렇게 중요한 바이오산업을 등한시하는 것은 미래를 포기하고 국민을 포기하는 것이다.

한국에는 오송생명과학단지, 대덕연구개발특구, 원주의료기기테크노벨리, 오창과학산업단지, 송도바이오메디파크, 춘천바이오벤처플라자, 대구첨단의료복합단지 등 대표적인 바이오클러스터들이 있고 이를 지원하는 바이오지원센터가 전국에 골고루 설치돼 있다. 하지만 너무 지역안배에 치우치고 지역에 따른 특성화사업에 실패하여 각 바이오단지들이 차별성을 갖지 못하고 있다. 일례로 2009년에 첨단의료복합단지로 충북 오송과 대구가 선정됐는데 정작 인천국제공항과 가장 가까워서 의료관광, 해외두

뇌 유치 및 해외협력에 유리한 인천과 송도는 여기에 포함되지 않아서 현실감이 떨어지는 탁상행정과 정치적 고려가 바이오산업에도 걸림돌이 된다는 것을 알 수 있다.

이 책에서는 먼저 바이오산업의 범위와 분류, 세계 바이오산업의 현황과 전망, 한국 바이오산업의 현황, 투자, 성과, 유망 분야 등에 대해 알아본다. 그리고 각 부문별 세계적 바이오기업들과 국내외 바이오클러스터에 대해서 살펴본다. 레드, 그린, 화이트바이오에 대한 해설과 현황, 유전자재조합농산물, 바이오농약, 바이오섬유, 바이오연료 등에 대해 알기 쉽게 설명하고, 식물자원을 이용한 신약개발의 기초지식도 제공한다. 특히 미래의 대체에너지라고 할 수 있는 바이오에너지에 대해 많은 지면을 할애하며, 지구환경과 인류건강에 매우 중요한 바이오농약과 생물정화복원에 대해서도 소개한다. 이 책이 바이오산업과 그 중요성을 이해하고 보다 나은 미래를 열어나가는 데 조그마한 보탬이 된다면 더 바랄 게 없다.

끝으로 이 책이 출판되기까지 많은 도움을 주신 도서출판 문음사 사장님과 임직원 여러분께 감사의 말씀을 올린다.

2010년 7월 1일

저자들 씀

차례

Part 01

바이오산업이란

Part 02

바이오산업의 현황과 전망

Part 03

한국 바이오산업의 현황과 전망

Part 04

세계적 바이오기업들

Part 05

바이오클러스터

Part 06

레드, 그린, 화이트바이오

Part 07

식물자원을 이용한 신약개발

Part 08

유전자재조합 농산물

Part 09
바이오에너지

part 10
바이오농약

part 11

바이오기술과 환경산업

Part 01

바이오산업이란

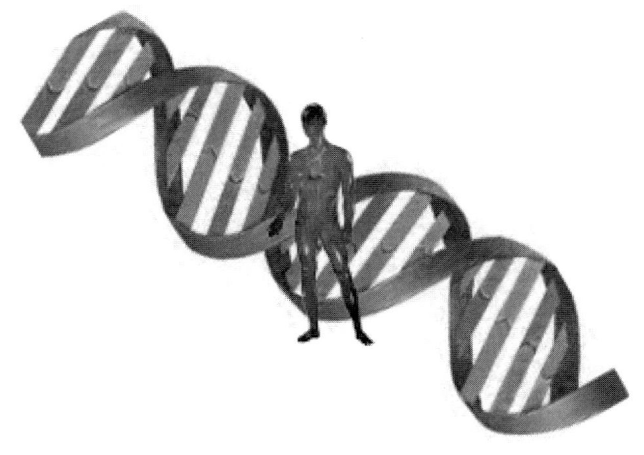

1장
바이오산업의 개념

1. 바이오산업의 정의

바이오산업(Bioindustry)은 바이오기술과 지식을 토대로 생물체의 기능과 정보를 응용하거나, 생물 자체의 고유한 기능을 개량하고 높여서 고부가가치의 유용한 물질과 서비스를 상업적으로 생산하는 산업을 뜻한다. 경제협력개발기구(OECD)는 바이오기술을 '지식, 재화 및 서비스의 생산을 목적으로 생물 또는 무생물을 변형시키는 과정에서 생물체 또는 생물체의 일부, 제품 및 제품관련 모델에 과학적 논리와 기술을 적용하는 활동'으로 정의한다. 여기에는 바이오기술을 혁신적으로 발전시킨 새로운 산업군과 함께, 전자 · 환경 등 기존산업에 바이오기술을 접목해서 새로운 분야로 탄생한 첨단 산업군이 모두 포함된다.

2000년 이전까지는 주로 "생물산업"으로 부르다가 최근에는 "바이오산업"으로 통일해서 사용하고 있다. 바이오기술은 유전자 재조합기술 또는 세포융합기술 등과 같이 여러 기술 가운데 한 분야로 인식해오다가, 생명체를 하나의 정보시스템으로 인식하여 생물정보의 데이터베이스화 및 프로그램화까지 포괄함으로써 적용범위와 대상을 확대했다. 이에 따라 바이오산업을 창출하는 가장 중요한 기술인 '바이오테크놀로지(biotechnology)'의 해석도 달라져 단순히 '생명공학' 또는 '생물공학'으로 부르던 것에서 생물학 이외의 융합 분야도 포괄하는 '바이오기술'로 통칭하는 경우가 많아졌다.

바이오라는 용어는 산업뿐만 아니라 생활전반에 폭넓게 자리 잡고 있다. 바이오자동차에서부터 바이오양말까지 바이오가 들어가지 않으면 판매가 안 될 정도로 "바이오"란 용어는 시장과 산업에 새로운 활로를 제공하고 있다. 또한 최근의 웰빙 열풍과 함께 소비자들도 친환경적이고 친자연적인 상품에 높은 관심을 보임에 따라, 바이오산업은 시장개척과 부가가치 창출에 무궁무진한 기회를 제공하는 미래산업이 될 것이다.

인류는 놀라운 과학기술을 발전시켜왔으나 각종 난치병 분야에서는 더 획기적이고 진일보한 기술이 요구되고 있다. 얼마 전까지 많은 뉴스와 논란의 중심에 있었던 배아 줄기세포 연구의 실용화는 이것을 단적으로 보여주는 예이다. 바이오기술의 양적 · 질적 성장과 여러 산업의 기술융합에 따라 바이오산업의 발전은 앞으로도 무궁무진할 것이다.

2. 바이오산업의 특성

바이오산업은 일차적으로 바이오기술을 토대로 하고 있으므로 농업, 의약, 식품, 화학 분야에서 먼저 시작되고 발전해 왔으나, 현재 에너지, 환경, 전자 분야 등에도 널리 그 기술이 폭 넓게 융합되고 있다. 바이오산업은 생산품 부문에 따라 바이오의약, 바이오화학, 바이오식품, 바이오환경, 바이오에너지, 바이오전자, 바이오공정, 바이오검정 정보개발 등 크게 8개 분야로 나눌 수 있고, 각 분야별로 5~10개씩 약 50개 정도의 소항목으로 이루어진다(표 1-1).

〈표 1-1〉에서 보듯, 바이오기술은 거의 전 산업 부문에 걸쳐 넓게 포진

〈표 1-1〉 바이오산업 분류체계와 분류코드

코드	산업 분류명	No.	소분류 항목	코드	산업 분류명	No.	소분류 항목
1	바이오 의약 산업	1010	항생제	5	바이오 에너지 및 자원산업	5010	바이오연료
		1020	항암제			5020	인공종자 및 묘목
		1030	백신			5030	천연약용식물
		1040	호르먼제			5040	형질전환 동식물
		1050	면역제제			5050	실험동물
		1060	혈액제제			5060	해양생물자원제
		1070	저해제			5000	기타 바이오에너지와 자원생산
		1080	성장인자	6	바이오 전자산업	6010	DNA칩
		1090	신개념 치료제			6020	단백질칩
		1100	진단시약 및 진단키트			6030	바이오센서
		1110	동물약품			6040	바이오멤스
		1000	기타 동물의약제품			6000	기타 생물전자제품
2	바이오 화학 산업	2010	고분자재료	7	바이오공정 및 기기산업	7010	생물반응기
		2020	산업용 효소, 시약류			7020	의료기기 및 진단기
		2030	연구실험용 효소 시약류			7030	실험 및 연구개발용 기기
		2040	향료			7040	공장 및 공정설계
		2050	바이오화장품 생활화학제품			7000	기타 생물공정 및 기기
		2060	생물농약 및 비료	8	바이오검정 정보개발 서비스 및 연구개발업	8010	생물정보서비스
		2000	기타 생물화학제품			8020	유전자 관련 분석서비스
3	바이오 식품 산업	3010	건강기능식품			8030	단백질 관련 분석서비스
		3020	발효식품			8040	연구개발서비스
		3030	식품첨가물			8050	안전성 및 효능평가기술서비스
		3040	사료첨가제			8060	그 외 진단 및 보관서비스
		3000	기타 바이오식품			8000	기타 생물검정 정보개발서비스
4	바이오 환경 산업	4010	환경처리용 미생물제제				
		4020	미생물고정화 소재 및 설비				
		4030	생물환경제제 및 시스템				
		4040	환경오염측정시스템				
		4050	환경시설 건설 및 복원사업				
		4000	기타 생물환경제품과 서비스				

(※자료: 산업자원부 기술표준원, 2008)

했을 뿐만 아니라 유전자 분석 서비스처럼 바이오공학이 새로운 서비스산업 형태로 발전했음을 알 수 있다. 농축산물검사부터 친자 확인까지 다양한 유전자 검사기관과 기업들이 현재 활동을 하고 있다. 여러 바이오산업 분야에 포함된 소분류 항목들 또한 세포분열 하듯이 더 세분화되고 특성화될 전망이다.

바이오산업의 정의와 범위는 나라마다 약간의 차이가 있어 세계적으로 표준화된 분류체계는 아직 마련되지 못했고 각국 정부는 자국 내의 바이오산업 분류작업부터 시행하고 있다. 과거의 표준산업 분류체계에서는 빠르게 진화하는 바이오산업의 분화를 따라가지 못했기 때문에 국가정책 수립과 예산지원의 근거가 될 정확한 통계자료 작성 및 지침 마련이 어려웠다. 또한 현재의 산업구조에서 바이오산업이 차지하는 비중과 다른 산업과의 관계 등을 분석하고 진단하는 데 어려움이 있었다. 그만큼 바이오산업은 최근 수년간 급속한 성장을 이루었고, 아직도 정부 당국자나 이 분야에 종사하는 사람들에게조차 생소한 분야가 많다. 하지만 바이오산업이 신성장 동력산업이고 미래의 산업을 주도할 첨단산업이라는 데에는 이견이 없을 것이다.

2장

바이오산업의 특성

바이오산업은 다양한 생물자원과 첨단 바이오기술을 사용해 창출되는 신산업군으로 그 범위가 다양하며, 파급효과 및 경제성, 발전가능성이 높은 고부가가치산업으로 다른 산업 부문과 구별되는 여러 가지 특성과 장점을 가지고 있다.

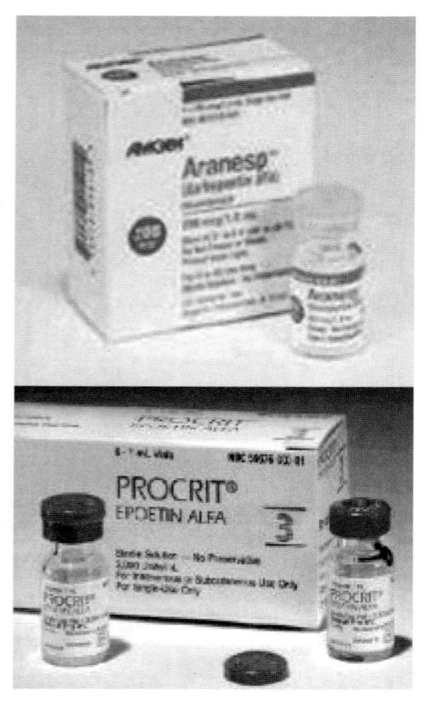

[그림 1-1] 바이오신약 중 높은 매출을 올리는 빈혈약인 프로크리트와 아라네스프

1. 기술집약적 고부가가치산업

바이오산업은 의학, 농업, 환경 등 아직 해결이 요원한 인류의 많은 난제 해결과 직결되어 있으며 연구개발과 원천기술 확보가 중요한 기술집약적 고부가가치산업이다. 바이오산업은 경기변동의 영향이 비교적 적으며, 일단 산업화에 성공하면 이윤창출 규모가 막대하다. 또한 연구비 재투자를 통해 지속적인 성장이 가능하다. 바이오의약품의 경우, 연구개발비도 많이 들고 성공률도 낮으나 희귀병 또는 난치병에 대한 신약을 개발하게

되면 장기간 독점판매가 가능하고 그 부가가치는 실로 막대하다. 예를 들어, 브리스톨-마이어스스퀴브가 개발한 혁신적 만성골수성백혈병 신약인 '스프라이셀'과 로슈가 개발한 새 에이즈 치료제 '푸제온' 같은 신약은 거의 횡포에 가까운 높은 약값을 받고 있다. 로슈는 신종플루 치료제 '타미플루'도 생산하고 있다. 빈혈 치료제(EPO) 1g에 67만 달러, 항암제 인터페론 1g에 5000달러 등 바이오 신약개발은 세계시장 석권과 무한한 부가가치 창출을 의미한다.

세계시장에서 2007년 제품별 판매는 2001년 이후 고지혈증 치료제인 화이자(Pfizer)사의 리피토(Lipitor)가 135억 달러로 부동의 1위를 지키고 있다. 이것은 키르키스스탄이나 몽골의 GDP보다 더 높은 수치이다. 빈혈 치료제 하나만 봐도, 아라네스프(Aranesp)는 세계 최대의 바이오기업인 암젠의 최대 매출약으로 2006년 매출액이 41억 달러(약 3.8조원)로 총 매출액의 30퍼센트를 차지한다. 이 약품은 에리트로포이에틴(erythropoietin)이라는 인간 단백질을 바이오공학적으로 제조한 제품으로, 적혈구의 생성을 자극한다. 이것은 화학요법을 받는 환자의 빈혈 치료제로서 주사로 투여되므로 번거로운 수혈을 대체하는 아주 편리한 제품이다. 세계 Top 10 의약품 매출액에서 바이오의약품이 차지하는 비율은 10퍼센트 정도로 급속히 성장했고 앞으로도 점점 높아질 전망이다. 바이오의약품은 연구개발이 어렵지 일단 상용화에 성공하면 연간 1조원 이상의 수입을 보장하는 '블록버스터'인 것이다.

바이오의약품은 많은 장점을 가지고 있는데, 기존 의약품과 비교할 때 암이나 유전병 등 난치병을 대상으로 하는 경우가 많아 가격 책정이 비교적 자유로운 편이다. 예를 들어 미국의 젠자임(Genzyme)은 고셔병 · 파브리병 · 폼페병 등 특정 효소 결핍에 의한 난치병 치료제를 개발해 독점생산 및 판매중이다. 또한 바이오의약품은 유전자조작 기술, 고도의 단백질 정제기술 등 첨단기술을 요구하기 때문에 기술 우위를 가질 수 있고 독점

권이 보장된다. 따라서, 쉽게 경쟁 제품으로 대체되기 힘든 특징이 있어 제품 수명이 비교적 길고, 제품의 혁신성 덕분에 마케팅 비용도 적게 드는 경향이 있다. 이와 같은 특성 때문에 바이오의약품 개발에 대한 관심은 점점 높아져 2008년 현재 세계적으로 임상중인 바이오의약품의 수만 해도 1200여 개에 이른다.

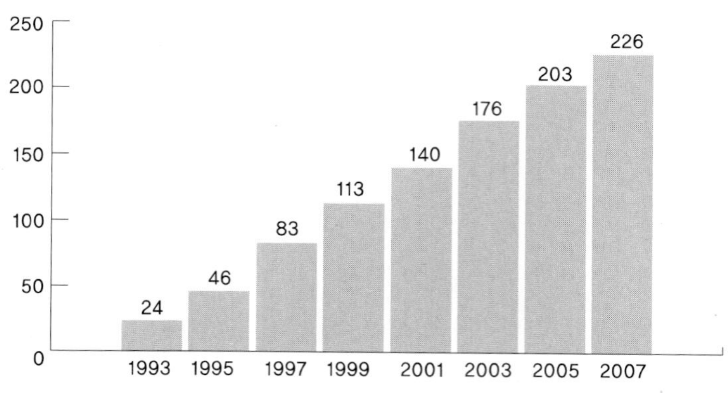

[그림 1-2] 바이오의약품 허가 추이

※자료: 골드만삭스리서치; LG경제연구원(2007)

2. 첨단지식산업

바이오산업은 일차적으로 바이오기술의 적용과 응용에 좌우되는 지식산업이므로 디자인과 성능 등 신제품의 단기적 개발에 의존하는 타 산업과는 특성이 다른 새로운 형태의 산업이다. 바이오기술을 토대로 하고 있기 때문에 점점 치열해지는 유전자 특허경쟁에 대비하려면 정부의 신속하고도 과감한 지원과 기업의 적극적인 투자와 참여가 필요한 산업이다.

바이오산업은 생물과 생명을 대상으로 하고 있기 때문에 그 결과가 가

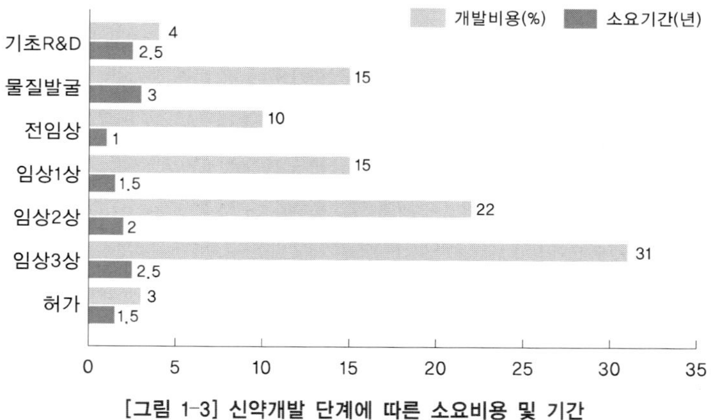

[그림 1-3] 신약개발 단계에 따른 소요비용 및 기간

※자료: The Price of Innovations; New Estimates of Drug Development Costs, Jounal of Health Economics, 22. (2003)

시적으로 나타나려면 막대한 기술개발비가 필요하고 상용화에 오랜 시간이 걸린다. 신약 물질을 발견해서 임상시험을 마칠 때까지 8년 이상의 기간이 필요하고 비용도 1조원 가까이 소요된다. 하지만 신약물질 1000건 중 식약청의 승인을 받는 건 1건에 불과하다. 한국의 경우도 2009년 현재 품목허가가 완료된 의약품은 2건이었다. 이처럼 바이오산업은 연구능력에 기반하며 상업화능력이 매우 중요한 산업으로 첨단 연구개발능력과 함께 인허가, 생산 및 마케팅 역량도 중요하다. 아직은 산업발전의 초기단계이므로 기술평가 및 거래, 미래를 내다보는 불굴의 기업가 정신과 지속적 투자가 성공의 핵심요소로 작용한다.

지식경제부는 고비용 · 고위험의 국내 바이오산업 육성을 위해 '바이오스타 프로젝트를 시행하고 있는데, 현재 이 프로젝트의 지원을 받은 코오롱생명과학의 '티슈진'을 비롯한 신약 3종이 해외에서 임상시험중이다. 국내에서도 7종(1종은 미국 임상 신청)이 임상시험(전임상 1종)을 진행하고 있다.

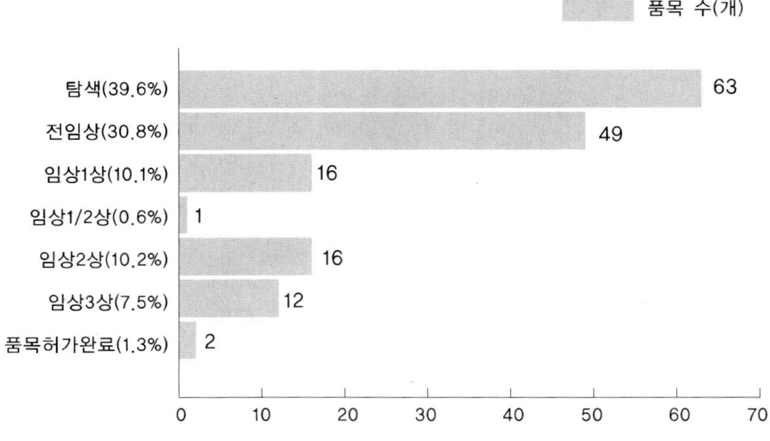

[그림 1-4] 연구개발중인 신약 Pipeline 단계별 현황

※자료: 한국신약개발연구조합, 2009 한국 제약산업 연구개발 백서

3. 인류와 지구를 위한 미래산업

바이오산업은 인류의 건강과 복지, 식량증산, 지구환경 보전과 직결된 산업으로 인류가 당면하고 있는 과제를 극복함으로써 인류의 미래를 보장할 혁신적 산업이다. 난치병과 불치병, 또는 치료에 많은 경비와 시간이 들었던 질병들도 앞으로는 완치가 가능할 것이다. 또 질병에 강하고 환경적응력이 뛰어난 작물들이 속속 개량됨에 따라 지구의 심각한 식량난 극복과 제3세계의 기아 해결에 바이오산업이 큰 역할을 할 수 있다.

환경 분야에서는 미생물을 이용한 환경오염 진단과 분해가 어려운 물질들의 생물정화복원을 통해 환경오염을 획기적으로 줄이는 방법이 개발되고 있다. 또한 바이오에너지의 개발과 사용으로 화석연료 의존사회를 탈피해서 지구온난화를 획기적으로 개선할 수 있다.

이처럼 바이오산업은 기아 · 질병 · 환경 · 에너지 등 인류의 공통 위협 요소를 해결하고 인류의 영원한 소망인 '질병 없는 풍요로운 사회'를 건설하는 데 일조할 것이다.

4. 다른 산업에 대한 성장동력산업

바이오산업은 에너지, 환경, 식품, 의약, 보건의료, 농업, 환경, 전자, 기계, 소재 등 거의 모든 산업 분야에 대한 파급효과가 크고 동반 발전을 가져올 수 있으므로 전략적인 육성이 필요한 산업이다. 바이오에너지, 바이오화학, 바이오전자 등 이미 다른 산업과의 결합을 통해 새로운 산업형태로 등장한 바이오산업들이 많다. 이것은 다른 산업에 자극과 발전을 줄 뿐만 아니라 국가경제에도 기여한다. 바이오기술과 정보통신기술, 나노기술 등 첨단기술 간의 융합을 통해 바이오칩, 바이오센서, 나노바이오기술 등 종전에는 없던 새로운 융합기술 제품들이 상용화되고 있다.

5. 다중 산학협력산업

바이오산업은 생명공학 및 첨단 복합기술을 활용하기 때문에 제품개발 단계가 다단계로 이루어지고 있으며, 다양한 주체가 연구와 개발, 생산에 참여하는 산업이다. 첨단 지식산업이기 때문에 기초연구를 담당하는 공공연구기관, 대학과 함께 중소 벤처기업, 중견 및 다국적 대형 제약기업 등 다양한 주체들의 연계와 협력이 이루어져야 한다. 다중협력이 용이하도록 바이오클러스터의 조성도 필요하며, 이것은 지방 및 지역발전에 크게 기여한다.

국내뿐 아니라 글로벌 네트워크를 통한 연구개발 분업과 지식을 공유하고, 글로벌 시장으로 진출하기 위해 사업화 노하우와 글로벌 마케팅능력을 갖춘 다국적 기업들과의 전략적 제휴와 M&A 역시 필요하다. 뼈 질환 치료제 개발 전문 국내 바이오기업인 오스코텍은 국내 최초로 미국 신약 개발 바이오기업을 인수할 예정이다.

6. 국가전략산업

바이오산업은 한국의 여건에 적합한 산업으로 부존자원은 부족하나 고급 인력과 지식의 활용이 가능한 한국의 여건에 적합하며 정부의 적극적인 지원과 경제적 투자만 있다면 선두그룹에 비교적 빠르게 진입할 수 있는 장점을 가졌다. 하지만 아직까지도 국내의 바이오산업에 대한 인식과 투자는 그다지 높지 않다. 미국, 영국, 독일 등 선진국들이 바이오기술(BT)에 더 많은 투자를 하는 반면, 한국은 현재까지는 정보통신기술(IT)에 더 많은 투자가 이루어지고 있다. 한국이 정보통신기술 강국이라는 점이 고려된 결과이겠지만 최근에는 BT 부문에서도 점차 높은 증가추세를 보이고 있다. IT와 BT의 투자 추이를 비교한 표를 보면, 2004년에는 IT 부문이 월등히 높았으나 2005년부터는 IT의 비중이 점차 감소하면서 BT가 IT보다 높은 증가율을 보이고 있다(표 1-2).

현재 바이오기술과 정보통신기술이 결합된 바이오정보통신기술(BIT)로 발전하는 추세이므로 바이오기술에 보다 관심과 지원이 이루어진다면 바이오정보통신기술 분야에서는 세계 초일류가 되는 것은 어려운 일이 아니다. 2009년 국토연구원의 '그랜드 비전 2050: 우리 국토에 영향을 미칠 미래 변화 전망 분석'에 따르면, 한국의 산업은 정보산업(IT) · 바이오산업(BT) · 에너지기술산업(ET) · 문화산업(CT)이 융합된 IBEC산업 중심으로 재편될 것으로 예상하고 있다.

지식경제부 등 7개 정부부처에서 추진하고 있는 'B-KOREA 건설을 위한 2001년도 생명공학 육성계획'은 21세기를 바이오기술시대로 정의하고 있고, 바이오기술 혁명을 신경제의 패러다임으로 설정하고 있다. 정부에서는 바이오산업을 21세기 전략산업으로 선정하여 2000년 7억 달러 규모의 수출에서 2010년 61억 달러를 목표로 바이오산업을 중점 지원할 계획이다.

〈표 1-2〉 IT와 BT의 투자 추이 비교 (2004~2006)

(단위: 억원)

구분	2004년		2005년		2006년	
	금액	비중(%)	금액	비중(%)	금액	비중(%)
IT	13,678	22.8	14,748	20.4	16,260	20.2
BT	7,717	12.9	10,967	15.2	13,019	16.2

※자료: 국가과학기술위원회, 2007년도 국가연구개발사업조사 · 분석 보고서

〈표 1-3〉 BIT 활용시 신약개발 성공확률, 기간, 비용의 절감 비교

구분	전통방법	BIT 활용시
성공 확률	1/1만~1/10만	1/10~1/100
평균 개발기간	10~15년	5~7년
개발비용	100~1,200억원	10~30억원

※자료: 국가과학기술 지식정보인프라 심포지움, 2001년 10월

7. 윤리적 문제가 동반되는 산업

바이오산업은 생물과 생명을 연구 및 적용 대상으로 삼기 때문에 윤리적, 사회적으로 중대한 문제를 일으킬 수 있는 산업이다. 따라서 적용기술의 윤리적 타당성과 바이오산업의 발전 방향과 속도에 대한 사회적 합의 도출과 홍보 및 이해가 필요하다. 줄기세포 연구를 위해 여성 연구원에 대한 불법 난자 채취를 하더라도 목적을 위해서는 이런 생명 경시조차도 용인될 수 있는 사회 분위기, 그리고 국가적 경쟁력만을 지고의 선으로 생각하는 극렬한 민족주의가 가져올 심각한 폐해를 경계해야 한다. 또한 유전자 정보에 기초한 인간의 계층화, 차별화 및 개인 유전자 정보의 남용 등에 대한 우려도 있는 만큼 이에 대한 보완이 필요하다. 인간 이외의 존재, 특히 포유류와 영장류에 대한 동물 실험과 생명 경시, 인간복제 등에 대한 윤리적 문제점도 크게 대두되고 있다.

8. 계속적인 분류가 필요한 산업

바이오산업은 화학 · 의약 · 식품 · 환경 · 전자 등 응용 분야가 매우 다양하며, 산업분류체계 및 범위 적용이 각국마다 조금씩 상이해서 세계적으로 표준산업분류가 아직 정립되어 있지 않다. 바이오산업은 발전 속도가 빠르고 몇 개의 산업이 융합되기 때문에 관련 학문적 지식이 없는 담당 공무원이나 연구원들조차 이것을 전문적으로 분류하기 어려운 점이 있다. 바이오산업은 앞으로도 여러 분야에서 더욱 분화 발전할 것이므로 계속적인 분류작업과 모니터링이 필요하다.

Part 02

바이오산업의 현황과 전망

1장

세계 바이오산업의 현황

지난 20년간 세계 바이오산업은 다른 어떤 산업보다도 비약적으로 발전했고 그 영역이 거의 전 산업 분야로 확장됐다. 바이오산업 전문 컨설팅 업체인 버릴 앤 컴퍼니(Burrill & Company)의 분석에 의하면, 1986년 전세계에 700여 개에 불과했던 바이오 관련 기업 수가 2006년 현재 5천여 개로 7배가량 늘어났다. 또한 이들 기업들의 시장가치 또한 150억 달러에서 5천억 달러로 20년 동안 30배 이상 높아졌으며 앞으로 바이오기업과 경제가치는 더욱 빠르게 증가할 것이다.

선진국들은 물론이고 거의 모든 산업국가들이 바이오산업을 미래 전략산업으로 육성하고 있고 세계시장을 선점하기 위한 나라간 경쟁이 치열하다. 그만큼 바이오산업이 고부가가치 산업이고 국가경제에 크게 기여할 수 있을 뿐 아니라, 다른 산업의 동반발전을 가져오면서 새로운 수출 주력산업이 될 수 있기 때문이다. 또한 기존의 대기업뿐 아니라 벤처기업들도 기술력만 가지고 있다면 얼마든지 세계적 기업으로 성장할 수 있는 기회를 제공하고 일자리 창출에도 기여한다.

현재 세계 바이오시장을 주도하고 있는 미국과 유럽의 다국적기업과 벤처기업들은 새로운 바이오기술을 개발하고 경쟁력을 확보하기 위해 연구소 및 대학에 대한 투자를 적극적으로 확대하고 있다. 바이오산업은 일차적으로 첨단기술에 의존하는 지식산업이므로 연구인력과 기술에 투자하는 것이 우선적으로 필요하다. 미국의 경우도 바이오산업에 대한 기대가 커지면서 2003년부터 벤처캐피탈을 중심으로 민간투자가 급격히 증가하는 추세이다. 일단 바이오상품이 개발만 되면 폭발적인 수요와 높은 수익률을 비교적 안정적으로 보장받을 수 있다는 데 장점이 있다. 이러한 이유로 선진국들은 바이오 연구와 산업에 막대한 투자를 하고 있다. 세계 바이오산업은 매년 평균 10퍼센트 이상의 꾸준한 증가율을 보이면서 빠르게 성장하고 있다.

2006년 세계 바이오산업 시장 현황을 보면(표 2-1), 세계 바이오시장의 75퍼센트는 미국이 차지하고 있고, 유럽이 16퍼센트, 캐나다 4퍼센트, 아시아 · 태평양 4퍼센트의 순이었다. 기업의 연구개발비의 격차는 더 벌어지는데, 미국은 전체 연구개발비 지출의 82퍼센트를 차지하면서 압도적인 우위를 점하고 있다. 그러나 기업 수의 경우는, 상장기업은 미국이 많았고, 비상장기업은 유럽이 많은 것으로 나타났다. 아시아 · 태평양 지역의 바이오기업들은 수입과 규모면에서는 아직 작은 편이나 기업의 수는 상대적으로 많은 편이다. 그만큼 바이오산업에 대한 관심이 높고 장차 이 지역의 발전가능성이 높다는 것을 말해준다. 고용인력의 경우는, 미국이 전체의 69퍼센트를 차지하고 있고, 유럽이 21퍼센트, 캐나다 4퍼센트, 아시아 · 태평양은 7퍼센트를 점하고 있다.

〈표 2-1〉 2006년 세계 바이오산업 시장 현황

(단위: 백만 달러)

구분		세계	미국	유럽	캐나다	아시아 · 태평양
수익		73,478	55,458	11,489	3,242	3,289
연구개발 지출		27,782	22,865	3,631	885	401
고용인력(명)		190,500	130,600	39,740	7,190	12,970
기업수	상장	710	336	156	82	136
	비상장	3,565	1,116	1,465	383	601
	합계	4,275	1,452	1,621	465	737

※자료: 생명공학정책연구센터, 2008년 생명공학기초통계

2007년 미국 보스턴에서 개최된 바이오 분야 최대 전시회인 '바이오 2007' 행사에서는 바이오기술의 산업화가 주제였다. 예년엔 기업들이 개발한 기술을 소개하는 부스가 대부분이었지만 2007년부터는 임상시험 대행업체나 의약품개발 컨설팅업체, 계약생산업체 등의 기업들이 많이 설립되어 앞으로 바이오산업의 다양화를 예고했다. 이는 바이오 신기술과 함께 기술의 상용화가 핵심 과제로 떠올랐기 때문이다.

각국의 경제발전, 국제교역에 미치는 바이오기술의 응용능력을 종합적으로 비교하면(그림 2-1), 미국 · 독일 · 캐나다 · 이스라엘 · 한국 · 일본이 상위권에 속하며, 중국 · 인도 · 폴란드 · 러시아가 그 뒤를 잇고 있다. 한국은 바이오 7개 분야를 포함하는 2020년 유망기술군 16개 분야 전부에 대해 과학기술 역량이 뛰어난 것으로 분석됐다.

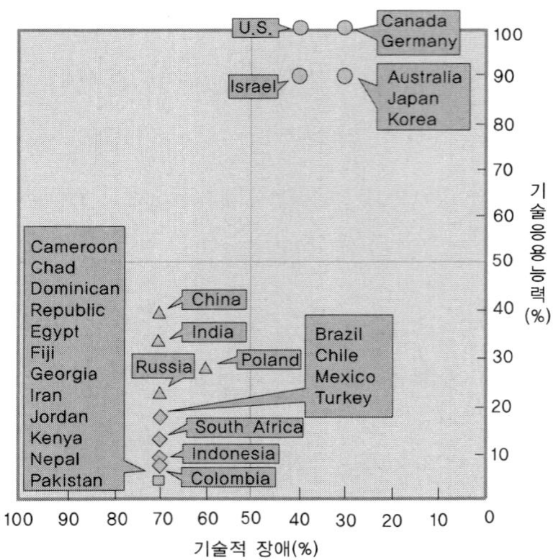

[그림 2-1] 국가별 경제발전과 국제교역에 미치는 바이오기술 응용력과 기술적 장애

※자료: RAND, The Global Technology Revolution 2020, In-Depth Analyses, 2008.

2장

세계 각국의 바이오산업

1. 북미의 바이오산업

1) 미국

미국의 바이오산업 역시 최근 15년 동안 괄목할만한 성장을 이룩했는데, 미국 연방정부는 1988년 생물공학 경쟁조정법 제정, 1992년 21세기 생물공학 주도정책 수립 등을 통해 바이오산업을 육성해왔다. 이를 통해 1992년 당시 미국 내 미국기업에 의한 특허사용이 1358개였는데, 1997년에는 3014개로 급증했다. 뿐만 아니라, 1990년부터 1999년 사이 바이오산업에 대한 민간투자는 100억 달러에서 240억 달러로 두 배 넘게 늘어났다. 수익이 있는 곳에 자본이 몰리는 것처럼, 바이오산업은 가장 우량한 종목이었던 것은 확실하다.

미국 연방정부는 연구개발비 예산의 25퍼센트 이상을 바이오 분야에 계속 투자해 왔는데 이것은 국방예산 다음으로 많다. 또한 정부투자의 두 배가 넘는 민간자본이 나스닥과 벤처캐피털로부터 과거 20년간 투자되어 왔기 때문에 오늘날 미국의 바이오산업이 다른 나라에 대해 절대적 우위를 보이면서 바이오시장을 선점하게 된 것이다. 미국 연방정부의 바이오 부문 연구지원은 주로 국립보건원(National Institutes of Health)에 의해 집행되고 있다.

미국의 바이오산업 정책목표는 국제경쟁력 및 세계 최선두국가 유지이며, 이미 다져진 생물공학 기초기반기술 및 바이오산업 육성기반을 바탕으로 정부와 민간 사이의 조화로운 협력관계를 통해 종합적인 육성전략을 지속적으로 추진하고 있다. 인간게놈 프로젝트 이후 국립보건원을 중심으로 질병치료 및 신약개발 부문 연구에 박차를 가하고 있으며, 바이오기술의 응용 분야 확대에도 노력하고 있다. 또한 주정부 차원에서도 바이오기술의 실용화에 중점을 두고 자금지원 또는 조세혜택을 주는 등 기업의 연구활동을 지원하고 있다. 미국 바이오산업의 성공은 꾸준한 연구개발비 재투자에서 이루어지는데 매년 5~6퍼센트씩 증가하고 있다(표 2-2).

세계 바이오시장에서 미국의 비중을 살펴보면(표 2-2), 수입, 연구개발비, 상장기업 수에 있어 약 50~80퍼센트를 점유하고 있고 변동률이 낮아서 앞으로도 세계 1위의 바이오 대국의 위치를 계속 유지할 것으로 보인다. 그러나 증감률 또한 큰 폭의 상승을 보이지 않아(표 2-3), 미국의 바이오 부문의 상승이 최근 들어 약간은 답보상태임을 알 수 있다.

〈표 2-2〉 세계 바이오시장에서 미국의 비중

(단위 : %)

세계 대비 미국 비중	2003년	2004년	2005년	평균
수입(revenues)	77.12	76.64	75.67	76.48
연구개발비	72.98	80.85	78.27	77.37
기업 수	32.95	34.65	33.67	33.76
상장기업 수	51.39	51.32	49.03	50.58
비사장기업 수	30.03	31.60	30.75	30.79

※자료: Ernst & Young, Global Biotechnology Reports 2006 외 각 년도 보고서

〈표 2-3〉 2007년도 미국 바이오산업 현황

(단위: 억 달러)

구분	내용	상장기업 (Public Companies)			산업체 합계 (Industry Total)		
		2007년	2006년	증감률	2007년	2006년	증감률
재정 부문 (Financial)	제품 매출액 (Product sales)	533	479	11.2%	556	503	10.6%
	수입 (Revenues)	652	586	11.3%	684	619	10.6%
	연구개발비 (R&D expense)	258	244	6.0%	300	286	4.9%
	순손실 (Net loss)	3	56	-95.1%	36	91	-59.8%
산업 부문 (Industry)	시장가치 (Market capitalization)	3,707	3,898	-4.9%	-	-	-
	총 파이낸싱 (Total financings)	158	170	-7.0%	213	203	4.8%
	상장기업 수 (Number of IPOs)	22	20	10.0%	22	20	10.0%
	기업 수 (No. of companies)	386	366	5.5%	1,502	1,510	-0.5%
	종업원 수 (Employees)	145,300	141,200	2.9%	195,500	192,700	1.5%

※자료: Ernst & Young, Beyond Borders: Global Biotechnology Report 2008

바이오산업은 대표적인 지식산업으로서 소규모의 벤처기업들이 많이 참여하고 있기 때문에 규모면에서 작을 수밖에 없고, 핵심기술과 지식을 가진 기초과학 분야의 연구소 및 학자들과 지리적으로 가까운 곳에 있어야 하므로 자연히 대학도시와 근접한 곳에 바이오클러스터가 발달하게 된다.

미국에는 샌프란시스코 베이, 보스턴, 샌디에이고 등 세계 3대 바이오클러스터가 위치하고 있다. 캘리포니아에는 미국의 제약 바이오기업의 25퍼센트가 밀집해 있는데, 샌프란시스코 베이와 로스엔젤레스, 산타클라라, 새크라멘토 등 대학과 연구소가 많은 지역에 바이오클러스터를 형성하고 있다. 매사추세츠공대(MIT)가 위치한 보스턴은 샌프란시스코, 샌디에이고와 함께 미국 3대 바이오클러스터를 이루며 300여개의 바이오기업과 3만 명의 연구인력, 아스트라제네카 · 머크 · 노바티스 등 세계 굴지의 제약사들이 이곳에 연구센터를 두고 있다.

한편 시애틀 바이오밸리는 명문 사립대학을 중심으로 발전한 다른 바이오밸리와 다르게 주(州)정부가 지원하는 워싱턴주립대학교를 중심으로 발전해 왔다. 이처럼 연방정부뿐 아니라 미국 주정부에서도 지원이 활발한데, 캘리포니아 주정부는 기업에 대한 서비스, 기술이전 지원, 외국자본의 투자유치 촉진정책을 통해 바이오산업을 육성하고 있다. 시애틀 바이오밸리의 가장 큰 장점은 대학의 기술이 신속하게 효율적으로 기업으로 이전된다는 데 있다. 워싱턴주립대학교에는 '워싱턴주립대 기술이전센터(UW TechTransfer)'가 있어서 특허신청, 기술이전, 상품화를 대행해 주기 때문에 대학의 학자들이 연구 외적인 일에 직접 나설 필요가 없다. 그동안 워싱턴주립대학교에서 개발된 신기술로 185개 기업을 만들었고, 이들 기업은 2002년 30억 달러의 매출을 올렸으며 9200명을 고용했다. 이와 유사한 프로그램으로는 샌디에이고대학의 커넥트(CONNECT) 프로그램이 있는데 사람과 기술 · 자본을 연결시켜 창업을 도와준다.

2) 캐나다

캐나다의 바이오산업은 지난 10여 년 동안 괄목할만한 성장을 이룩해 왔다. 매출액 기준으로는 미국, 영국에 이은 세계 3위이며, 바이오기업은 미국 다음으로 많고, 근로자 1인당 연구개발(R & D) 비용은 세계 1위이다.

이와 같은 성공 뒤에는 정부의 전폭적인 지원과 노력이 있었다. 캐나다 보건부(Heath Canada)는 신약개발 및 판매의 활성화를 위해 신약검사와 승인에 걸리는 속도를 단축하여 2005년 평균 591일에서 2006년 376일로

빨라져서 기업들에게 큰 힘이 됐다. 또한 캐나다 연방정부는 게놈 캐나다(Genome Canada) 프로젝트를 시행해서 2000년부터 2008년까지 총 8억 4000만 캐나다달러를 투입해왔으며, 각종 펀드를 통해 총 10억 캐나다달러를 이 프로젝트에 투입했다. 정부기관인 캐나다보건연구원(CIHR)은 2000년부터 각종 의료보건 연구 지원사업을 해왔으며, 2007~2008년에는 총 7억4400만 캐나다달러의 연구비를 지원했다.

2007년 캐나다 바이오업계의 매출액은 27억 달러였으며 이 가운데 10억 달러가 투자자금으로 유입됐다. 이는 업계에서 필요로 하고 있는 20억 달러에 크게 못 미치는 투자이다. 이처럼 캐나다가 세계에서 앞서가는 바이오산업 국가임에도 한국과 마찬가지로 자금과 인력 부족 문제를 가지고 있다. 자금은 기술을 보유하면 정부나 대학으로부터 어느 정도 지원을 받을 수 있으나, 연구인력의 확보는 하루 아침에 이루어지는 것이 아니므로 기업과 해외 연구인력에 각종 이주혜택을 주어 이들을 끌어들이고 있다.

이처럼 캐나다에는 바이오의료 분야에서 창업하는 회사가 비교적 많음에도 불구하고, 대부분이 안정적인 기업 운영에까지는 이르지 못했기 때문에, 캐나다정부는 바이오의약품 산업의 진흥을 위한 국가적 로드맵을 최근 발표했다. 역시 가장 문제가 되는 것은 자금이며, 보다 많은 투자자금을 모을 수 있는 회사를 창업시키기 위해 연구개발 및 사업화 초기단계에서부터 지원을 하고, 탁월한 매니지먼트능력을 가지고 있는 외국인을 초빙하거나, 퀘벡과 같이 유연한 이민 이주정책을 권장하고 있다.

캐나다에서 바이오산업이 활발한 지역은 밴쿠버로서 북미에서 7번째로 규모가 큰 바이오클러스터 지역이다. 이곳에는 약 100여 개의 바이오기업과 3천여 명의 종사자가 집중해 있으며, 캐나다의 바이오산업 연구개발비의 25퍼센트가 밴쿠버 지역에 투자되고 있다. 밴쿠버 바이오산업은 49퍼센트가 바이오의약 산업이며, 식물바이오산업 15퍼센트, 바이오농업 15퍼센트, 바이오진단 산업 10퍼센트 등으로 구성되어 있다.

밴쿠버 바이오산업의 발전에는 브리티시컬럼비아대학, 브리티시컬럼비아 암센터 등 대학과 연구기관의 역할도 크지만, 브리티시컬럼비아 주와 밴쿠버 시정부의 적극적인 지원 프로그램이 큰 도움을 주었다. 정부는 중소벤처기업의 연구개발활동과 신기술의 상업화를 지원하고, 벤처기업의 연구개발 활동지원을 위해 연구개발비의 일정 비율만큼 소득세와 투자세를 감면해주는 정책을 시행하고 있다.

캐나다에서 바이오산업의 성장이 가장 빠른 지역은 퀘벡주이다. 몬트리올 지역에는 카프리온 프로테오믹스라는 바이오 벤처회사가 있는데 1998년 창업을 했고, 단백질체학(proteomics)을 주로 연구하며 바이오테러에 대비한 단백질 항체를 개발하는 전략적 연구를 하고 있기 때문에 미국과 캐나다로부터 많은 지원을 받고 있다. 카프리온은 미국국립위생연구소(NIH)로부터 바이오테러에 대비한 단백질 항체를 개발하는 대가로 1310만 달러를 지원받았다. 영국계 다국적 제약회사인 아스트라제네카와 세계적 제약사인 미국 머크사(社) 등과도 제휴관계를 맺고 있고, 몬트리올대학으로부터도 200만 달러를 지원받아 NIH가 요구하는 항체를 개발중이다. 캐나다 중부의 매니토바주(州) 위니펙시(市)에 있는 캔진사(社)도 미국질병관리센터(CDC)와 함께 탄저병 및 바이오테러에 대비한 대체 의약품 개발을 진행중이다. 캐나다는 바이오테러 백신분야에서는 세계 최고의 기술을 보유하고 있다. 캐나다는 신경 줄기세포, 알츠하이머, 수모세포증(소아뇌종양) 등의 연구에서도 높은 연구성과를 보이고 있다.

또한 몬트리올 시내에 있는 콩코디아대학의 게놈연구소는 바이오산업 연구를 위해 네덜란드, 말레이시아 등 환경보호에 관심 있는 외국과 제휴하고 있다. 이 연구소는 퀘벡주로부터 2000만 달러(약 220억원)를 지원받아 쓰레기와 폐기물을 자연분해하는 3000여 종류의 효소를 연구중이다. 깨끗한 환경을 유지하기 위해 휘발유나 화학제 대신 환경 친화적인 자연분해 효소를 개발하는 것이 목적이며 인류를 위한 중요한 사업이기도 하다. 이처럼 캐나다는 바이오산업 발전을 위해 외국과의 제휴를 가장 중요시하고 있고, 기술과 자본을 가진 다른 나라 연구소나 연구원들에 대해 전폭적인 지원을 하여 이들을 캐나다로 불러들이고 있다. 이런 정책 덕분에 화이자·브리스톨마이어스스퀴브(BMS)·머크·쉐링·아벤티스 파르마 등 다국적 제약사들도 캐나다 바이오산업에 참여하고 있어 앞으로의 전망은 매우 밝다.

캐나다 전체 100대 R&D 투자기업들 중 31곳이 바이오제약 산업과 연관돼 있다. 캐나다 제약시장은 판매에서 세계 시장의 2퍼센트를 차지하며, 세계에서 8번째로 큰 제약시장 규모를 가지고 있다. 캐나다 제약 산업은 꾸준한 성장에 힘입어 중국, 미국, 스페인 등에 이어 세계에서 4번째로 빠르게 성장하고 있으며, 총 2만2000명 이상을 고용했다. 연구진과 학자 등 9000여 명이 바이오제약 산업에 종사하고 있는 온타리오 주는 2006년에 항생제, 암 치료제 및 백신 개발 등을 위해 5억5000만 캐나다달러를 투자했다. 2008년 1월에 온타리오주는 세계시장에서 연구개발(R&D) 및 첨단 생산시설 확충하기 위해 차세대 취업기금(Next Generation Jobs Fund)을 통해 바이오제약산업에 5년간 총 1억5000만 캐나다달러 지원을 발표했다. 이러한 지원정책을 바탕으로 온타리오주는 북미에서 4번째로 큰 바이오제약산업 허브로 자리잡았다. 캐나다의 바이오제약산업은 뛰어난 학자, 병원, 대학교, 연구소들을 바탕으로 연구 부문에서 세계적인 경쟁력을 지니고 있으나 상용화 부문에서는 아직 미국에 뒤떨어져 있다. 최근 캐나다의 우수인력들이 보수가 더 좋은 바이오산업 종주국 미국으로 나가는 것도 문제로 지적되고 있다.

대표적인 캐나다 바이오 제약회사로는 아포텍스(Apotex, 천식 치료제 풀미코트 레스퓰), 바이오베일(Biovail, 해열진통소염제 울트라셋), 파테온(Patheon, 항정신병약 파나프트)이 있으며 바이오제네릭 제품을 주로 생산하고 있다. 2008년 캐나다의 제네릭 의약품은 처방약 분야에서 51퍼센트를 차지했고 의약품 전체 매출의 23퍼센트 정도까지 성장했다. 이러한 배경으로는 몇 가지 블록버스터 의약품의 특허 만료 및 정부의 비용 억제, 고령자 인구의 급증 등을 들 수 있다. 현재는 심장병 등 만성질환용 제네릭 의약품이 주류이지만 향후에는 암 및 당뇨병 분야 등에서 성장이 기대된다. 하지만 미국의 제약사들이 캐나다의 제네릭 제약사에 대해 특허 침해 소송을 제기하고 있다. 또한 미국산과 마찬가지로 캐나다산 바이오의약품 또한 특허 만료가 다가옴에 따라 바이오제약사들은 앞으로 수억 캐나다달러의 수익손실이 예상된다.

2. 유럽의 바이오산업

유럽연합은 생명과학과 바이오기술 전략인 제6차 프라임워크 프로그램(2002~2006년)을 수립, 연구개발 투자비 175억 유로(Euro) 중 약 17퍼센트를 바이오기술에 투입하고 있다. 유럽연합은 바이오기업 간의 합병·제휴를 통해 기술 습득과 세계시장 진출을 추진하고 있다. 유럽은 부유한 국가들이 많지만 세계 바이오시장에서 차지하는 비중은 16퍼센트에 불과했다.

유럽연합 집행위원회는 2002년 1월 종합적인 바이오산업 육성전략(Life Sciences and Biotechnology-A Strategy for Europe)을 발표하고 구체적인 정책방안과 함께 미국 바이오산업을 따라잡기 위한 전략을 제시했다. 지금까지는 유럽연합의 단일정책이 없었으며, 산업별·지역별·국가별 분산정책의 한계를 극복하고 유럽 바이오산업의 도약을 위해 협력적이고 일관된 정책방향이 필요하다고 지적하고 있다. 구체적인 바이오산업 발전전략을 살펴보면 다음과 같다.

첫째, 바이오산업의 기반을 강화하기 위하여 인력양성 투자를 확대하고 2006년까지 유럽연합 연구단지를 조성하는 한편, 유럽투자기금 등을 통해 바이오 분야의 투자를 활성화하기로 했다.

둘째, 공공 부문의 역할을 강화하기로 했다. 특히 유전자재조합생물체 등 바이오산업의 안전성 및 윤리성 확보를 위한 정부의 적극적인 역할을 강조하고 이에 대한 법률적 토대를 마련하기로 했다.

셋째, 세계 바이오산업 발전에 유럽연합이 중심적인 역할을 수행할 수 있도록 국제적 기준, 지침, 권고사항 등의 논의를 주도하고 개발도상국의 바이오산업 육성을 적극적으로 지원하기로 했다.

넷째, 바이오산업을 육성하기 위한 효율적인 추진체계를 구축하기로 했다. 이를 위해 매년 바이오산업에 대한 보고서를 발간하고 유럽연합의 바이오산업 관련 법규 및 정책의 일관성을 지속적으로 검토하기로 했다.

유럽 바이오시장을 제품별로 세분해 보면, 의약품 분야의 2005년 매출액은 206억 달러로 전체의 78퍼센트인 반면, 농산품 및 식품 분야는 140억 달러로 전체의 5퍼센트로 미미한 실정이다. 유럽의 바이오산업 시장은 높은 경제력과 높은 기대수명 등으로 바이오의약품에 대한 수요가 높은 반

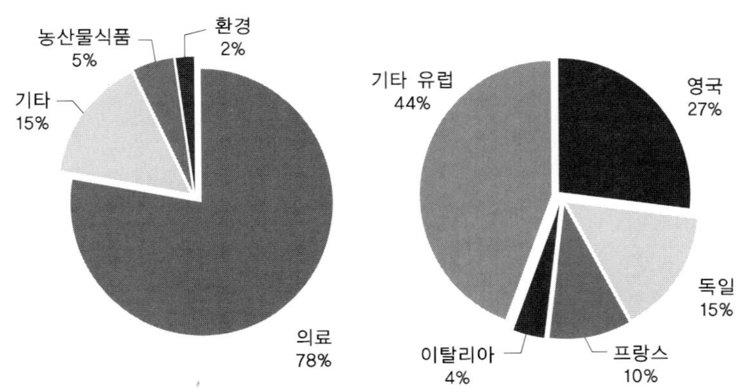

[그림 2-2] 유럽 주요국의 바이오산업 점유율

※자료: datamonitor(2006)

면, 농산물의 경우는 유럽의 유전자재조합식품에 대한 거부감으로 상대적으로 점유율이 낮다.

2004년 유럽의 2163개 바이오기업 가운데 독일 538개, 영국 457개, 프랑스 233개, 스웨덴 138개 등의 순으로 독일과 영국의 점유율이 46퍼센트에 달해 바이오산업이 이들 두 국가에 의해 주도되고 있다. 스페인, 아일랜드, 이탈리아 등 신흥 바이오산업 국가의 기업 수는 최근 두 자리 수 이상의 성장을 기록했다.

유럽의 바이오기업들은 초고속 성장을 하다가 최근 다소 둔화되고 있는 실정이다. 그 이유는 바이오산업 초기 진입국가들(독일, 영국, 스칸디나비아 국가들)의 경우 구조조정 또는 인수합병이 활발히 진행되고 있기 때문이다. 최근 유럽 내 비교적 큰 기업이 미국기업에 의해 인수되고 있는 사례가 늘고 있고, 일부 기업들은 미국의 잘 형성된 바이오제품 시장, 그리

〈표 2-4〉 유럽의 2007년도 바이오산업 현황

(단위 : 백만 유로)

구분	내용	상장기업 (Public Companies)			산업체 합계 (Industry Total)		
		2007년	2006년	증감률	2007년	2006년	증감률
재정 부문 (Financial)	수입 (Revenues)	9,446	10,079	-6%	13,352	14,360	-7%
	연구개발비 (R&D expense)	3,332	3,124	7%	6,309	6,112	3%
	순손실 (Net loss)	1,233	592	108%	2,654	2,406	10%
산업 부문 (Industry)	시장가치 (Market capitalization)	58,309	63,215	-8%	-	-	-
	기업 수 (No. of companies)	181	159	14%	1,744	1,748	-0.2%
	종업원 수 (Employees)	47,720	44,881	6%	81,947	79,384	3%

※자료: Ernst & Young, Beyond Borders: Global Biotechnology Report 2008

〈표 2-5〉 유럽 우수 바이오기업

회사이름	국가	설립연도
Biovertis	오스트리아	2003
Inyx Pharma Limited	영국	2003
Addex Pharmaceuticals SA	스위스	2002
CXR Biosciences Limited	영국	2002
Indivumed GmbH	독일	2002
CMC Biopharmaceuticals A/S	덴마크	2001
Target Hit	벨기에	2001
Zentaris GmbH	독일	2001
Argenta Discovery Limited	영국	2000
Basilea Pharmaceutica AG	스위스	2000
Genmab BV	네덜란드	2000
Henogen	벨기에	2000
Renovo Ltd	영국	2000
Astex Therapeutics Limited	영국	1999
Biolitec AG	독일	1999
Galapagos Genomics BV	네덜란드	1999
Genfit SA	프랑스	1999
Igeneon AG	오스트리아	1999
Solvias AG	스위스	1999
Artus GmbH	독일	1998
Epigenomics AG	독일	1998
GW Pharmaceuticals Plc	영국	1998
Actelion Pharmaceuticals Ltd.	스위스	1997
Biogemma S.A.S.	프랑스	1997
Biotage AB	스웨덴	1997
Intercell AG	오스트리아	1997
Vectura Limited	영국	1997
Cytos Biotechnology AG	스위스	1995
ProStrakan Group Limited	영국	1995
MediGene AG	독일	1994
Advanced Medical Solutions Group Plc	영국	1991
Flamel Technologies S.A	프랑스	1990
Cerep SA	프랑스	1989

※자료: EuropaBio(2006)

고 투자자금의 접근성이 좋은 미국으로 사업 근거지를 옮기는 경우가 늘고 있다.

유럽의 바이오산업 부문 보유기술 및 기술 개발은 한국과 비교할 때 매우 높은 수준이다. 특히 환경 부문에 있어서 2020년까지 자동차용 연료에 대해 최소 10퍼센트는 바이오에너지의 사용을 의무화하는 등 바이오산업의 발달을 제도적으로 뒷받침하고 있다.

1) 영국

유럽 바이오시장에서 영국이 차지하는 비중은 27퍼센트로 유럽국가들 중 규모가 가장 크며, 세계에서는 미국에 이어 두 번째로 큰 시장이다. 2004년 영국의 바이오기업의 매출액은 71억 달러로 지난 2000~2004년까지 연평균 9퍼센트 성장을 기록했다. 영국은 바이오 관련 매출액 중 의료 분야가 차지하는 매출액이 가장 높고, 그 다음이 농산물과 식품, 환경의 순이다.

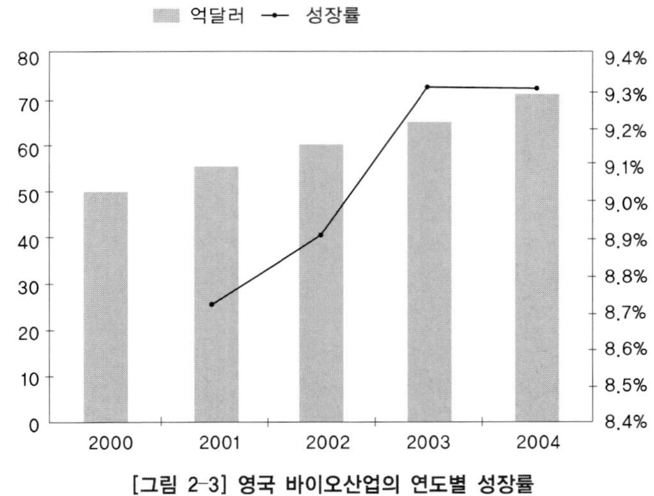

[그림 2-3] 영국 바이오산업의 연도별 성장률

※자료: datamonitor(2006)

영국의 주요 바이오기업으로는, 유행성 독감 예방약 아캄-플루-에이(ACAM-FLU-A) 등 전염병 치료 및 예방 백신으로 유명한 아캄비스(Acambis PLC), 체외진단법 개발회사인 영국의 액시스 쉴드(Axis-Shield Plc.), 항생제와 단일 항체기술로 잘 알려진 캠브리지 안티바디 테크놀로지 그룹(Cambridge Antibody Technology Group) 등이 있으며 최근에 기업합병에 의해 많은 영국 바이오기업들이 미국과 벨기에 기업 등에 합병됐다.

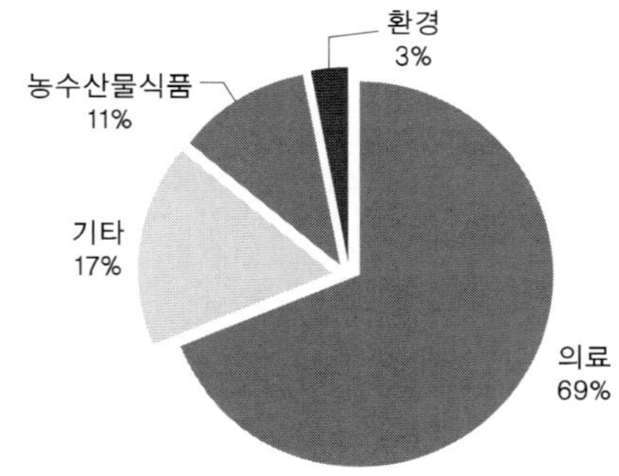

[그림 2-4] 영국 바이오산업의 구성비율

※자료: datamonitor(2006)

영국 바이오산업의 강점은, 바이오산업에 많은 기업이 종사하는 점을 들 수 있다. 2004년 영국 내 바이오업체는 457여 개, 종업원 수는 2만1134여 명이며, 상장기업 중 18개 기업, 제품 수로는 38개 제품이 수익을 내고 있다. 영국은 유럽에서 가장 큰 주식시장을 가지고 있고, 벤처캐피탈이 가장 잘 발달되어 있다. 또한 영국은 우수한 바이오연구 기반과 인프라를 가지고 있는데, 지난 40년 동안 바이오의약 분야에서 27개 노벨상을 수상했다. 이와 함께, 다양한 산학 간 연계와 기술이전, 영국 내 대형 제약사 존재, 우수한 과학자 및 경영자 집단, 단일 의료보험(NHS)을 갖춰서 의료진과의 협력 및 환자에 대한 접근성이 좋다.

〈표 2-6〉 영국 바이오기업 업체수와 종업원 수

(단위: 유로)

구분	2003	2004
업체 수	484	457
종업원 수	22,834	21,134
R & D 인력	9,896	9,384
R & D 투자액	1,828	1,557
매출(Revenue)	5,073	4,522

※자료: EuropaBio(2006)

이와 같이 영국은 바이오산업에서 강점을 가지고 있음에도 불구하고 최근 유럽의 대형 제약회사들이 미국으로 옮기고 있어 산업계 및 정부에서는 위기의식을 가지고 있다. 미국은 큰 시장규모, 우수한 인적자원, 풍부한 투자자본 등 모든 면에서 영국을 압도하고 있다. 이러한 위기에 직면하여 2003년 1월 영국정부는 바이오과학 혁신성장팀(Bioscience Innovation and Growth Team, BIGT)을 구성하고, 미래의 영국 바이오산업을 이끌어갈 전략인 'Bioscience 2015'를 마련하여 실행하고 있다. 이것을 정책목표, 전략, 실행계획으로 구분하면 〈표 2-7〉과 같다.

2) 독일

미국에 비해 상대적으로 발전이 더디었던 독일의 바이오산업은 90년대 중반을 기해 잠에서 깨어나기 시작하여 현재는 비약적으로 발전하고 있다. 독일 바이오산업의 유럽 점유율은 영국에 이어 두 번째로 높다. 2000년의 독일의 바이오기업은 332개 업체였으나 2007년 말 독일 바이오기업은 496개로 증가했고, 종사 인원은 약 1만4329명에 달한다. 이 가운데 약 44퍼센트에 해당하는 216개 기업이 바이오의약 분야에, 바이오환경 및 화학 분야에는 약 8퍼센트에 해당하는 38개 기업이 종사하고 있다. 바이오기술 분야의 독일 총 매출액은 매년 지속적인 성장세를 기록했으며, 2007년도에는 전년 대비 약 14퍼센트 증가한 약 20억 유로를 기록했다. 독일 내 바이오기술 관련 기업들의 연구개발비는 2007년에 전년에 비해 약 8퍼센트 증가한 약 10억 유로(총 매출액의 절반)를 투자할 정도로 연구개발비의 비중이 높다.

반면 농업 분야의 그린 바이오제품은 아직은 거부감과 불신으로 크게 증가하고 있지는 않다. 아직까지는 유기농제품을 선호하는 경향을 보이고

<표 2-7> 바이오사이언스 2015 개요

정책목표	전략	세부계획
의료보험(NHS)과 산업계 간의 협력 강화	NCTA(National Clinical Trials Agency) 창설	• 전문적이고 효율적인 임상시험 인프라 개발 • 임상 연구 프로그램과 프로젝트에 투자
	NHS 내 인센티브제와 경력체계 마련	• NHS 내 혁신활동 점수제 도입 등
	NHS 내 R&D 펀드 증대	• 총비용의 0.9퍼센트에서 1.5퍼센트 수준으로 증대
혁신강화를 위한 규제 마련	혁신적 의약품 개발, 승인, 사용에 대한 지원 규정 마련	• EU 임상시험 규정 이행 • EU와 영국내 지역 의약품 라이센스를 위한 시스템 도입 • EU와 영국 의약품 승인자 간의 협력적 관계 마련
	제약 연구에 있어서 책임 있고 규제적인 동물 이용	• 합법적 제약 연구에 반하는 동물애호가 활동에 대처할 수 있는 새롭고 전문적 법안 도입 • 의료진보연합 활동 지원
	바이오사이언스 규정에 대한 진보적 접근	• BRAF(바이오포럼)을 신설하여 현안 이슈 및 향후 규제 방안 등에 대한 산학 연관 협의
바이오 분야에 대한 투자 환경조성	신생 바이오사이언스 기업의 유동성 향상을 위한 지원 조치	• 선매권 가이드라인 수정지원 • 현행 Corporate Venturing Scheme(CVS) 범위 확대
	아이디어와 상업화 자본 간의 연계 투자	• 기술이전사무소(TTOs) 강화 • 새로운 고등교육혁신펀드(HEIF)와 공공부문연구촉진펀드(PSRE) 마련
	EU 펀드에 대한 영국 바이오사이언스 기업의 접근성 향상	• BFAO(Bioscience Framework Access Office)를 설치하여 유럽 내 펀드에 대한 정보창구화
바이오프로세스 기반 구축	영국 내 바이오프로세스 네트워크 구축	• Centres of Excellence 센터 설립 • 미래형 바이오프로세스의 집중 개발 • 바이오프로세스 분야 인력 개발
	바이오프로세스 분야에 대한 투자 유치	• 해외 투자자 유치를 위한 마케팅 노력 강화
	바이오프로세스 커뮤니티 개발	• 바이오프로세스 포럼 등을 통한 아젠다 개발
인적/지적 인프라 구축	학제 간 교류를 위한 프로그램 개발	• 약학학사·석사·박사를 위한 펀드 프로그램 마련 • 박사급 과학자 및 엔지니어의 경영학 교육수강을 지원하는 프로그램 마련
	기존 학제적 교육을 심화시키는 기회 확대 및 지원	• 젊은층에게 바이오과학에 대한 관심 유발 • 대학원 과정에서 학제적 훈련 프로그램 확대
	기존 인재에 대한 지원책 향상	• 현재의 자사주 구입권 한도액을 30,000파운드에서 100,000파운드로 상향 조정 등
지속적인 이행 감독	BLC(Bioscience Leadership Council) 창설	• 정부와 산업계 협조 촉진 • BIGT 제안 방안의 이행 촉구 • 조치들의 효과성 체크 • 이슈관리 토론을 위한 포럼 마련 • 성공 가능성 향상

있다. 2000년 기준 세계적으로 90종 이상의 유전자재조합(GMO) 식물이 재배됐으며, 관련 제품의 판매액은 30억 달러에 이르렀다. 독일의 경우 현재 유전자재조합 농산물은 약 350헥타르에 시험재배되고 있으며, 2000년 기준 약 469개의 유전자재조합 식물이 개발된 상태이다. 독일 연방정부는 2015년까지 독일이 식물기술 및 식물재배 분야에서 유럽의 선두주자 자리에 오를 수 있도록 지원할 계획이다.

독일은 화이트 바이오 부문에서는 큰 진전을 이룩했다. 환경보호에 대한 관심이 큰 나라인 만큼 화석연료 고갈에 대비하고 환경문제를 해결하

〈표 2-8〉 독일 연방정부의 소관부처별 세부 연구 및 혁신정책 과제(2006~2009)

과제명	소관부처	기간
• 식물 신품종 재배와 식물 디자인을 위한 게놈연구의 지속적 추진 및 새로운 사업을 통한 시스템생물학 연구 강화	교육연구부	2006년부터
• 산업계와 공동으로 지원방안을 마련하여 식물, 박테리아, 동물게놈 연구, 식품영양학 등의 공통의 영역에 있어서의 혁신 잠재력 개발	교육연구부	2007년부터
• 생물학적 유해 요소와 생물학 외적 스트레스 요인에 대한 저항력 강화를 위한 식물 신품종 재배와 신품종 개발 연구사업 추진	식량 · 농업 · 소비자보호부	2006년부터
• "재생자원(Nachwachsende Rohstoffe)"이라는 프로그램을 통해 재생자원의 원자재와 에너지원으로서의 이용을 위한 전환절차, 시범계획 및 시장진출 등을 지원	식량 · 농업 · 소비자보호부	2006년부터
• 식물게놈 연구를 위한 ERA-Net, 스페인, 프랑스, 캐나다와의 식물게놈 공동연구 프로그램의 확대, 재생자원의 원자재 이용 관련 확대된 새로운 ERA-Net 등을 통한 국제협력 강화	교육연구부/ 식량 · 농업 · 소비자보호부	2007년부터
• 유전공학의 연구 및 활용 증진, 고도의 안전수준, 생산공정과 소비자의 선택의 자유를 보장하기 위한 유전공학법 개정 추진	식량 · 농업 · 소비자보호부	2006년부터
• 농학 및 식품공학 분야 연구개발 역량의 집중 활용을 위해 연방과 주정부 간의 협의를 통한 연구개발 지원방안 마련	교육연구부/ 식량 · 농업 · 소비자보호부	2007년부터

기 위해 오래 전부터 다양한 분야의 재생에너지원을 개발해왔다. 독일은 풍력, 태양광, 그리고 바이오매스를 이용한 바이오디젤 및 바이오가스 분야에서 세계 최고 수준의 기술력을 보유하고 있다.

연방교육연구부(BMBF)와 식량·농업·소비자보호부는 바이오산업의 성장을 위한 환경조성 및 정책방향을 담당하고 있으며, 산업계와 긴밀히 협력하여 바이오산업의 발전을 도모하고 있다.

3) 덴마크

덴마크를 낙농국가로만 생각하는 사람들이 많지만, 2009년 현재 세계 3위의 바이오제약 기업인 노보노디스크(당뇨병 치료제)을 포함해, 룬드벡(치매 치료제), 레오파르마(건선 치료제)와 같은 세계적인 바이오제약 기업을 가진 나라이다. 당뇨병·암·신경과학·염증 치료기술 등 4개 분야에서 선도적 위치에 있다.

덴마크 면적은 한반도 면적의 5분의 1밖에 되지 않는다. 인구 550만 명의 작은 나라임에도 1인당 국내총생산(GDP)은 6만7000달러(2008년 기준, 한국 약 2만 달러－39위)로 세계 4위에 이른다. 세계 경쟁력 지수 5위, 기업하기 좋은 나라 8위로 대표적인 강소국 중 하나이다.

덴마크는 코펜하겐 지역, 오덴센 지역, 오르후스 지역 세 곳에 바이오클러스터가 형성되어 있다. 덴마크 최대의 바이오클러스터인 코펜하겐 지역에는 메디콘벨리(Medicon Valley)라고 불리는 클러스터가 있다. 메디콘벨리에는 약 25개의 의약품기업, 약 100개의 바이오기업, 약 100개의 의료기기·의료기술 관련 기업이 모여 있고 대학병원도 11개가 있다. 또한 이 지역의 12개의 대학 중 5개의 대학에서 연간 약 7000명의 생명과학 분야 졸업생을 배출하고 있다.

E & Y Denmark의 덴마크 바이오산업 보고서(Biotech in Denmark 2008)에 따르면, 덴마크 바이오산업협회에는 130개의 바이오기업이 가입해 있으며 9인 이하의 소규모 바이오기업이 많다. 바이오기업의 사업 영역으로 가장 많은 분야는 바이오신약으로서 전체의 약 40퍼센트, 그 다음으로는 게놈 및 단백질체학(proteinomics) 분야가 30퍼센트 정도이다. 대상 사업 영역을 질환 영역별로 보면 가장 많은 사업 영역은 암, 그 다음이 신경계, 염증·자기면역계의 순서이다. 현재 임상 개발 단계에 있는 유망한 신약으로서는 파르멕사(Pharmexa)의 췌장암 치료체, 콜로테크(Colotech)의 대장암 예방약, 로사이언스(Rhoscience)의 2형(인슐린비의존성) 당뇨병 치료약을 들 수 있다.

4) 프랑스

유럽 바이오시장에서 프랑스가 차지하는 비중은 10퍼센트 정도로서 영국, 독일에 이어 세 번째로 큰 규모이다. 스위스 신용평가사(Venture Valuation)의 자료에 따르면, 프랑스는 2009년 5월 현재 296개의 바이오 관련 기업과 49개의 의료기기 기업이 등록되어 있다. 바이오 관련 기업의 사업 내역을 보면, 진료·분석서비스 관련 및 의약품개발이 약 20퍼센트, 수탁연구·제조가 약 16퍼센트, 유전체학(genomics)이나 단백질체학(proteinomics) 관련 사업이 약 6퍼센트 정도이다. 바이오기업 가운데 70퍼센트 이상이 1990년 이후 창업했으며, 1만5천 명을 고용했고 매출액은 130억 프랑 정도이다. 바이오기업 중에는 의학·보건계열 기업이 70퍼센트를 차지한다.

프랑스의 바이오 관련 매출액 중 의료 분야 매출액은 83.3퍼센트, 농산물 및 식품 분야 매출액은 4.2퍼센트, 환경 분야 매출액은 2.1퍼센트 등으

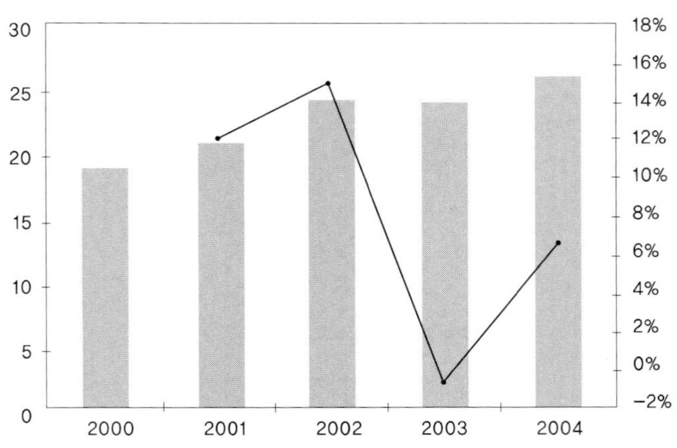

[그림 2-5] 프랑스 바이오산업의 연도별 성장률

※자료: datamonitor 2006

로 의료 분야의 비중이 높다. 프랑스의 의약 후보품의 수는 유럽에서 비교하면 영국, 독일, 덴마크에 이어 4번째로 많다. 프랑스는 현재 많은 바이오 의약품 파이프라인을 보유하고 있는데, 2006년 말 현재 임상 제1상 41개, 임상 제2상 39개, 임상 제3상 7개 후보 물질이 포함된다. 프랑스에서 개발 중인 의약 후보품을 질환 영역별로 분류하면, 암(20퍼센트), 감염증(19퍼센트), 면역계 질환(11퍼센트), 신경계 질환(9퍼센트) 등의 순이며, 프랑스는 특히 원하는 부위 또는 적절한 시간에 약물을 방출하는 약물전달체계(drug delivery system)에서 강세를 보이고 있다.

농수산물 · 식품 분야 종사자 수는 전체 산업인구의 10퍼센트인 41만 명으로서 유럽국가 중에서도 높은 비율에 해당한다. 하지만 농수산물 · 식품 분야 바이오농산물에 대한 프랑스 국민의 거부감 때문에 업종 규모에 비해 바이오농산물의 실적은 상대적으로 미약하다.

2005년에 설립된 프랑스혁신청(OSEO)은 기업의 설립 단계에서 발전과정에 걸쳐 적절한 자문과 재정지원을 시행하고 있다. 또한 연구개발활동

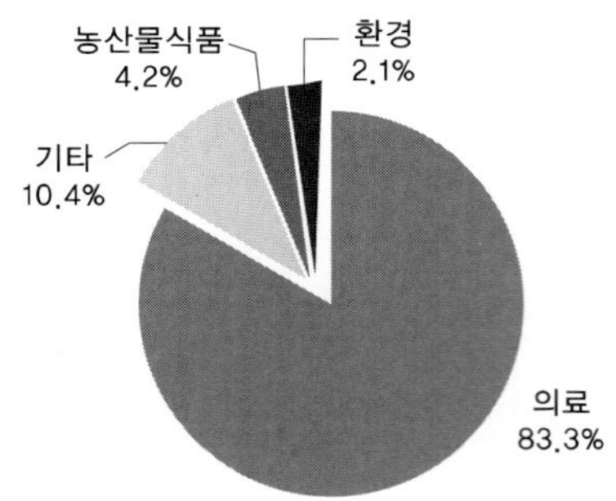

[그림 2-6] 프랑스 바이오산업의 구성비율

※자료: datamonitor(2006)

을 장려하기 위해 연구개발비의 세액 공제율을 10퍼센트에서 30퍼센트로 인상했다.

프랑스는 최근 첨단의료를 포함한 바이오산업의 진흥에 높은 관심을 보이고 있다. 정부는 국내 각지에서 연구기관・기업・대학병원 등으로 형성된 바이오클러스터를 지정해서 지자체와 협력하여 재정 및 행정지원 등을 하고 있다. 2009년 현재 바이오클러스터는 8개로서 리옹의 Lyon Biopole과 파리의 Medicine Paris Region, 독일과 인접한 알자스 지방의 BioValley가 대표적인 바이오클러스터이다. 뿐만 아니라, 프랑스는 약 20여 개 정도의 국제적 수준의 연구기관을 보유하고 있으며, 프랑스정부는 연구개발(R & D) 예산의 1/4인 약 23.44억 유로를 바이오 분야에 투자하고 있다.

프랑스 바이오 벤처기업이 독자적인 기술을 보유하고 성장하고 있는 요인으로는, 시장의 성장이 예상되는 분야에 주력, 공적기관을 통한 긴밀한 지원체제에 의한 견인, 다양한 경험을 가진 경영진에 의한 지휘, 치험(治驗) 등의 환경을 들 수 있다.

프랑스의 주요 바이오기업에는 CEREP(약물전달체계), Flamel Technologies(약물전달체계), Genfit(심혈관계), OPI SA(희귀질환 치료제), Transgene(치료용 백신, 암・전염병 면역제품) 등이 있다.

〈표 2-9〉 프랑스 바이오기업의 매출액 순위

매출액 순위	2004(백만 유로)	2003(백만 유로)
CEREP	51.3	34.1
Flamel Technologies	40.6	20.2
Genfit	12.2	11.8
Biogemma	10.8	8.8
Opi Sa	7.1	4.5
Laboratories Idenix Sarl	5.0	3.7
IDM SA	4.6	5.4
Cayla Invivogen	4.2	5.0
Argene	3.9	4.0
Idealp pharma	3.3	2.3
Banque de Tissus	3.0	2.6
Hybrigenics	2.9	2.4
Transgene	2.5	2.5
Innate Pharma	2.1	0.2
Trophos	2.1	1.5

※자료: Panorama des biotechnologies en France(2006)

5) 스위스

스위스는 제약산업과 의료기기 산업의 국제적 중심지이다. 세계 1, 2위 다국적 제약사인 로슈, 노바티스의 본거지인 바젤(Basel)시는 '세계의 바이오센터'로 알려져 있다. 특히 항체의약품이나 백신 분야에서 앞서나가고 있으며, 오래 전부터 정밀기계 산업이 발달하여 정밀가공기술을 적용한 의료기기 산업에 높은 성과를 보여왔다. 세계적 선도기업인 인공치아이식(임플란트) 분야의 노벨바이오케어(NobelbioCare)와 스트라우만(Strauman), 골수내고정막대 · 골접합용 나사 등 정형외과기기 분야의 신테스(Synthes), 보청기 분야의 포낙(Phonak) 등을 대표적으로 꼽을 수 있다. Science and Engineering Indicators(2006)에 따르면, 스위스는 바이오의학 및 생물학 분야에서 1위, 임상의학 분야에서는 미국에 이어 2위, 화학에서 3위로 나타났다.

Swiss Biotech Report(2009)에 따르면, 2008년 말 현재 스위스내 바이오 관련 기업은 229개사이며, 이중 159개사는 바이오기술 개발기업이고, 나머지 70개사는 바이오기술 제공기업이다. 이것은 유럽에서 6번째, 세계적으로는 10위에 해당한다. 또한 2008년 바이오산업 부문 근로자 수는 1만7993명으로 개별기업이 7034명, 공공기업이 1만959명이며, 매년 증가하는 추세이다.

스위스는 기업과 근로자에게 많은 편익을 제공하며, 주거환경이 좋고 유연한 노동시장 또한 장점이다. 스위스는 해외 전문인력들에게 높은 생활수준을 보장하고 이곳에 살면서 일하도록 유치활동을 펼치고 있다. 의약품 인허가 과정에 걸리는 시간을 단축하는 것은 바이오제약 산업의 필수적인 조건으로서 스위스 식약청(Swissmedic)은 2010년까지 승인기간을

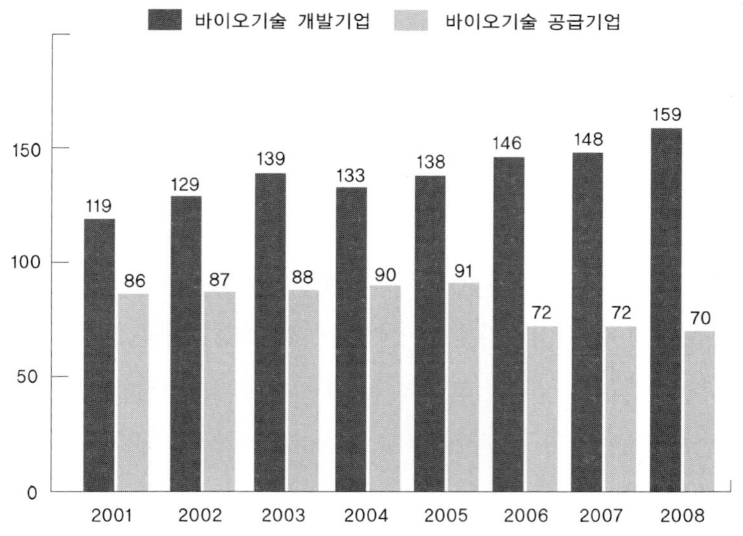

[그림 2-7] 스위스의 바이오기술 개발기업과 공급기업

※자료: Swiss Biotech Report(2009)

지금의 8개월에서 3개월로 단축하기로 했다.

스위스에는 40개 이상의 벤처캐피탈 회사와 바이오 전문 투자펀드가 현재 활동하고 있다. 대형 벤처캐피탈 회사들은 2008년에 1억 달러 이상을 AC Immune(알츠하이머병 백신), Synosia Therapeutics(파킨슨병 치료제), GlycoVaxyn(백신제조공정 단순화), Nitec Pharma(류마티스성 관절염) 등의 바이오제약 기업에 투자했다.

스위스 바이오산업의 육성을 담당하는 대표적인 정부기관으로는 연방혁신진흥공사(CTI; Confederations Innovation Promotion Agency)가 있다. 중소기업에 필요한 혁신기술 및 경쟁력 강화를 위해 2000년 정식 출범했으며, 바이오기술을 포함해서 9개의 부문으로 구성되어 있다. 이 기관은 기업과 대학들이 응용연구 및 개발 프로젝트를 공동으로 진행하도록 연계하며, 창업보육도 함께 진행한다. 1986년부터 2005년까지 지원한 프로젝트는 4천5백 건, 약 3억 스위스프랑으로서 5천 개 기업(80퍼센트가 중소기업)이 참여했다.

CTI는 바이오기술 분야의 경제성을 검토하고 기술이전을 지원하고 있는데, 연구개발과제진흥(R & D Project Promotion) 프로그램을 도입하고, 이를 위해 2003년 CTI Biotech를 설립했다. CTI는 기업가 정신을 촉진하고 우수 바이오기술을 육성하기 위해 '목표창출 비즈니스 자문 과정(Goal-Oriented Business Coaching)' 프로젝트에 착수했다. 그 내용은 〈표 2-10〉과 같으며, 1996년부터 2009까지 약 1천5백 건의 프로젝트를 평가 및 자문했다. 이 가운데 우수한 아이디어에 대해서는 'Start-up Label' 증명서를 부여하는데(그림 2-8), 증명서를 획득한 기업체 중 30퍼센트 이상이 바이오벤처 기업이다.

[그림 2-8] 우수 창업기업과 아이디어에 부여하는 CTI Start-up Label. 이것은 기업에 대한 신뢰성을 높여 투자 유치에 기여한다.

〈표 2-10〉 CTI 자문 프로그램에 의한 목표창출 비즈니스 자문 과정

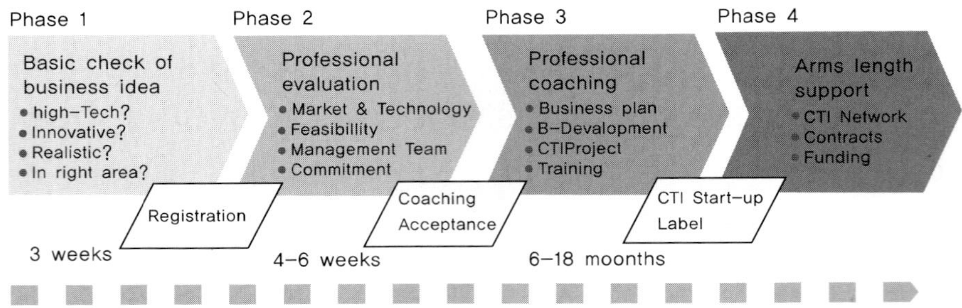

Phase 1 우리는 당신 회사의 사업 아이디어를 체크한다. 당신의 회사는 기술 수준이 높고 혁신적이고 현실적인가?
Phase 2 CTI 자문은 당신과 함께 다음 phase 3에서 이어질 주요 과제 또는 결함을 검증할 것이다. 시장 및 기술, 실현가능성, 관리팀, 서약 등
Phase 3 CTI 자문은 성공을 위한 주요 주제를 당신이 검토하도록 돕는다. CTI Start-up Label을 획득하는 목적은 당신의 회사가 외부 투자를 유치하고 지속가능한 성장을 준비하기 위한 질적 수준을 획득하기 위한 것이다.
Phase 4 당신은 CTI Start-up Label을 받았기 때문에 부가적인 자문을 받을 수 있고 매우 다양하고 특수한 요구에 맞도록 당신을 지원할 것이다.

※자료: CTI Start-up website(2010)

3. 아시아의 바이오산업

아시아 태평양 지역은 레드가 44퍼센트로 1위지만, 그린(28.2퍼센트), 화이트(12.9퍼센트)도 높은 비중을 차지해 북미, 유럽과 차이를 보이고 있다. 2005년 일본이 161억 달러로 아시아 · 태평양 시장의 절반을 점유하고 있으며, 중국은 그 다음인 62억 달러(18.2퍼센트)를 차지하고 있다. 한국의 바이오산업 규모는 약 30억 달러 정도이다. 최근 제약산업을 기반으로 부상하고 있는 인도는 2007년에 20억 달러의 시장을 형성해서 앞의 나라들보다는 적지만 상당한 성장 잠재력을 가지고 있다.

1) 일본

일본정부는 경제산업성에서 바이오산업의 육성을 담당하고 있으며, 1999년 경제산업성을 비롯하여 문부과학성 · 농림수산성 · 후생노동성 · 환경성 등 5개 부처가 "2010년 시장규모 25조 엔 및 신규기업 1000개 창립, 신규고용 100만 명 창출"을 발전목표로 설정하고, 2000년부터 '바이오산업 창조 기본전략'을 추진해 왔다. 일본은 매년 도쿄에서 아시아 최대 규모의 바이오엑스포 행사를 개최하고 있는데, 2009년에는 로슈, 알텍 등 전세계 20여 개국에서 700여 업체가 참가했고, 한국에서는 11개사가 참가했다.

〈표 2-11〉 일본정부의 바이오산업 관련 예산

(단위: 억 엔)

정부기관명	2006년도	2007년도
경제산업성	256	220
농림수산성	282	264
후생노동성	1308	1315
문부과학성	684	688
환경성	109	145
경찰청	9	13
합계	2648	2645

※자료: 2007년 생명공학백서, 과학기술부, 2007. 12
日經 Biotechnology&Business사, 日經바이오연감 2008

2007년도 일본 바이오산업 총 시장규모는 2조2992억 엔 규모로 성장했으며, 종합 마케팅 비지니스기업인 후지케이자이(富士經濟)가 발표한 '2006년 바이오매스 시장 전망'에 따르면, 2015년 시장규모는 2조6063억 엔으로 2004년 1조9610억 엔에 비해 33퍼센트 성장할 것으로 예상된다. 바이오제품에서는 유전자재조합제품의 시장규모가 월등히 크고, 바이오 관련 상품 및 서비스 분야에서는 의약품 및 기기 · 시약 분야가 높은 비중을 차지하고 있다(표 2-12).

〈표 2-12〉 일본의 2007년 바이오산업 부문별 시장규모

(단위: 억 엔)

구분	내용	시장 규모	
		2006년	2007년
바이오 제품	유전자조작제품	13,785	15,881
	세포융합제품	1,001	991
	세포배양제품	345	355
	소계	15,141	17,227
바이오 관련 상품 및 서비스	의약 · 정밀화학제품	1,671	1,808
	기기 · 시약	1,318	1,326
	바이오정보 · 서비스 · 환경	1,288	1,293
	기타	1,331	1,339
	소계	5,607	5,765
합계		20,748	22,992

※자료: 日經 Biotechnology&Business사, 日經바이오연감 2008

후지케이자이의 '2007 바이오기술 관련 시장실태 총 조사' 보고서는 바이오칩(DNA칩 등), 바이오전자(바이오 고밀도 집적회로, 바이오컴퓨터 등), 바이오플랜트(에탄올화 플랜트 등), 생물생태학(바이오연료, 생분해 플라스틱 등), 바이오 생명과학(의료, 바이오종자 등)의 4개 분야를 분석하고 있다.

이 보고서에 따르면, 장차 에너지 및 환경문제를 고려하면, 그린 바이오 분야의 확대가 기대되며, 단순한 미생물의 이용으로부터 게놈(Genome)정보를 활용한 바이오기술의 진화가 전망된다. 또한 바이오기술과 다른 산업기술 분야와 융합한 나노바이오(Nano-Bio)나, 바이오전자공학(Bioelectronics) 등 바이오기술이 새로운 시장을 생성할 것이다. 특히 첨단나노기술을 보유한 일본은 나노바이오센서, 나노로봇, 캡슐내시경, 랩언어칩(Lap on a chip) 등의 분야에서 큰 성과를 보일 것이다.

바이오시장에서 큰 비중을 차지하는 의료 분야에서도 DNA칩 성능이 향상돼, 맞춤형 의료 실현의 가능성이 확대되고 있으며, 바이오칩 관련 시장은 혈당측정기를 위시해서 DNA칩, 단백질칩 등이 시장을 주도할 것

〈표 2-13〉 일본의 2007년 바이오산업 시장규모

(단위: 억 엔)

분야	2006년	2010년 전망	신장률
바이오칩	471억 엔	582억 엔	124%
바이오 플랜트	375억 엔	488억 엔	130%
생물생태학	187억 엔	252억 엔	135%
바이오생명과학	4,088억 엔	4,777억 엔	117%
합계	5,121억 엔	6,099억 엔	119%

※자료: 富士經濟, 2007 Bio Technology 관련 시장 실태 총 조사

으로 보고 있다.

일본은 복제약인 바이오제네릭 분야에서 세계 최대를 꿈꾸고 있다. 일본 중견제약사인 코와와 이스라엘의 세계 최대 제네릭회사인 테바와 공동출자한 회사인 코와테바가 오는 2015년까지 항암제 등 200개 품목 이상의 제네릭약을 일본시장에 발매할 예정이다. 일본은 구미에 비해 복제약의 보급률이 낮지만 정부가 의료비 억제를 위해 이용 촉진책을 강화하고 있다. 이러한 점에서 코와테바는 향후 시장이 확대될 것으로 판단하고 오는 2015년까지 1000억 엔의 매출액을 내다보고 있다. 또한 세계 21위 제약사인 일본 다이이찌산쿄는 인도 제일의 제약사이자 글로벌 제너릭사인 랜박시(Ranbaxy)의 지배권을 매입했다. 일본은 막대한 비용을 연구개발비에 투자해서 장차 바이오제약 분야에서 높은 연구성과를 나타낼 것으로 예상된다.

바이오 플랜트는 2006년 52억 엔에서 2010년에는 180억 엔으로 크게 신장될 것이 예상된다. 바이오 플랜트를 건설하면, 메탄균에 의해 생활쓰레기의 유기성 폐기물이나 가축의 분뇨 등을 발효시켜 메탄가스를 생산하고 이것으로 발전이나 자동차의 연료로서 이용 가능이 가능하다. 폐기물을 소각 없이 처리할 수 있기 때문에, 지구온난화 방지에 도움이 되고, 발효처리 후에 발생하는 잔류 고형분은 퇴비, 건조 진흙, 고형연료(RDF), 탄화물 등 자원화가 가능하다. 지구온난화 대책을 위한 효과적인 방법의 하나

로서, 향후 지방자치단체로부터 도입가능성이 높을 것으로 예상된다.

한편 바이오의약 플랜트는 2006년 155억 엔, 2010년 170억 엔으로 증가할 것이 예상된다. 바이오의약 플랜트는 미생물 배양과 세포 배양으로 나눌 수 있으며, 현재 주목받고 있는 항체의약은 유전자 재조합에 의한 세포 배양기술을 이용한다.

생물(Bioecology) 관련 시장은 옥상·벽면 녹화나 미생물정화복원(Bioremediation)을 도입한 토양정화, 생분해성 플라스틱이 시장을 형성할 것이며, 특히 바이오디젤이 주목받고 있어 2010년에는 38억 엔(2006년의 3.1배)의 시장이 예측된다. 일본정부는 2030년까지 국내 자동차용 가솔린 전량을 바이오에탄올 10퍼센트 혼합(E10, gasohol)연료로 교체할 방침이며, 이를 위해 교토(京都)의정서 약속기간(2008~2012년)내에 휘발유용 신차는 모두 E10연료를 쓸 수 있도록 관계 법령을 정비한 바 있다.

일본의 바이오클러스터는 간사이(關西) 지방에만 60여 개에 이를 정도로 많은 클러스터가 형성돼 있다. 대표적인 바이오클러스터인 고베 의료산업도시는 1990년대 말 고베 대지진으로 인해 침체된 지역경제 복구와 의료복지의 질을 높이기 위한 목적으로 시작됐다. 줄기세포 활용에 대한 기술적 연구를 진행하는 리켄발달생물학센터, 조혈 줄기세포 이식 등 의약품과 의료기기 임상시험을 수행하는 의생명연구혁신센터, 개인 유전형질에 맞춘 치료를 담당해 지역 의료기관과 협력 업무를 담당하는 중개연구정보과학센터, 임상시험, 진료를 담당하는 고베일반병원, 기업연구센터 등이 포함된다.

2) 중국

중국은 2001년 세계무역기구(WTO)에 가입한 것을 계기로 하여 지식기

반사업인 바이오산업을 핵심산업으로 선정했다. 이에 따라 중국은 1996년부터 2002년까지 6년간 1억8000만 달러 이상을 바이오산업에 투자했고, 2만 명 이상의 바이오 전문인력을 양성했다. 중국의 2008년 바이오산업 생산액은 8600억 위안(약 163조원)으로 전년 대비 25.5퍼센트 증가했다.

바이오산업 생산액의 증가는 국가적인 바이오농업 지원정책과 유전자 재조합 면화, 바이오농약, 바이오매스 등 바이오기술 응용으로 나타난 성장세이다. 또한 바이오에너지 이용 확대와 바이오산업의 다양화가 급속한 성장의 주요 요인으로 작용했다. 중국 국무원은 바이오산업이 향후 중국 국내총생산(GDP)에서 차지하는 비중이 10퍼센트를 넘을 것으로 예상한다.

중국정부는 863계획, 973계획, 105계획(2001~2005년), 115계획(2006~2010년) 등을 통해 바이오를 첨단기술의 핵심과제로 선정해 연구 및 육성 추진하고 있다. 2001년부터 2005년 동안 바이오 연구개발에 약 16억650만 달러(120억 위안)를 투자(1996~2000년 대비 8배 증가)했으며, 중국발전개혁위원회는 115계획하에서 약 55억2150만 달러(440억 위안)를 바이오기술 산업화 프로젝트 추진, 바이오칩, 줄기세포, 조직공학 등 20여 개 국가공정연구센터 건설 프로젝트 추진 및 농작물 유전자원 중대과학공정 프로젝트에 집중 투자하고 있다.

특히 중국정부는 2005년 9월 국가 중장기 과학기술발전계획(2006~2020)을 통해 "2020년도까지 중국을 바이오기술 및 산업 강국으로 부상시키고, 기술 및 산업화 수준을 세계 선진국 수준으로 끌어 올린다"는 목표를 천명하고 있다.

2009년 6월 국무원 판공청은 '바이오산업 발전 가속화에 관한 정책'을 각 지방 및 국무원 부·위원회, 직속기관에 하달해서 성실하게 이행할 것을 요구했다. 이 정책은 중국의 바이오산업을 첨단기술 분야의 주력산업이자 전략산업으로 신속하게 키우는 것을 내용으로 한다.

이 정책에서는 바이오산업 육성 중점 분야로 바이오의약, 바이오농업, 바이오에너지, 바이오제조, 바이오환경보호가 포함된다고 밝혔다. 바이오의약 분야에서 중국은 국민 생명건강을 심각하게 위협하는 중대한 전염병을 예방, 진단하는 신형 백신과 진단시약, 바이오약제를 중점적으로 발전시킬 계획이다. 중국의 바이오의약 산업은 현재의 전략산업이자 미래의 기둥산업으로 간주된다. 2002년 세계에서 판매된 10대 바이오의약품 중 8개 제품은 중국에서 생산된 제품일 정도로 중국은 인도와 함께 바이오복제약의 종주국이었으나 최근에는 신약개발에 매우 적극적이다. 신약개발은 주로 유전자치료 및 항체 연구에 집중돼 있으며, 기업 중심의 산학연 혁신체계 구축을 통해 지적재산권을 보유한 중요 질병예방 및 치료기술,

〈표 2-14〉 바이오 육성을 위한 3단계 전략 목표(2006~2020)

단계	기간	세부 목표
1단계 (기술축적단계)	2005~ 2010	• 바이오 연구개발 역량을 개도국 중 제일 높은 수준으로 향상시킴 • 논문, 특허 수 세계 6위 달성 • 바이오산업 총생산액 1000억 달러(8000억 위안) 달성
2단계 (산업발전단계)	2010~ 2015	• 바이오 연구개발 역량을 선진국 수준으로 향상 • 논문, 특허 수 세계 3~4위 달성 • 바이오산업 총생산액 1880억 달러(15,000억 위안) 달성
3단계 (지속발전단계)	2015~ 2020	• 바이오 연구개발 및 산업화역량을 선진국 수준으로 향상 • 중국을 바이오 연구 혁신 중심지로 성장시킴 • 바이오산업 총생산액 3140억~3770억 달러(GDP의 7~8%) 달성

[9개 중점 분야]
① 농업바이오기술로 2차 녹색혁명을 추진
② 의약바이오기술로 4차 의약혁명을 추진
③ 공업바이오기술로 '녹색제조업' 발전 추진과 이를 통한 녹색 GDP 제고 추진
④ 에너지바이오기술로 환경 친화적 산업발전 추진
⑤ 바이오산업 육성을 위한 바이오자원의 심층 개발
⑥ 환경바이오 기술개발로 에너지 부족 현상 해소
⑦ 해양바이오산업 육성을 위한 해양바이오기술 개발
⑧ 바이오안전 및 바이오테러 방지기술 개발 추진을 통한 바이오 안전보장 시스템 구축
⑨ 중국·서양 의료기술의 융합을 통한 새로운 의료보건체계 구축과 의약산업 발전 추진

하이테크 산업화 시범사업을 추진하고 있다.

중국의 바이오기업들의 한 가지 장점으로는 의약품 개발에 드는 비용이 낮다는 점이다. 미국의 의약품 개발 비용은 8~10억 달러 정도로 높은 편이나, 중국에서 개발하게 되면 약 1억 2천만 달러 정도로 적은 비용이 소요된다. 세계 DNA칩 시장점유율 1위인 미국의 어피메트릭스는 2005년 레이저 스캐너를 생산하는 중국의 캐피탈바이오와 전략적 파트너십을 맺었다. 또한 중국 청두(成都)바이오제품연구소와 저개발국가의 질병 퇴치를 위한 미국의 비영리기구인 'PATH'는 이 연구소가 개발한 일본뇌염 백신(live vaccine) 수출 협약을 체결했으며, 이 백신은 'PATH'를 통해 현재 인도, 네팔, 스리랑카, 필리핀 등에서 일본뇌염 퇴치에 사용되고 있다. 이로써 중국은 독자적으로 연구 개발한 일본뇌염 백신을 국제 시장에 진출시켰을 뿐만 아니라 제품의 대규모 수출을 실현했다. 또한 베이징커싱(科星)생물제품유한공사(SINOVAC BIOTECH)의 '판얼라이푸(盼爾來福)1'은 중국 정부가 생산을 인가한 최초의 신종플루(인플루엔자A/H1N1) 백신을 대량 생산중이다. 이 백신은 1회 투약한 뒤 21일 후에 면역 효과가 생긴 비율이 81.4~98퍼센트로서 국제적인 평가 표준인 70퍼센트보다 높았다. 한국 보령제약도 이 백신을 수입할 예정이다.

바이오농업 분야에서 중국은 벼 게놈정보 완전 해독에 성공했고, 다산·우량·고효율의 농·임업 신품종과 야생 동식물 번식종을 중점적으로 발전시킬 예정이다. 면화의 경우 중국의 유전자재조합 면화 재배지가 전국 면화 면적의 75퍼센트를 차지하고 있다. 또한 바이오농약, 바이오사료 및 사료첨가제, 바이오비료, 식물생장조절제, 동물백신, 진단시약, 바이오 동물약, 바이오 물고기약, 미생물 완전 분해 농업용 비닐 등 녹색 농업용 바이오제품을 대거 발전시키며, 동식물 바이오반응기의 산업화 개발을 추진하고 고효율 녹색농업의 발전을 촉진할 계획이다.

바이오에너지 분야에서는 비양곡 작물을 원료로 하는 연료용 에틸알코올 생산과 목본유료(油料)식물을 원료로 하는 바이오디젤유 생산을 중점적으로 지원할 예정이다. 국내의 식용유 가격 급등과 곡물가격 상승에 의한 소비자물가 불안정 때문에 옥수수, 소맥, 대두 등 곡물계 바이오에탄올에 대해서는 제한정책을 취하고 있다. 중국에서는 2001년부터 바이오디젤을 생산하기 시작해서 현재 전국에 있는 생산업체는 수십 개에 달하며 연간 생산량은 10만 톤을 넘어섰다. 중국에서 식물유지를 생산할 수 있는 목본식물은 600여 종에 달하며, 이 가운데 씨앗의 유지함량이 50퍼센트 이상인 식물도 수십 종이 있다. 총 재배면적은 666만 헥타르 이상, 연간 열매 생산량은 200만 톤 이상에 달하는 천혜의 조건을 가지고 있다.

중국 국무원은 2009~2010년에 628억 위안(약 12조원)을 투자해 의약, 농업, 에너지, 제조, 환경보호 등에 바이오산업을 접목하기로 했다고 밝혔다. 중국은 베이징, 상하이, 센젠, 장샤 등의 지역에 바이오기업을 입지시키고 산업클러스터를 구축했으며, 매년 바이오산업 분야의 영향력 있는 학회와 협회들이 모여 중국바이오산업대회를 개최하고 있다. 상하이에서는 매년 많은 해외 기업들과 중국 기업들을 참여시키는 바이오엑스포 행사를 개최하고 있으며, 2009년에는 20개국에서 5586명이 참가한 바 있다. 또한 중국은 '국가바이오산업기지 줄기세포 및 재생의학 산업화 프로젝트'에 따라 2009년 4월 장쑤(江蘇) 타이저우(太州)의 중국 의약타운에 줄기세포 종합 산업화 기지를 구축할 계획이다.

[그림 2-9] 중국 상하이에서 매년 개최되는 바이오엑스포(Biotech China)

중국 바이오산업 발전의 특징은, 산업규모의 빠른 성장세, 산업화 및 기술혁신능력 향상, 국제협력을 통한 발전 가속화를 들 수 있다. 반면에 중국 바이오산업 발전의 장애 요인으로는, 취약한 바이오산업기반, 체계화되지 않은 바이오제품 관리 · 정부조달 · 금융투자 및 과세정책, 작은 기업규모 및 이에 따른 산업화 및 상업화의 미비, 정부 주도의 시장정책과 바이오제품의 낮은 시장경쟁력, 전문인력의 육성과 확보가 어려운 점을 들 수 있다.

〈표 2-15〉 바이오산업의 중국과의 경쟁력 전망

(한국 100 기준)

	2005	2006	2010	2015	2020
바이오신약	68	70	79	93	108
바이오장기	75	77	84	93	104
바이오칩	80	81	86	93	100
전체	74	76	83	93	104

※자료: 산업연구원, 바이오산업의 2020비전과 전략, 2007

3) 인도

2008년 인도 바이오산업의 총 매출은 전년 대비 18퍼센트의 성장을 이룩했고, 이 매출의 60퍼센트가 수출에서 이루어졌을 만큼 수출지향 산업이라는 점이 다른 아시아국가들과는 다른 점이다.

바이오산업 분야에서 먼저 주목되는 점은 바이오제약 산업의 성장이다. 인도 제약산업은 지난 5년간(2002～2006) 매년 9.5퍼센트씩 성장률을 기록했다. 2008년 16억7천만 달러를 기록한 바이오제약 산업은 전체 바이오산업의 65퍼센트를 차지하고 있는데 이 가운데 58퍼센트를 수출시장에서 벌어들이고 있다. 그 다음이 바이오서비스(Bio-Service)로 17퍼센트, 바이오 농업(Bio-Agriculture)이 12퍼센트, 바이오화학(Bio-Chemistry)이 4퍼센트이며, 그리고 바이오정보학(Bio-Infomatics)은 2퍼센트를 차지하고 있다.

인도정부의 적극적인 산업지원 의지에 의해 물질특허제도를 2005년부

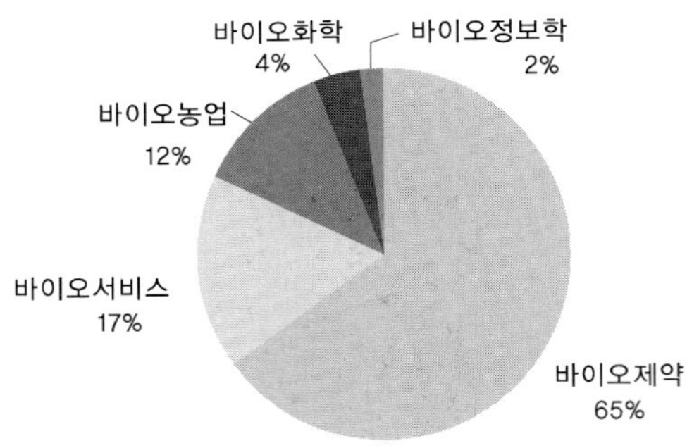

[그림 2-10] 인도의 바이오산업 구성비

※자료: Biospectrum 보고서(2009년)

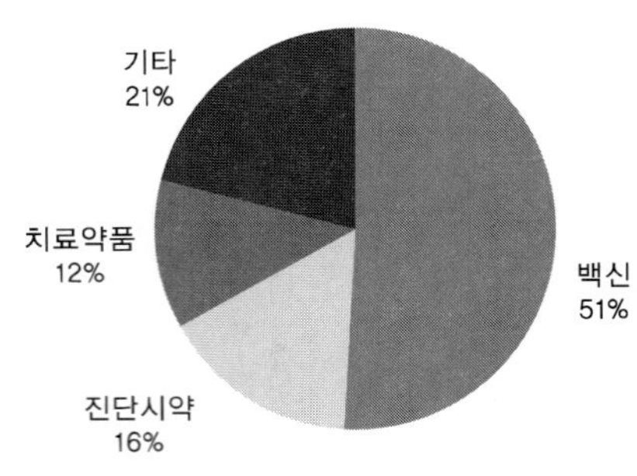

[그림 2-11] 2007년 인도 바이오의약품 총매출 현황

※자료: Biospectrum 보고서(2008년)

터 도입함으로써 의약품 특허의 상업적 이용이 쉬워져서 제네릭의약품의 개발이 활성화돼 인도 제약산업이 세계시장을 선점할 수 있었다. 이와 함께 연구개발 투자액의 150퍼센트에 해당하는 금액을 소득세에서 공제해 주고, 경제특구에서는 세금(판매세 3퍼센트, 품목세 10퍼센트) 면제 혜택을 부여하는 등 정책적으로 제약산업을 지원하고 있다.

또한 인도의 제약기업과 다국적 제약회사들과 연구개발 파트너십을 강화하며 기업의 글로벌화를 가속화하고 있는 것도 인도 제약산업 성공의 비결로 꼽을 수 있다. 바이오약품 총 매출액 가운데 백신이 51퍼센트로서 비중이 높은데, 이는 세계보건기구가 개발도상국가에서 백신 캠페인을 실시하면서 백신을 다량으로 구매하고 있기 때문이다. 바이오기업 가운데는 세계적인 백신 제조업체인 세럼인스티튜트가 2년 연속 매출 1위를 달렸고, 그 다음으로 바이오콘과 파나케아바이오텍이 2, 3위를 차지하면서 이 3개 회사가 전체 매출의 27퍼센트를 점하고 있다.

기존 바이오의약품의 특허 만료가 다가오면서 바이오복제약이 주목을 받고 있는데, 인도는 바이오제네릭(bio-generic)과 바이오시밀러(bio-similar) 분야에 워낙 경쟁력을 갖고 있기 때문에 이들 바이오복제약 분야

〈표 2-16〉 인도의 Top 10 바이오테크 기업

(단위 : 루피)

순위	회사명	수익(2006)	수익(2005)	성장률(%)
1	Serum Institute of India	950.95	703.00	35.27
2	Biocon	823.00	603.00	20.73
3	Panacea Biotech	600.00	437.82	37.04
4	Monsanto Biotech	391.25	162.50	140.62
5	Rasi Seeds	309.49	86.87	256.27
6	Venkateshwara Hatcheries	190.50	188.00	1.95
7	Novo Nordisk	222.00	175.00	26.86
8	Tulip	165.00	132.00	25.00
9	Indian Immunologicals	157.90	100.00	57.90
10	TransAsia Biomedics	151.37	127.00	19.19

※자료: Biospectrum 보고서(2007)

에서도 유리한 위치를 차지할 것이다.

바이오의약품은 화학 합성약과는 달리 구조도 복잡하고 제조 과정도 동식물 세포나 조직을 복잡하게 활용하기 때문에 완벽한 복제가 어렵다. 이 때문에 시밀러(similar · 유사한)라는 명칭이 붙으며, 별도의 임상시험 절차를 거쳐야 한다. 그래서 연구기간과 제조비용도 일반 복제약(제네릭)보다 보통 2~3배 더 든다. 중국은 아직 제약업체가 제대로 발전하지 못해 인도와 경쟁이 되지 않고, 유럽이나 미국의 제품은 거의 두 배 비싸다. 인도는 위탁생산과 임상연구개발대행서비스(CRAM서비스) 및 임상시험의 아웃소싱 기지로서 굳건한 위치에 있기 때문에 앞으로도 인도의 바이오산업의 미래는 밝다. 스위스의 대표적 제약회사인 노바티스(Novartis)는 인도의 닥터레디스, 토렌트와 손잡았고, 글락소스미스클라인(GSK)과 독일의 슈바르츠(Schwarz)제약은 인도의 란박시와 연구 파트너십을 맺고 있다.

인도 바이오기업들은 이제 글로벌 제약회사의 단순 하청에서 벗어나 독자적인 영역을 확대하고 있다. 골드만삭스는 인도의 10대 제약회사들이 지난 2004년 기준으로 연구개발에 지출한 돈이 1억4200만 달러라고 추정했다. 연구개발의 대부분은 새로운 제조방법을 만드는 데 투입되고 있지만, 독창적인 신약 후보물질도 37종이나 개발하고 있고, 그 가운데 9종은 임상1, 2상 단계에 있다고 골드만삭스 보고서는 밝히고 있다. 아예 인도 바이오기업이 유럽의 제약사를 인수합병하는 사례도 나오고 있다. 인도의 거대 복제약 제약회사인 란박시(Ranbaxy Lab. Ltd.)는 3억 달러를 투자해 루마니아 최대 제약사인 테라피아를 인수했고, 란박시는 다시 일본의 제약회사 다이이찌산쿄에 합병됐다.

한국 제약사들은 원료약의 70~80퍼센트 안팎을 인도에서 수입한다. 인도산이 인기를 끄는 이유는 역시 품질에 비해 가격이 매우 저렴하기 때문이다. 인도는 값싸고 뛰어난 인력, 무한한 시장, 빼어난 영어 실력, 글로벌 수준의 연구능력이 큰 자산이다. 2009년 한국과 인도는 '포괄적 경제 동반자협정(CEPA)'을 체결했고 인도의 고급인력들이 대거 한국으로 진출할 것으로 예상된다.

인도는 화학 분야에서만 매년 11만5000명의 석사와 1만2000명의 박사를 배출한다. 바이오 분야의 숙련된 전문인력만 100만 명 이상을 확보하고 있다. 이런 풍부한 인적자원이 생산비용을 끌어내리고 있다. 제약 생산비용은 선진국의 절반, 연구개발 비용은 8분의 1, 임상시험 비용은 10분의 1로 저렴하다. 글로벌 컨설팅회사인 맥킨지는 앞으로 15년 내에 세계 임상시험의 30퍼센트가 인도에서 진행될 것이라고 예측한다. 인도는 영어를 공용어로 사용하기 때문에 영어사용 인구가 많고, 인력이 풍부하고 상대적으로 인건비가 저렴해 산업발전을 위한 인프라가 잘 갖춰져 있다.

바이오농업은 2006년에 약 55퍼센트의 성장률로 가장 큰 폭의 성장을 보인 바이오산업 부문이다. 바이오기술을 적용한 면화산업은 2007년 기간 동안 인도 바이오산업의 약 11퍼센트를 차지했다. 인도의 면화 생산량은 중국, 미국에 이어 세계 3위지만 현재 900만헥타르로 세계 최대 규모의 면화 경작지를 보유하고 있고 생산량도 해마다 증가하고 있다. 하지만 중국 바이오면화는 생산과잉으로 2007년 이후에는 수익성은 크게 떨어지고 있다. 인도의 바이오농업 시장은 라시시드스(Rasi Seeds), 누지비두시드스(Nuziveedu Seeds), 마히코(Mahyco) 3개사가 72퍼센트를 점유하고 있다.

인도의 바이오화학 분야는 주로 산업용 효소가 차지하며 2006년 7천2백만 유로의 매출을 기록했다. 동 분야의 5대 기업으로는 Novozymes, Biocon, Advanced Enzymes, Rossari Biotech, Zytex을 들 수 있으며, 이들 5개 기업의 2006~2007년 시장 점유율은 87.5퍼센트에 달한다.

바이오정보학 또한 규모가 매우 작은 산업으로 2006년 매출은 바이오제약, 바이오서비스에 비해서 높지 않으나, 신규 장비 출시, 해외지사 설립·인수, 재정기관으로부터의 자금융통 등을 통해서 동 산업은 크게 성장할 것으로 기대되고 있다. 주요 기업으로는 GVK Biosciences Jubilant Biosys, Tata Consultancy Services를 들 수 있다.

인도 바이오산업의 강점은 훌륭한 인적 네트워크, 풍부한 인구를 토대로 양질의 임상연구 환경, 높은 시장성과 수출 잠재성, 저비용의 임상시험 및 연구개발비 등을 들 수 있다. 반면에 바이오산업의 약점으로는 바이오 연구 분야와 상업성과의 낮은 연계성, 인도 기술에 대한 불신으로 인한 벤처투자의 부족, 상대적으로 낮은 연구개발비 지출 등이 있다.

4) 싱가포르

싱가포르정부는 의생명과학 이니셔티브(Biomedical Science Initiative) 프로젝트를 통해 바이오산업을 정책적으로 지원하고 있다. 이 프로젝트를 통해 2000~2005년간은 인적자원 및 산업자본 확보에 주력했으며, 2005년부터 2010년까지는 임상연구를 확대하고 다국적 제약기업의 제조, 연구개발 기지로서 성장하는 것을 목표로 하고 있다.

싱가포르의 바이오산업정책이 국제적으로 성공사례로 평가받는 이유로는 선진형 연구개발에 적합한 국제적인 환경조성, 연구개발 등 각 분야에서의 최고 권위자 섭외, 훌륭한 과학자 양성을 위한 장학금제도, 최고 과학자 유치를 위한 이민법 완화 등을 들 수 있다. 작은 국가 규모로 인하여 다른 나라에 비해 바이오 연구개발과 제품화에 한계가 있는 싱가포르로서는 더욱 적극적으로 글로벌 네트워킹을 진행하고 있다. 대표적인 사례로는 싱가포르 과학기술연구청, 국립연구재단, 싱가포르국립대학 등과 미국 MIT대학과 1998년부터 추진하고 있는 SMA(Singapore-MIT Alliance) 프로그램을 들 수 있다. 싱가포르국립대학은 싱가포르 바이오 산업기술의 중심지로서 '분자세포 생물학연구소'와 '바이오정보공학센터(Bioinfomatics Centre)'가 설치되어 있다.

싱가포르정부와 민간 부문에서 각각 2억9천만 달러, 4억 달러를 각각 투자해 2003년 문을 연 바이오폴리스는 23만m^2의 면적에 구름다리로 서로 연결되는 7개의 건물로 이루어져 있다. 건설사는 삼성물산이고 건설비는

[그림 2-12] 싱가폴의 바이오폴리스

한화 3600억원이었다. 싱가포르정부는 바이오 부문에 이미 40억 달러를 투입했고, 2010년까지 80억 달러를 추가로 투입할 계획이다. 이러한 국가 프로젝트에 따라 싱가포르 당국은 해외로부터 50여 명의 중견 과학자들을 스카우트했고 복제양 돌리 연구팀의 콜먼 박사도 바이오폴리스에 합류했으며, 이외에도 1천800여 명의 젊은 과학자들이 연구원으로 활동 중이다.

바이오폴리스는 싱가포르 바이오산업의 모든 것을 결정하는 핵심역할을 한다. 실험실에서 성공한 시제품을 의료산업이나 바이오산업과 연결함과 동시에 '외국인 환자 치료'도 중요한 산업으로 인식하여 의료산업의 중요한 싱크탱크 역할을 기대하고 있다. 또한 세계 의료시장을 겨냥한 신약개발지원센터와 첨단의료기기 개발지원센터, 첨단임상시험센터 등 종합연구공간을 조성할 예정이다. 싱가포르가 외국의 두뇌를 초빙해 자국의 연구능력을 배양하고 기술을 전수 받으려는 시도가 자국의 바이오산업을 육성하고 상품화로 연결될지는 더 두고 봐야 할 것 같다. 결국은 다국적 바이오기업의 연구개발기지 기능과 발달된 의료허브를 통한 의료관광의 증대 정도로 바이오산업의 역할이 기대되며, 의료관광 분야에서 한국과 경쟁할 것이 예상된다.

5) 말레이시아

말레이시아정부는 2005년 4월에 국가생명공학정책(2005~2020년)을 발표했는데, 국민총생산(GDP)에서 차지하는 바이오산업의 비율을 2016년까지 현재의 1퍼센트에서 2.5퍼센트로 증가시킬 계획이다. 2008~10년 민간 및 정부의 바이오산업 투자가 60억 링기트(약 1조6천200억원)에 이르고 25개의 신규 바이오기업이 설립되어 앞으로 바이오산업에 대한 관심이 크게 고조될 전망이다.

정부는 역량 있는 바이오기업의 발굴과 유치를 위해 관련 기업을 심사한 뒤 바이오넥서스(BioNexus) 지위를 부여하고, 10년간 법인세 면제, 수입관세 및 판매세 면제 등 전폭적인 세제혜택 등의 지원을 제공한다. 현재까지 외국계 기업을 포함 2009년 7월 현재 104개 이상의 기업이 바이오넥서스 지위를 획득했으며 한국의 바이오기업들이 기술지도를 하고 있다. 한국과 말레이시아는 바이오 분야에서 현재 가장 긴밀하게 협력하고 있으며 한국정부도 여기에 더 많은 관심을 가져야 할 것이다. 2009년 7월에는 한국생명공학연구원과 말레이시아 국가산업연구소(SIRIM) 및 바이오기술공사(Malaysian Biotechnology Corporation)와 공동연구, 인력 · 정보교류 등 상호협력을 위한 양해각서를 체결하고 말레이시아 바이오기업 UBT와도 보유기술 이전계약을 체결했다. 국가산업연구소는 정부가 주식 일부를 소유하고 있는 민영화된 공기업으로, 말레이시아의 최고 국가산업연구 및 개발연구소 역할을 수행한다. 바이오기술공사는 수상직속기관으로서 말레이시아 바이오 관련 정책수행 및 국제협력 부문을 담당하고 있다. UBT는 팜유 공장 부산물을 활용한 미생물 비료(상품명: Bio MAC)를 생산하는 말레이시아 중견기업이다. 이번 협정에 따라 한국은 팜유추출공정 폐기물을 이용한 생비료의 제조방법을 UBT에 기술이전하게 된다.

말레이시아는 전 세계 팜유 생산의 40퍼센트, 세계 시장의 50퍼센트를 점유하는 주요 생산국으로서 과잉생산된 팜유의 일부를 바이오연료 생산으로 전환할 경우, 바이오디젤(경유) 생산 및 세계 시장에서의 팜유 가격 안정을 가져와서 큰 이익이 된다. 또한 바이오디젤 생산 과정에서 카로틴

〈표 2-17〉 말레이시아 팜오일 기반 바이오디젤 주요 생산업체

회사명	참여국가	투자액	위치
Lereno	말레이시아, 독일, 호주 합작	1억 링기트 (355억)	Lumut Port, 페라크주
Global Bio-Diesel	한국 (주)에코솔루션 100%	5200만 링기트 (187억)	Lahad Datu, 사바주

[그림 2-13] 에코솔루션이 말레이시아에 설립한
글로벌 바이오디젤 공장의 디젤탱크

(pro-vitamin A), 토코페롤(vitamin E) 등 유용한 부산물 생성에 따른 부수입도 기대할 수 있다. 말레이시아는 경유를 사용하는 대중교통, 군용트럭, 공장용으로 바이오디젤 연료를 시범적으로 사용하고 있다. 말레이시아에서는 경유 95퍼센트에 팜유 5퍼센트의 배합비율로 바이오디젤을 생산하고 있으며, 미국은 경유 80퍼센트에 바이오디젤 20퍼센트의 혼합이 널리 사용되고 있다. 한국의 경우는 전국 주유소에서 경유에 바이오디젤을 최대 5퍼센트까지만 섞어 파는 것이 허용된다.

세계 팜유 시장을 장악하려는 말레이시아 회사들은 적극적으로 인도네시아 팜 농장들을 인수하고 있다. 인도네시아에서는 외국인이 토지를 타인명의로 소유하여 투자하는 것은 금지되어 있음에도 현재 말레이시아 자본이 소유한 인도네시아 팜 농장면적은 전체의 30퍼센트에 이른다.

한편 한국의 인섹트바이오텍은 말레이시아 바이오기술공사, 크다 바이오자원공사(Kedah Bio Resources Corporation)와 업무제휴를 통해 산업적 응용 및 식품생산을 위한 효소의 생산 및 개발연구를 진행하고 있다. 인섹트바이오텍은 한국의 순수 국내기술로써 개발된 세계 수준의 고효율 효소 아라자임(Arazyme)을 국내외 시장에서 사업화에 성공해 활발한 해외 비즈니스를 하고 있다. 아라자임은 한국생명공학연구원 연구팀이 개발한 천연 단백질 분해 효소이다. 한국산 무당거미가 다른 거미에 비해 유달리 식욕이 왕성한 것에 주목해서, 무당거미의 장에서 HY3이라는 미생물이 소화를 돕는다는 사실을 알아내 '아라자임'을 대량 생산하는 방법을 개발해 냈다. 아라자임은 광범위하게 활용할 수 있는데, 여성의 각질제거 페이셜 겔 · 마스크팩이나 여성청결제, 가축사료에 넣어 가축의 영양섭취를 증가시키고 젖소 체세포를 감소시켜 유방암 발생을 억제하며, 세제에 혼합하면 때를 쉽게 분리해서 세척력을 높일 수 있다.

말레이시아정부는 한-말레이시아 현지 합작기업인 마이엔자임(MyEnzyme)에 대규모 지원을 하고 있다. 마이엔자임은 최근 세계적으로 가격이 급등하고 있는 사료용 곡물의 소화 효율을 크게 향상시킬 수 있는 동물사료첨가제 생산에 필수적인 고효율 효소를 경제적으로 생산하여 아시아 시장에 판매할 계획이다. 또한 이 효소 등을 이용하여 말레이시아의 풍부한 생물자원을 이용한 바이오에너지 사업도 함께 수행할 계획이다.

Part 03

한국 바이오산업의 현황과 전망

1장

한국 바이오산업의 현황

1980년대 초부터 바이오 연구기반 구축에 착수하여 정부의 적극적인 지원하에 불과 10여 년의 짧은 기간 동안 바이오산업이 세계 10위권 규모로 빠르게 성장했다. 특히 바이오 분야에서는 초고속 정밀분석과 대용량 정보처리능력 등이 중시됨에 따라, IT 선진국인 한국의 정보기술 기반은 바이오산업 발전에도 큰 기여를 하고 있다. 교육인프라가 비교적 잘 되어 있고 전문인력의 고용과 육성이 용이한 점도 크게 작용했다. 여기에다 전통적으로 뛰어난 발효기술 덕분에 유전자 재조합, 세포융합, 단백질공학 기술 등에서 다소 우위에 있고, 동식물과 육 · 해상 생물자원이 풍부한 점도 발전요인으로 꼽을 수 있다.

1. 한국 바이오산업 연혁

한국은 1980년 초에 생명공학기술이 도입됐고, 정부는 그 중요성을 인식해서 1983년 '생명공학육성법'을 제정했다. 1990년 중반부터 산업형태를 이루어 빠르게 성장해 왔고, 1992년에는 바이오벤처인 '바이오니아'가 국내 최초로 설립됐다. 그 뒤 정부 차원에서도 여러 차례 발전전략이 수립됐고, 1994년 마련된 '제1차 생명공학육성기본계획(1994～2006년) (이하 제1

차 계획)'을 통해 생명공학 분야에 대한 정부 차원의 지원이 본격화됐다. 현재는 2006년 수립된 '제2차 생명공학육성기본계획(2007~2016년)'에 기반을 두고 바이오산업 관련 정책들이 수립되고 추진되고 있는 상황이다.

연구개발 지원정책과 세계적인 기술발전 동향 등에 힘입어 국내에서도 대학, 연구소, 바이오벤처 등의 연구개발이 활발하게 이루어져 왔으며, 2000년 이후 괄목할만한 연구성과도 나오고 있다. 이러한 연구개발 성과로부터 2003년 LG생명과학이 개발한 신약인 '팩티브'가 FDA 승인을 획득했다. 이외에도 '인간성장호르몬' '항체 치료제' 등 세계적으로 괄목할 만한 제품들이 개발되면서 한국의 바이오산업은 '제1차 계획' 기간 동안 연평균 28퍼센트의 고성장을 보인 바 있다.

2005년에 산업자원부는 2015년 세계 7위의 바이오강국으로 부상하기 위해 4대 정책목표와 12대 세부 정책과제를 발표한 바 있다. 4대 정책목표는 산업화 가능 핵심기술 선점, 선진국 수준의 인프라 구축, 글로벌 네트워크 강화, 바이오지원제도 등이다. 이를 위한 12개 정책과제로 로드맵에 입각한 핵심기반기술에 집중 투자, 미래시장 선점을 위한 융합신기술의 선제적 개발, 바이오스타 연구개발 프로젝트의 창출, 지역특화자원과 연계한 바이오클러스터의 육성, 창의성과 현장성을 겸비한 전문인력의 양성, 산학연 공동활용을 위한 연구생산 및 평가시설 확충, 첨단의료복합센터의 육성으로 의료서비스의 글로벌화, 투자유치 · 제휴협력 활성화로 선진기업 학습효과 극대화, 국제적인 바이오분업과 파트너십 형성에 적극 참여, 바이오기업활동 활성화를 위한 제도적 기반 구축, 민간의 바이오투자 활성화를 견인할 지원수단 강구, 바이오산업 참여자의 핵심역량 제고와 상생협력의 활성화 등이 제시됐다.

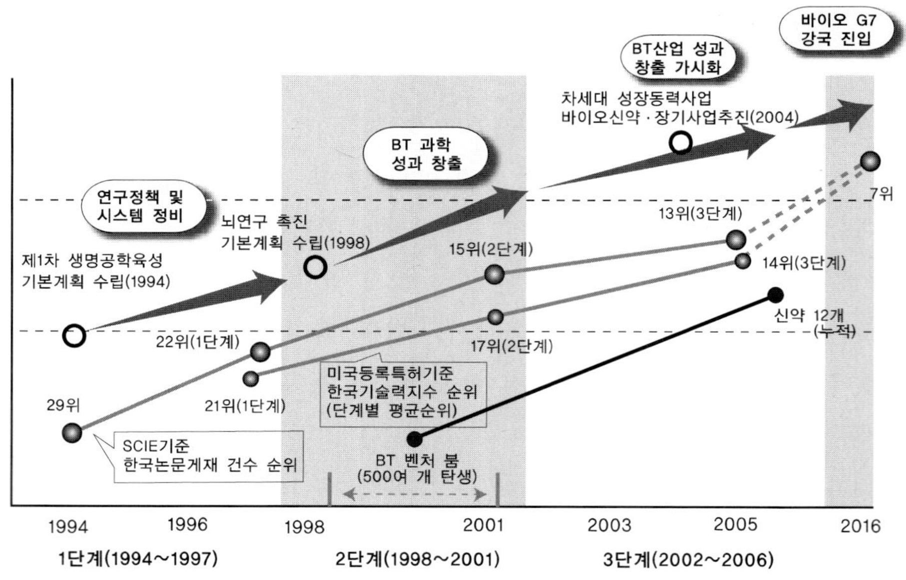

[그림 3-1] 한국 바이오산업의 단계별 발전 현황 및 성과

※자료 : 교육과학기술부, 2007 생명공학백서

〈표 3-1〉 한국 바이오산업의 육성정책 현황

- 생명공학육성법(1983년)
- 바이오산업 발전전략 수립(1989년)
- 2000년대 바이오산업의 비전과 발전과제 수립(1994년)
- 바이오산업 종합육성계획 수립(1994년)
- 2000년을 향한 바이오산업기술 개발 수요 도출(1994-1995년)
- 바이오산업 장기산업발전비전 수립(1995년)
- 바이오산업기술 개발 전략 연구기획 수행(1995년)
- 제18회(바이오산업분야) 신산업발전민관협력회의 시행(1996년)
- 바이오산업의 발전전략 수립(1998~1999년)
- 바이오산업 지식경쟁력 강화 실천계획 수립(1999년)
- 21세기 전략산업으로서의 바이오산업 육성전략 수립(1999년)
- 바이오산업발전 종합대책 수립 및 실행계획(안) 마련(2000년)
- 바이오산업 발전 기반 조성을 위한 5개년 계획 수립(2000년)
- 바이오산업 발전방안 보고회의 주관(2000년)
- 바이오산업 발전전략 보고(2001년)
- 단백질제품 기술 로드맵 작성(2001년)
- 바이오산업 경쟁력 강화전략 수립(2002년)
- 바이오산업 및 바이오신약 · 장기 · 바이오칩 발전전략 추진계획 수립(2003년)
- 한국 바이오산업의 발전방안 마련(2004년)
- 바이오산업 발전을 위한 3·12 프로젝트 수립(2005년)
- 중장기 바이오산업 육성을 위한 정책용역과제 시행(2005년)
- 2015 바이오산업 미래비전과 발전전략 마련(2005년)

2. 바이오산업 현황

2006년도 국내 바이오산업 총 수급규모를 살펴보면(표 3-2), 2006년도 국내 바이오산업 총 수급규모는 전년대비 14.9퍼센트 증가한 4조949억원으로서 바이오산업이 중견산업으로 자리 잡았다. 공급 부문 중 생산은 3조1595억원(전년대비 14.0퍼센트 증가)이었고, 수입은 9354억원(전년대비 18.2퍼센트 증가)이었다. 반면 수요 부문 중 내수가 차지하는 비중은 67퍼센트인 2조7447억원(전년 대비 17.7퍼센트 증가), 수출은 33퍼센트인 1조3502억원(전년대비 9.7퍼센트 증가)이었다.

한국의 바이오산업은 2006년 기준으로 연간 생산액(국내매출+수출 합계) 3조원 규모의 중견산업으로 자리 잡았다. 세부 분야의 생산액 비중을 살펴보면 바이오식품(43.6퍼센트)과 바이오의약품(40.2퍼센트)이 큰 비중을 차지하고 바이오환경(4.7퍼센트), 바이오분석 · 정보 · 개발(2.7퍼센트), 그리고 바이오공정 · 장비(2퍼센트)가 차지하고 있다. 다른 나라에 비해서는 바이오식품 비율이 높은 것을 알 수 있는데 전통적으로 식품산업이 강세이고 바이오산업에서 큰 비중을 차지하는 바이오의약품의 경우 아직 수입에 크게 의존하기 때문이다.

하지만 바이오기업의 업종별 분포를 보면(그림 3-3), 바이오의약 분야가 30퍼센트로 가장 높고, 그 다음이 바이오식품, 바이오화학, 바이오검정 · 정보, 바이오환경 순이었다.

바이오산업제품의 국내 시장규모는 바이오의약품이 63.8퍼센트로서 단연 우위를 차지하고 있다(표 3-3). 그 다음으로 바이오식품, 바이오화학, 바이오공정 및 기기, 바이오환경의 순이었다. 바이오전자 및 바이오에너지 부분은 0.7퍼센트로서 이 부문의 육성이 특히 요망된다.

〈표 3-2〉 2006년도 국내 바이오산업 총 수급 규모

공급				계	수요			
생산		수입			내수		수출	
금액	비중	금액	비중		금액	비중	금액	비중
3,159,506	77.2	935,416	22.8	4,094,922	2,744,758	67.0	1,350,164	33.0

※자료: 지식경제부 기술표준원/산업연구원/한국바이오산업협회,
2006년도 국내 바이오산업 통계조사, 2007년

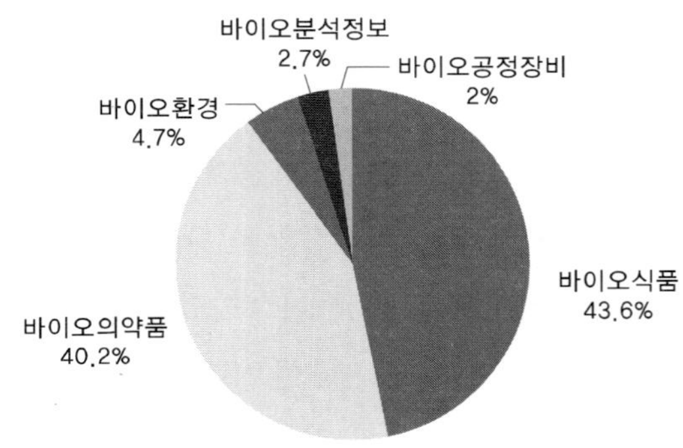

[그림 3-2] 한국 바이오산업의 2006년 분야별 생산액

※자료: 지식경제부(2006년)

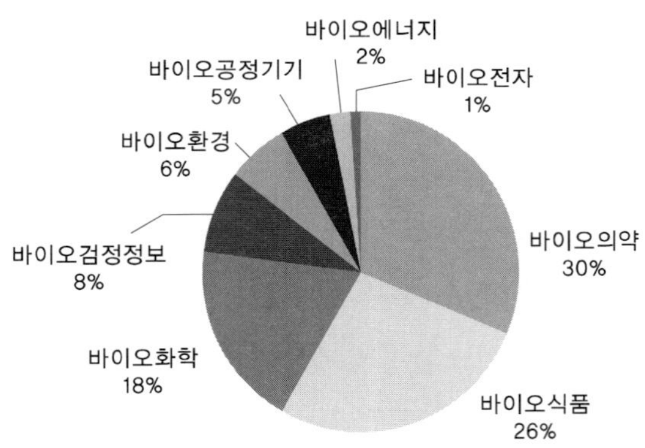

[그림 3-3] 2006년 바이오기업의 업종별 분포

※자료: 지식경제부(2006년)

〈표 3-3〉 2006년도 바이오산업제품 국내 시장규모

구분	판매 규모			
	국내 판매	수입 판매	계	점유율
바이오의약	969,170	740,336	1,709,506	62.3
바이오화학	163,076	60,943	224,019	8.2
바이오식품	344,095	10,589	354,684	12.9
바이오환경	158,458	4,756	163,214	5.9
바이오전자	16,976	709	17,685	0.7
바이오공정 및 기기	56,084	113,572	169,656	6.1
바이오에너지 및 자원	15,191	4,386	19,577	0.7
바이오검정 · 정보개발 · 연구개발	86,292	125	86,417	3.2
합계	1,809,342	935,416	2,744,758	100.0

※자료: 지식경제부 기술표준원/산업연구원/한국바이오산업협회, 2006년도 국내 바이오 산업 통계조사, 2007년

3. 바이오산업 지원과 투자

바이오 분야에 대한 정부지원은 2000년부터 큰 폭으로 증가하여 2002년에는 4500억원, 2003년에는 5600억원이 지원됐다. 2006년 '생명공학육성시행계획'에 따른 범정부 차원의 바이오 분야 투자는 총 8270억원이었으며, 이 가운데 연구개발 부문 투자는 6615억원(전년대비 23.6퍼센트 증가), 인프라 부문 투자는 1541억원(전년대비 3퍼센트 증가)이었다. 정부 부처별 생명공학 투자실적(2006년)은 과학기술부, 보건복지부, 산업자원부의 순으로서 대부분 연구개발(R & D) 분야에 집중해 있다. 바이오 분야의 연구개발에 대한 정부의 총 투자는 2006년 6615억원으로, 정부의 적극적인 육성 정책에 따라 연평균 23퍼센트의 높은 증가세를 보이고 있다.

〈표 3-4〉 정부 부처별 바이오 부문 투자실적(2006년)

(단위: 백만원)

구분	연구개발	인프라	인력 양성	계
교육인적자원부	26,400		34,500	60,900
과학기술부	219,733	12,730		232,463
농림부	77,045	11,234	400	88,679
산업자원부	59,191	91,214	1,501	151,906
정보통신부	21,799	4,530		26,329
보건복지부	162,541			162,541
환경부	22,478			22,478
해양수산부	10,700			10,700
출연연구기관	61,568	9,420		70,988
합계	661,455	129,128	36,401	826,984

※자료: 교육과학기술부, 2007 생명공학 백서, 2007. 12

〈표 3-5〉 운용중인 바이오전문 투자펀드 현황

(2006. 10월 현재)

창투사	투자조합	결성금액(억)	투자건수	투자금액(억)
우리기술투자	바이오투자조합8호	100	9	100
무한투자	무한메디칼벤처조합2호	100	10	100
한국바이오 기술투자	KBIC바이오펀드1호	40	6	33
	KBIC바이오펀드2호	50	4	25
	KBIC아그로바이오펀드	80	4	43
한국기술투자	MOST4호벤처투자조합	213	30	190
넥서스투자	경남바이오펀드	100	11	77
	전남농수산기업투자조합	100	-	-
산은캐피탈	국민연금산은바이오투자조합	400	5	70
CJ창업투자	CJ창투8호바이오투자조합	30	-	-
인터베스트	인터베스트바이오투자조합1호	280	2	30
한미창업투자	바이오피아펀드	110	1	15
한화기술금융	한화BNR펀드	100	-	-
계		1703	81	673

반면에 2006년도 산업계의 바이오산업 부문 총 투자비는 8540억원 규모(전년대비 15.9퍼센트 증가)로서 연구개발비 5405억원(13.9퍼센트 증가), 시설투자비 3135억원(전년대비 19.7퍼센트 증가)이었다.

바이오전문투자조합은 2006년 10월 현재 모두 12개, 약 1600억원 규모이다(표 3-5). 이 가운데 2005년 이후 신규 조성된 바이오투자조합이 5개 총 920억원으로 2005년 이후 바이오산업에 대한 펀드 투자가 활발하게 일어났다.

산은캐피탈의 '국민연금-산은바이오펀드'의 경우는 2006년 국민연금(200억원)과 산업은행(100억원), 산은캐피탈(100억원)이 공동출자하여 조성한 펀드로 메디프렉스, 제노텍, 지노믹트리, 티지바이오텍, 뉴로제넥스 등 5개 바이오기업에 총 70억원을 투자했다. 한화기술금융은 2005년부터 바이로메드, 펩트론, 아미코젠, 헤파호프, 바이오톡스텍 등 국내의 유망한 바이오기업에 투자해 우수한 성과를 거두었다.

지방자치단체에서도 바이오산업에 대한 투자를 실시하고 있는데, 강원도는 춘천을 중심으로 한 도내 전통 전략산업인 의료기기와 바이오벤처 육성을 위해 올해부터 2014년까지 150억원 규모의 '강원 바이오 메디컬 펀드'를 조성하기로 했고, 오송생명과학단지가 위치한 충청북도에서는 현재 110억원 규모의 '바이오토피아 펀드'를 운용중이다.

2005년도 벤처캐피털의 바이오 투자비율이 3퍼센트에 그쳤으나, 2006년에는 8퍼센트로 2배 이상 증가했고, 2008년에는 10퍼센트까지 육박하는 규모로 확대되고 있다. 벤처캐피털 업계가 이처럼 바이오 투자에 적극 나서는 데에는 메디포스트(제대혈) · 바이로메드(항암백신) · 크리스탈(원천기술개발) 등 바이오 주들이 급등하며 코스닥 테마주의 한 축을 담당하고 있는 것도 영향을 미쳤다. 여기에 벤처캐피털 업체의 투자여력이 충분해지면서 신규 아이템 발굴에 적극 나선 것과도 관계가 있다. 현재 한국의 바이오벤처기업은 600여 개, 상장기업도 70여 개에 이른다.

〈표 3-6〉 한국의 바이오기업 및 상장기업

활동 중인 제약회사(중소기업 포함)	700여 개
바이오벤처기업	600여 개
증권거래소·코스닥 상장·등록기업	70여 개

※자료: 교육과학기술부, 2007 생명공학 백서

증시에는 제약업체를 포함하여 65개가 넘는 바이오기업이 상장되어 있다. 하지만 아직까지 큰 수익을 창출하고 있는 업체는 많지 않은 실정이다. 그럼에도 불구하고 증권사들은 바이오산업에 많은 관심을 가지고 있다. 이는 바이오 분야가 무시할 수 없는 산업으로 인식되고 있기 때문이다. 2005년도 이후 신규 바이오 상장사의 특징은 코스닥 상장 특려 규정에 의한 기술성 평가를 통한 상장 형태와, 기존 상장기업과의 주식스와핑에 의한 우회상장 형태가 주류를 이룬다. 이 가운데 기술성 평가를 통해 상장된 업체는 2005년 바이오니아, 크리스탈지노믹스, 바이로메드랩 3개사와, 2006년 상장된 오스코텍을 들 수 있다(표 3-7). 2005년도 이후 코스닥에 새롭게 입성한 전체기업 127개사 중 기업공개를 통한 것은 60개사에 지나지 않고, 그 절반 이상인 67개사가 우회상장을 통했다. 이는 인기 있는 아이템을 보유한 비상장기업을 우회상장을 통해 빠른 시간 내에 시장에 진입시켜 기업 가치를 높이려는 전략의 일환으로 풀이된다.

한편 정부에서 운영하는 바이오스타 프로젝트는 고비용·고위험의 국내 바이오산업 육성을 위해 지경부가 지난 2005년과 2007년 각각 한차례씩 사업자를 공모, 176억원의 국고를 포함해 총 351억8000만원을 투입한 매칭펀드 사업이다. 대상 업체가 중소·벤처기업인 경우 60퍼센트까지 정부가 지원을 하며, 지원 범위도 기존 바이오의약품 중심에서 저분자·천연물 약품까지로 확대했으며, 지원 시점 역시 후보 물질 단계로 앞당겼다.

〈표 3-7〉 코스닥 등록기업 중 바이오 분야 벤처기업 상장 현황

연도	신규 상장기업 수		바이오 상장비율(%)	상장업체명
	전체	바이오		
2000	183	4	2.2	마크로젠, 대성미생물, 중앙바이오, 이글벳
2001	172	7	4.1	바이오랜드, 엔바이오테크, 인바이오넷, 한국미생물, 바이오메디아, 코바이오텍, 대한바이오링크
2002	153	6	3.9	렉스진바이오텍, 쎌바이오텍, 농우바이오, 대한뉴팜, 씨티씨바이오, 제일바이오
2003	71	2	2.8	중앙백신, 에스디
2004	52	1	1.9	에스텍파마
2005	70	4	5.7	메디포스트, 바이오니아, 크리스탈지노믹스, 바이로메드랩
2006	35	2	5.7	대봉엘에쓰, 오스코텍

4. 바이오 분야 인력

생물학·생명공학 관련 신규 석·박사 수가 1999년 연간 6700명에서 2006년 9700명으로 1.5배 증가했다. 2006년 기준으로 800개 가까운 바이오 산업 분야 주요 기업에 고용된 인력은 대략 1만 7316명이었으며 이들의 53.6퍼센트(8715명)가 연구직, 46.4퍼센트(8601명)가 생산직에 종사한다. 기술표준원이 조사한 2006년 '한국 바이오산업 통계'에 따르면, 조사 응답 기업(794개)의 인력은 총 1만7316명으로, 전년대비 24.9퍼센트나 증가했다. 종사인력 중 박사 11.9퍼센트, 석사 44.4퍼센트로 일반 주력산업(전자·자동차·철강·화학·조선 등)과 크게 차별화되며, 바이오 부문은 고학력 중심의 인력구조를 가지고 있다. 2005년과 비교하면 연구인력은 1285명(17.2

퍼센트), 생산인력 2164명(33.6퍼센트)으로 큰 증가세를 보였다.

〈표 3-8〉 2006년 바이오산업 부문 연구인력 및 생산인력

구분	박사	석사	학사	기타	합계
연구인력	1,338	4,310	2,219	848	8,715
생산인력	161	1,274	3,266	3,900	8,601
계	1,499	5,584	5,485	4,748	17,316

※자료: 지식경제부 기술표준원/산업연구원/한국바이오산업협회, 2006년도 국내 바이오 산업 통계조사

2장

한국 바이오산업의 성과와 유망 바이오산업

1. 바이오 분야 성과

한국의 국제논문 건수와 기술력 지수는 각각 13위, 14위로서, 2016년 과학기술 논문 창출, 특허기술 경쟁력 등에서 세계 7위권 진입을 목표로 하고 있다.

2006년 한국의 바이오 분야 특허출원 건수는 국내 1601건, 해외 510건으로 국내 출원 및 등록건수가 월등히 많지만 해외 등록건수도 꾸준히 증가하고 있다.

국내 제약업체에서도 신약개발에 성과를 나타내서, 국내에서 개발한 위궤양 치료제(일양약품), 골다공증 치료제(동화약품), 간질환 · 만성 호흡기 질환 치료제(LG생명과학) 등이 해외로부터 로열티 수입을 올리고 있다. 국내 바이오기업인 이노셀, 이노메디시스, 크레아젠, 엔케이바이오 등이 일본에서 항암면역세포 치료제에 대한 품목 허가를 받은 상태이다.

〈표 3-9〉 한국 바이오산업의 연구성과 및 기술력

	1994년	2005년	1916년(목표)
SCIE[1] 국제논문 건수	29위	13위	7위
기술력 지수[2]	21위	14위	7위

※자료: 교육과학기술부, 2007 생명공학백서
※주: 1) 과학기술 논문색인(Science Citation Index Expanded)
 주: 2) 기술력 지수=특허건수×영향력지수
 (양적, 질적 영향력을 모두 고려한 국제 통용지표)

〈표 3-10〉 한국의 2006년 바이오 분야 특허출원 및 등록건수

	출원건수	등록건수	비율
한국	1,601	884	55%
국외	510	150	29%

※자료: 교육과학기술부, 2007 생명공학 백서

〈표 3-11〉 암 치료제의 일본 진출 사례

• 크레아젠(주)이 일본에 항암 면역세포 치료제로 진출함.
- 일본에서 널리 행해지는 활성화 림프구 요법 대신 미국에서 시작된 수지상 세포치료법을 이용한 항암면역세포치료를 일본에 선보일 예정
• 이노셀, 이노메디시스, 크레아젠, 엔케이바이오 등이 항암면역세포 치료제에 대한 품목 허가를 받은 상태임.
• 이노셀은 간암 치료제로 이뮨셀-엘씨를 2007년 8월 식품의약품안전청의 품목 허가를 받아 상용화에 성공함.
• 일본의 오다 면역연구소와 기술제휴로 탄생한 바 있는 엔케이바이오도 2007년 8월 식약청에서 악성림프종암 치료제인 '엔케이엠'을 허가받아 시판 중임.

〈표 3-12〉 한국 제약회사의 해외 수출 사례

기업명	내용
일양 약품	• 전세계 26개국에서 특허를 획득한 차세대 위궤양 치료제 '일라프라졸(국산 신약 14호)'은 2005년 미국의 궤양 전문기업인 TAP사와 아시아 판권을 제외한 판권과 기술 이전을 체결해 9000만 달러의 로열티를 받았으며, 신약 발매 15년 동안 매출액의 10~5%의 판매 로열티를 받기로 함. • 특히 미국 TAP사의 주력품목인 궤양 치료제 '프레바시드'가 2009년 11월 특허 만료가 되어 프레바시드 대체품목으로 '일라프라졸'이 선정돼 최우선적으로 지원받음. • 현재 일본 다케다가 TAP을 인수해서 상품화에 약간 차질이 생김.
동화 약품	• 골다공증 치료제 'DW-1350'와 신퀴놀론계 항균제 'DW-224a' 두 신약으로 로열티를 받고 있음. • 골다공증 치료제는 2007.7월, 다국적 제약사인 P & G와 아시아 판권을 제외한 전 세계의 기술 이전료로 4701억원 규모의 로열티를 받음. • 기술 이전 로열티와 별도로 약 판매에 따른 판매 로열티까지 생각하면 매년 약 4000억원 이상의 로열티 수입 예상
LG 생명 과학	• LG생명과학의 간질환 치료제 'LB84451'은 임상 2상이 진행 중임에도 불구하고, 미국 길리아드와 초기 기술 로열티로 2억 달러 특허권을 받았으며, 상업화 이후 일정비율의 판매 로열티도 챙기게 됨. • LG생명과학이 자체 개발한 퀴놀론계 항균제 '팩티브(FACTIVE)'가 국내 최초로 2003년 미국 FDA로부터 경·중증 폐렴(CAP) 및 만성 호흡기질환의 급성악화(ACEB) 환자들에 대한 새 치료제로 승인을 받음. 현재 FDA로부터 승인을 받은 신약을 가진 나라는 전 세계에서 10개국에 불과함. • LG생명과학의 '팩티브'는 2001년 뉴질랜드에서 신약 승인을 받았고, 현재 영국·헝가리·남아프리카에도 신약 승인이 신청이 돼 있다. LG생명과학은 팩티브의 해외 판권을 가진 미국의 진소프트(Gene Soft)사와 함께 미국 등 해외시장 마케팅을 본격적으로 펼칠 계획이며, 판매 로열티 등으로 해외에서만 연간 800억원 규모의 수익이 예상됨. 중국에서도 현재 판매되고 있음 • LG생명과학은 중국 쌍학제약과 당뇨 치료제 후보물질 '제미글립틴(gemigliptin)'의 중국내 상용화를 위한 기술수출 계약을 체결. 쌍학제약은 제미글립틴의 중국 내 임상시험과 시판허가 신청 등 상용화 절차를 진행하며, LG생명과학은 400만 달러의 기술 수출료를 받고 상용화와 관련한 기술지원을 담당
녹십자	• 녹십자는 50여 개 국가에 바이오의약품을 수출하고 있다. 면역주사제인 '아이비글로불린'과 뇌졸중 치료제인 '유로키나제' 등의 바이오 의약품, 진단시약 등을 독일을 비롯한 세계 각국에 수출 • 녹십자는 1997년부터 태국 적십자사에 연간 5000L 규모의 혈액제제를 임가공 수출. 2005년에는 인도와 베트남 혈액원, 마카오 혈액원 등과 혈액제제 임가공 수출 계약을 신규로 체결 • 2005년부터 백신사업을 본격적으로 재개하면서 세계보건기구(WHO) 산하기관인 범미보건기구(PAHO) 및 유럽과 아시아, 중남미 등에 백신을 수출. 녹십자는 현재 건설 중인 전남 화순의 백신공장에서 생산되는 신종플루 백신을 비롯한 백신제제의 수출 확대에 적극 나설 계획임.

〈표 3-13〉 한국의 기업별 연구개발 중인 신약 Pipeline 현황(총괄)

기업명	발매허가 완료	임상 I상	임상 1/2상	임상 II상	임상 III상	전임상	탐색	총합계
건일제약(주)	0	0	0	0	1	2	1	4
국제약품공업(주)	0	0	0	0	0	1	0	1
(주)녹십자	0	2	0	1	2	1	0	6
(주)대웅제약	0	2	0	0	2	4	2	10
대원제약(주)	1	0	0	0	0	1	0	2
동국제약(주)	0	0	0	0	0	0	1	1
동아제약(주)	0	0	0	3	0	0	0	3
동화약품(주)	0	3	0	0	0	0	3	6
(주)바이넥스	0	0	0	0	0	2	2	4
(주)바이로메드	0	1	1	1	0	1	0	4
보령제약(주)	0	0	0	0	1	0	0	1
부광약품(주)	0	0	0	0	1	1	0	2
삼진제약(주)	0	0	0	0	0	3	3	6
삼천당제약(주)	0	0	0	0	0	0	1	1
(주)아모레퍼시픽	0	0	0	0	0	1	2	3
안국약품(주)	0	0	0	0	0	1	2	3
(주)유유제약	0	1	0	1	0	1	0	3
(주)유한양행	0	0	0	0	1	4	0	5
일동제약(주)	0	0	0	0	0	4	7	11
일양약품(주)	1	1	0	0	0	0	0	2
제일약품(주)	0	0	0	1	0	2	5	8
(주)종근당	0	2	0	2	0	3	2	9
(주)중외제약	0	0	0	0	0	1	2	3
(주)카이로제닉스	0	0	0	0	0	0	3	3
(주)코오롱생명과학	0	0	0	1	0	3	2	6
크리스탈지노믹스(주)	0	0	0	1	0	3	1	5
한미약품(주)	0	2	0	0	0	1	2	5
한올제약(주)	0	0	0	0	0	2	7	9
환인제약(주)	0	0	0	0	1	2	1	4
CJ제일제당(주)	0	0	0	0	0	2	0	2
(주)LG생명과학	0	0	0	4	2	1	3	10
SK(주)	0	2	0	1	1	2	11	17
총합계	2	16	1	16	12	47	63	159

※자료: 한국신약개발연구조합, 2009 한국 제약산업 연구개발 백서

2. 유망 바이오산업 분야

한국정부는 2003년 8월 '10대 차세대 성장동력산업' 가운데 하나로서, 약물전달기술 등을 기반으로 한 바이오신약과, 줄기세포나 동물의 장기를 이용한 인공간(肝) 등 바이오장기, 혈액 한 방울로 질병 유전자를 찾아내는 바이오칩 세 분야를 선정, 집중 투자하고 있다. 차세대 성장동력산업은 향후 5~10년 이내에 생산과 수출을 통해 소득창출 및 일자리 증대를 선도할 유망 분야로 시장규모, 전략적 중요성, 시장 및 기술의 변화추세, 경쟁력 확보 가능성, 경제·산업적 파급효과 등에 기준을 두고 선정됐다. 이를 위해 정부는 바이오신약·장기 생산국 세계 5~7위(시장점유율 기준)를 목표로 2012년까지 국고 1603억원과 민간투자 651억원 등 예산 2254억원을 집중 투자키로 결정했다.

바이오 선진국과 중국 등 후발국의 틈새에 끼인 한국으로서는 장점을 극대화하는 전략이 필요한데, 예를 들어 세계적으로 앞서 가고 있는 IT산업 기반을 활용한 유비쿼터스 헬스(Ubiquitous Health) 등의 분야가 전망이 밝다고 할 수 있다. 유전자나 단백질을 검출하는 바이오칩을 휴대전화와 인터넷 통신망과 결합해 언제 어디서든 질병 진단이 가능하기 때문이다.

〈표 3-14〉 바이오신약·장기·칩 사업추진 목표

구분	2003년		2012년	
	기술수준	시장점유율(%)	기술수준	시장점유율(%)
바이오신약	세계 14위	1~2	세계 5위	5~7
바이오장기	70	–	90~100	50~60
바이오칩	53	1	90~100	0~50

※자료: 한국보건산업진흥원, 보건의료 R&D 리포트, Vol. 1(2008. 4)
※주: 선진국 최고(1위) 수준=100 기준

〈표 3-15〉 2020 유망 바이오산업의 시장 전망

(단위: 백만 달러, %)

구분	2005	2010	2015	2020	연평균 증가율 (2005~2020)
바이오신약	1,206.9	3,071.6	7,218.7	11,199.9	15.9
바이오장기	6.3	19.3	59.1	132.4	22.5
바이오칩	10.8	46.7	185.2	362.2	26.4
국내시장 합계(A)	1,224.0	3,137.6	7,463.0	11,594.5	16.2
세계시장(B)	72,060.4	164,214.2	371,438.3	517,946.1	14.1
비중(A/B)	1.7	1.9	2.0	2.2	–

※자료: 최윤희, 바이오산업의 2020 비전과 전략, 산업연구원(2007. 6)

바이오복제약 또한 유망 분야로 꼽을 수 있다. 바이오의약품은 완벽한 복제가 어렵기 때문에 시밀러(similar · 유사한, 동등생물의약품)라는 명칭이 붙으며, 별도의 임상시험 절차를 거쳐야 하므로 비용은 일반 복제약에 비해 많이 든다. 신약 개발을 했을 경우 국제 특허 기간은 20~25년으로서, 특허 만료가 대부분 2012~2013년에 끝난다. 전세계 제약업계는 약 하나에 1조원 가량의 부가가치를 내는 오리지널 약들의 종료에 맞춰 바이오시밀러를 내놓기 위해 제품 개발에 열을 올리고 있다.

현재 바이오시밀러로 전환할 수 있는 오리지널 제약시장은 30조원 규모로 추정된다. 향후 바이오시밀러시장이 형성되면 제품가격은 하락하겠지만 그만큼 많은 사람들이 사용하면서 시장규모는 기하급수적으로 커질 가능성이 높다. 바이오시밀러 분야는 이미 기술이 공개됐기 때문에 실패율이 낮고 자금투자와 개발시기가 무엇보다 중요하다. 바이오시밀러는 아직 해외에서도 경험이 많지 않고, 국내 인력과 연구경험도 우수해, 정부지원만 뒷받침된다면 한국 바이오기업들도 충분히 경쟁력을 가질 수 있다.

바이오시밀러는 환자들에게 좋은 결과를 가져올 수 있는데, 암세포에 결합해 특정 세포만을 사멸시키는 표적치료 항체의약품은 오리지널의 경우 연간 수천만원에 치료비 때문에 일반인들이 사용하기 어려웠다. 이런 상황에서 바이오시밀러가 오리지널약의 50~70퍼센트 선 가격에서 시장에 풀린다면 국민건강보험 대상 약으로 등재돼, 보다 저렴하게 많은 환자들이 복용할 수 있다.

전 세계 바이오시밀러시장이 열릴 것이란 예상에 따라 국내 업체들의 움직임도 부산하다. LG생명과학, 셀트리온, 한올제약 등이 대표적인 바이오기업으로 이들 기업은 지식경제부가 연간 300억원을 투자하는 '신성장동력 프로젝트' 지원 대상에 포함된 바 있다.

셀트리온은 현재 세계 시장규모 1조원 이상인 9개 오리지널 제품에 대한 바이오시밀러를 개발중이며, 우선적으로 유방암 치료제·류머티즘성관절염 치료제·대장암 치료제 등 세 제품을 2011년부터 세계 시장에 출시할 계획이다.

LG생명과학은 2006년 유럽으로부터 바이오시밀러 의약품인 성장호르몬(밸트로핀)을 허가받은 경험이 있고, 미국, 유럽 기준을 통과할 수 있는 경쟁력을 갖춘 바이오기업으로 평가된다.

이수앱지스는 바이오시밀러 고셰병 치료제 'ISU302'로 지난해 12월 브라질의 유로파마사와 현지 임상, 2010년부터 5년간 7495만 달러의 수출 계약을 체결했다. 올해 5월에도 아르헨티나 엘리아사와 기술이전 계약을 체결하는 등 남미 시장 공략에 한발 앞서 있다.

한올제약은 '한페론(주사제, 경구제)' 등 7품목의 개량형 바이오시밀러를 개발 중이며, 향후 연구개발이 완료돼 상품화된다면 오는 2015년경에는 바이오시밀러 및 기타 의약품 판매를 통해 9조6000억원의 매출도 예상된다.

〈표 3-16〉 국내 바이오기업의 바이오시밀러 시장 진출 현황

업체명	현황	비고
LG생명과학	• 신제형 빈혈 치료제(EPO) 바이오시밀러 국책과제 선정 • B형간염과 디프테리아, 파상풍, 백일해, 혼합백신, 류마티스관절염 치료제 등 개발중인 품목만 10여 개	• 1990년 국내 최초로 바이오의약품 인터페론 '인터맥스 감마' 개발 • 2006년 성장호르몬 '밸트로핀'이 세계 2번째로 유럽연합 의약청(EMEA)의 바이오시밀러 허가 획득
셀트리온	• 허셉틴(유방암 치료제) 등 9개 오리지널 제품에 대한 바이오시밀러 개발중	• 3500억 투자, 2011년부터 국외시장 시판 예정
이수앱지수	• 바이오시밀러 고셔병 치료제 'ISU302'로 브라질 유로파마 수출계약 체결 • 패혈증 치료제, 난치성암 치료제, 전이성암 치료제 출시를 목표로 항체 치료제 개발중	• 이수앱지스는 이수화학이 2001년 설립한 항체의약품 개발업체 • 삼성전자와 파트너십
한올제약	• 한페론(주사제, 경구제) 등 7품목 개발중	• 2015년 9조6000억원 매출 기대

Part 04

세계적 바이오기업들

1장

선도적 바이오기업들

전 세계 바이오산업 시장 점유율은 미국과 캐나다의 북미 지역이 전 세계의 8할을 차지하고 있고, 세계 주요 바이오기업에 미국의 6개 기업이 들어 있고, 나머지 4개 기업은 덴마크 · 벨기에 · 스위스 등 유럽국가들이다.

시장조사기관인 언스트와 영의 '2006 글로벌 바이오기술 리포트'에 따르면, 미국의 암젠(빈혈증 치료제)은 2007년 현재 약 120억 달러의 매출로 부동의 1위를 차지하고 있다. 이어 제넨텍(인간 인슐린)이 66억 달러로 2위이며, 그 다음이 노보노디스크(당뇨병 치료제), 젠자임(희귀병 치료제), 유씨비(UCB, 알레르기 치료제) 등으로 1~2위인 암젠, 제넨텍과는 아직 큰 격차를 보이고 있다. 이밖에 길리어드 사이언스(에이즈 치료제), 머크세르노(항암제), 바이오젠 아이덱(다발성 골수종 치료제), 룬드벡(치매 치료제), 메드임뮨(심장약) 등이 10위권에 들었다. 세계 최대의 다국적기업인 화이자의 연간매출이 512억 달러, 존슨앤존슨이 506억 달러인 것과 비교한다면, 이들 신흥 바이오제약기업의 성장은 실로 놀라운 것이다.

또한 이들 거대 기업들조차 사업확장을 위해 신흥 바이오기업과 적극적으로 제휴하고 있어 바이오기업들은 이제 제약 분야에서 중추로 자리 잡았다. 그러나 한때 가장 성공적인 바이오기업으로 거론되던 메드임뮨(심장약)이 아스트라제네카에 흡수 합병됐고, 또 카이론(독감백신)은 노바티스에, 제넨텍은 로슈에 인수되어 암젠은 독보적 위치의 바이오제약기업이 됐다. 신흥 바이오기업들은 경영미숙 및 연구비 과다출연에 따른 재정압

박 등으로 기업합병의 제물이 되는 경우가 많아 이들 기업의 앞날은 누구도 알 수 없다. 그만큼 로슈, 화이자, 존슨앤존슨과 같은 초대형기업들의 반격도 만만치 않다. 아이엠에스(IMS) 헬스 보고서를 보면, 2007년 처방약 매출순위는 이들 인수기업들이 상위에 올라 있다. 1위는 화이자이고, 4위는 노바티스, 5위는 아스트라제네카, 8위는 존슨앤존슨이 차지하고 있다.

2009년 8월 미국 투자자문회사인 시킹 알파(Seeking Alpha)는 10대 유망 바이오기업을 분석한 보고서를 발표했다. 바이오 대기업은 암젠, 젠자임, 바이오젠아이덱, 라이프 테크놀로지, 몬산토 등을 꼽았다.

바이오젠아이덱은 다발성 경화증 치료제 '아보넥스'와 '티사브리', 항암제 '리툭산', 면역억제제 '푸마드럼' 등 유망한 치료제를 판매하고 있다.

덴마크의 노보노디스크는 당뇨병 치료제, 성장 호르몬 요법, 호르몬 대체 요법 등을 개발하고 있다. 회사는 당뇨병 치료와 바이오제약 두 분야로 구별돼 있다.

포레스트 레보라토리즈사는 항우울증제 '렉사프로', 알츠하이머 치료제 '나멘다', 항고혈압제 '비스토릭', 류머티즘 섬유조직염 치료제 '사벨라' 등을 판매하고 있다.

미리아드 제네틱스(Myriad Genetics)는 분자 진단제품 개발과 판매에 중점을 둔 헬스케어 회사이다.

제약생산개발(Pharmaceutical Product Development, PPDI)는 약물발견과 개발서비스를 제공하는 글로벌 전임상 안전성 평가기관(CRO)이다.

테크네(Techne Corporation)는 바이오제품과 혈액 교정용 표준기 등을 개발 · 제조하고 있다.

테바제약산업(Teva Pharmaceutical Industries)은 제네릭 약물 매출 1위 업체이다.

워너 칠콧(Warner Chilcott)은 여성 헬스케어와 피부제품에 특화된 제약사이다.

2장

다양한 분야의 유망 바이오기업들

1. 레드바이오 분야

1) 암젠

암젠(Amgen)사는 2007년 147억7710만 달러 총수입, 31억6600만 달러의 순이익을 기록하여 세계 최대의 바이오기업 성공사례를 이룩했으며, 미국 바이오산업을 리드하고 있다. 암젠의 연간 수입은 국내총생산(GDP) 100위인 보스니아헤르체고비나공화국과 같은 것이며, 아시아의 미얀마보다도 더 많다. 물론 삼성전자의 연간 매출액은 1천억 달러가 넘는다.

암젠은 빈혈 치료제 이포젠(Epogen)과 백혈구 생성촉진제 뉴포젠(Neupogne) 두 제품으로 대박을 터트린 회사다. 제넨텍보다 4년 늦은

[그림 4-1] 세계 최고의 바이오기업인 암젠의 샌프란시스코 연구단지

1980년 설립됐다. 암, 신장 관련 질환, 류마티스성 관절염 등의 질병이 주된 공략 대상이다. 이포젠 이외에도 다른 빈혈 치료제인 아라네스프(Aranesp), 류마티스 관절염 치료제 엔브릴(Enbrel) 등을 주요 제품으로 갖고 있다.

암젠은 할리우드에서 북쪽으로 50km 떨어진 미국 사우전드 오크스란 곳에서 의약품이 아닌 인간 단백질을 복제 · 생산했다. 암젠은 1980년 4명의 벤처캐피털리스트가 설립했는데, 현재 임시직을 제외한 직원 수가 1만 7000명에 이를 정도로 짧은 시기에 급성장해서 바이오벤처기업의 대표적인 성공사례가 됐다. 규모는 암젠이 제넨텍보다 크지만 시가총액은 제넨텍이 조금 앞서며 이 두 기업이 세계의 바이오제약기업들을 선도하고 있다.

〈표 4-1〉 바이오제약 선두주자인 암젠과 제넨텍의 2007년 매출액 비교

	암젠	제넨텍
설립년도	1980년	1976년
직원 수	1만7000명	1만 명
시가총액	788억 달러	833억 달러
매출액	약 143억 달러	약 66억 달러
순익	약 32억 달러	약 13억 달러
주요 제품	이포젠, 뉴포젠, 아라네스프	엑티바제, 허셉딘, 리툭산

〈표 4-2〉 암젠사의 2007년 경영 현황

(단위: 백만 달러)

판매액 (Product Sales)	총수입 (Total Revenues)	기술개발비 (R & D Expense)	순이익 (Net Income)	종업원 (Employees)	시장가치 (Market Cap.)
14,311	14,771	3,266	3,166	20,000	93,100

※자료: Amgen 2007 Annual Report

〈표 4-3〉 암젠사의 2007년도 의약품 판매 현황

No.	상품명	용도	FDA 승인	금액 (백만 달러)
1	Epogen	빈혈 치료제	1989년	2,489
2	Neupogen/ Neulasta	호중구 감소증 치료제	1991년/ 2002년	4,277
3	Enbrel	류마티스 관절염 치료제	1998년	3,23
4	Aranesp	비골수성 악성종양 빈혈 치료제	2002년	3,614

※자료: Amgen 2007 Annual Report

암 수술환자의 빈혈증 치료제인 '에포젠'과 '아라네스프'의 부작용문제가 최근 대두되면서 매출 감소가 이어져 전체 직원의 14퍼센트를 감축키로 하는 등 점차 위축되고 있다. 또 암젠이 개발한 빈혈증 치료물질인 이피오(EPO) 단백질의 특허 만료가 다가오고 있고, 1991년 이후엔 베스트셀러 신약을 선보이지 못하고 있다. 파킨슨병 · 루게릭병 · 혈소판 감소증 치료제에 수백만 달러를 쏟아 부었지만 모두 효과가 없었고, 전립선암 치료제는 임상시험까지 거쳤지만 당국의 승인을 얻지 못했다. 이것은 주가급락으로 이어졌다. 앞으로 이피오의 특허 만료에 따라 복제약인 바이오 제네릭을 생산하는 제약사들 및 유사 신약을 개발한 경쟁 제약사들로부터 강한 추격도 예상된다.

하지만 암젠은 그동안의 연구투자가 결실을 거두어 당뇨병 · 관절염 · 낭창 · 비만 · 암을 겨냥한 40종의 신약 후보가 임상 전 단계나 임상단계에 들어가 있다. 또 이뮤넥스(Immunex)와 튤라릭(Tularik) 등 다른 기업을 인수해 시장 다변화에 힘을 기울이고 있다. 암젠이 최근 출시한 대표적인 신약을 몇 개 꼽으면, 신장투석에 따른 합병증을 치료하는 센시파(Sensipar)와 골수이식 부작용으로 입안이 타는 듯한 증세(구강 점막염)를 치료하는 케피반스(Kepivance)가 있다. 암젠은 골다공증 치료제인 '에이엠지(AMG) 162'에 가장 큰 기대를 가지고 있다. 에이엠지 162는 역사상 가장 큰 규모인 9000여 명의 환자를 대상으로 최종 임상시험에 들어갔다. 에이엠지 162는 골 흡수에 관여하는 단백질인 오스테오프로테제린(OPG)을 본뜬 단(單)클론 항체로서, 이것은 뼈를 부서지게 하는 제2의 단백질을 무력화하는 기능을 가지고 있다. 이 약제가 상용화될 경우, 전 세계적으로 엄청난 수요를 가져올 대박상품이 될 것이다. 유일한 경쟁기업인 제넨텍이 로슈의 자회사로 합병됐기 때문에 암젠이 바이오기업으로서는 최고의 기업인 셈이다.

2) 노보노디스크

노보노디스크(NovoNordisk)는 덴마크 코펜하겐 북쪽 위성도시 바우스베아에 위치한 세계 최대 인슐린 제약사로서 당뇨병 정복을 목표로 1925년 회사가 설립된 이후 크게 발전하지 못 하다가 노보펜을 개발한 1985년에 일약 세계적인 대기업으로 성장했다.

종전에는 주사기로 투약을 해서 환자들이 두려움을 갖게 되어 불편했으나 펜 모양의 주사기로 간단하게 주사를 하는 발상의 전환을 통해 성공을 거두었다. 특히 노보렛(NovoLet®)은 인슐린이 충전되어 있는 펜 타입의 주사기로 가늘고 가벼워 휴대가 간편하고 정확하며 사용 후 폐기가 쉽다. 시력저하 및 손동작이 어려운 사람을 위한 인슐린 주입기 이노렛(InnoLet®)도 함께 판매하고 있다. 노보노디스크는 주사바늘을 더 짧고 가늘게 만드는 데 주력하고 있다. 평생 수만~수십만번 인슐린을 주사해야 하는 환자들에게 아픔을 덜 느끼도록 해주기 위해서다. 이 회사는 지난해 길이 6mm, 직경 0.23mm의 주사바늘을 개발, 현재 노보펜3와 플렉스펜 제품에 채택하고 있다. 직경 0.23mm란 환자 10명 중 7명은 주사를 해도 거의 아픔을 느끼지 않는 수준이다.

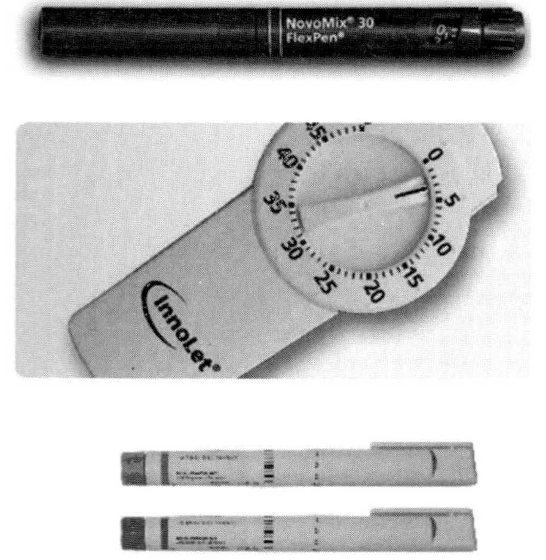

[그림 4-2] 인슐린 주사기를 펜 형식으로 획기적으로 개선해서 세계적인 바이오기업으로 성장한 노보노디스크의 제품들. 위로부터 플렉스펜(FlexPen®), 이노렛(InnoLet®), 노보렛(NovoLet®)

노보노디스크의 공장들은 완전 무인자동화로 돌아가고 있고, 주문에 따라 생산을 하는 시스템이어서 별도의 창고도 없다. 노보노디스크는 2007년 핵심 연구원 등 30여 명을 해고했다가 채 2개월도 되지 않아 100여 명을 새로 채용했을 정도로 덴마크의 유연한 노동시장도 이 회사의 성장에 큰 기여를 했다.

현재 전 세계에서 350만 명 정도의 당뇨병 환자가 노보펜 시리즈를 애용하고 있다. 특히 유럽 지역의 당뇨병 환자 가운데 90퍼센트, 일본의 당뇨병 환자 중 90퍼센트 정도가 노보펜 시리즈를 사용하고 있다. 전 세계로 보면 당뇨병 환자의 55퍼센트는 노보펜 시리즈를 현재 구매하고 있을 정도로 획기적인 성공을 거두었다. 한국에도 자회사가 있으나 한국의 환자들은 주사를 기피하는 경향이 강해서, 인슐린 자가주사를 하는 경우는 다른 나라에 비해 월등히 낮고 전체 당뇨병 환자 가운데 30퍼센트 정도만이 적절한 치료를 받고 있다고 한다. 현재 전 세계적으로 당뇨병의 인구는 2억이며, 한국인은 전체인구의 2~3퍼센트인 200만 명으로 추정되고 이 비율은 점점 늘고 있어 노보노디스크가 전세계 바이오기업 중 3위의 매출액을 가진 것이 우연은 아닌 것이다.

물론 경쟁업체들이 나타났다. 노보노디스크의 제품이 대히트를 치자 미국의 거대 제약사인 엘라이릴리는 1990년부터 비슷한 제품을 내놓았다. 하지만 시장을 선점한 덕분에 환자들의 제품 선호도는 노보노디스크가 월

등히 앞선다. 노보노디스크가 지난 2001년 개발한 플렉스펜의 경우 환자 선호도가 80퍼센트인 반면, 엘라이릴리의 동급 제품은 18퍼센트에 불과하다. 이처럼 제약업에 있어 선발주자의 입지는 단단하며, 만년필 형식의 인슐린 주사기구가 최근 미국 의료보험 적용을 받기 시작했기 때문에 미국시장에서도 빠른 점유율을 보일 것으로 예상된다.

3) 젠자임

젠자임(Genzyme Corporation)은 12억 달러 규모의 거대 바이오제약사로서 본사와 핵심연구개발센터는 미국 매사추세츠 캠브리지에 있다. 본부에만 직원이 5300명이 근무하며 한국에도 젠자임코리아 지사가 있다. 젠자임이 발표한 2007년 4분기 실적에 따르면, 매출액은 전년 동기 대비 21퍼센트 증가한 10억4000만 달러, 순이익은 7890만 달러 흑자를 기록했다.

젠자임은 희귀난치병 치료제로 막대한 수익을 올리고 있는데, 대표적인 치료제로는 고셰병 치료제 '세레자임(Cerezyme), 폼페병 치료제인 '마이오자임'(Myozyme), 파브리병 치료제인 '파브리자임(Fabrazyme)' 등 10여 종

[그림 4-3] 미국 매사추세츠 캠브리지에 있는 젠자임 본부

의 희귀난치병 치료제를 개발한 바 있다. 한국의 코스모지놈(주) 또한 헌터증후군 치료 신약개발을 계기로 형성된 기술과 인프라를 활용하여 향후 5개 정도의 희귀난치병 치료제를 개발하여 이 분야의 주력 기업으로 도약하고자 젠자임을 벤치마킹하고 있다.

고셰병은 기능을 수행하지 못하는 세포들을 없애는 데 도움을 주는 '글루코세레브로시데이즈(glucocerebrosidase)' 효소가 유전자 이상으로 결핍돼 생기는 유전병이다. 이로 인해 낡은 세포들이 간과 비장, 골수에 축적돼 문제를 일으키며 일부 환자는 중추신경계 손상으로 죽음에 이르기도 한다. 세계 고셰병 환자 수는 5000여 명이지만 작년 1조7000억원의 시장규모를 형성할 정도로 고셰병 치료제는 고가의 의약품이다. 최근 한국의 이수앱지스(주)는 2008년 브라질 제약사 유로파마와 고셰병 치료제 '세레딘'의 다국가 임상 및 수출에 관한 양해각서를 체결한 바 있다. 유로파마는 현지 임상시험 비용을 제공하고 고셰병 치료제의 브라질 영업 및 판매권을 확보하며 이수앱지스는 브라질에서 판매되는 고셰병 치료제 매출에 따른 로열티와 성공 보수를 지급받게 된다. 이수앱지스가 개발한 '세레딘'은 미국 젠자임의 고셰병 치료제 '세레자임'의 바이오시밀러 의약품으로 해외 임상에서 상업적 성과가 입증되면 미국에 이어 세계 두 번째 고셰병 치료제 개발 사례가 된다.

폼페병은 액시드 알파-글루코시다제(GAA)란 효소가 선천적으로 결핍되어 분해되지 못한 글리코겐이 근육에 축적됨으로써 결국 근육이 딱딱하게 굳어 심장마비로 사망하는 희귀질환으로, 환자는 세계적으로 1만 명 미만으로 추산되며 한국에는 환자가 10여 명으로 추산된다. 마이오자임은 이렇게 선천적으로 결핍된 GAA 효소를 보충하는 효소 대체제로, 지난해 미국과 유럽에서 잇따라 승인됐다. 성인 환자의 1인당 마이오자임 연간 치료비용은 30만 달러를 넘고 있다.

파브리병은 알파 갈락토시데이즈A(alpha-galactosidase A) 효소의 결핍으로 인해 혈관에 지방이 축적되어 신장과 심장 부전을 일으킨다. 결과적으로 파브리병 환자는 심한 통증과 장애에 시달려 수명이 짧은 것이 특징인데 파브리병 환자는 전 세계적으로 약 5000명 정도로 추산된다. 이외에도 헐러병은 대사성 효소가 유전적으로 결손되어 발생하는 소아성 유전병의 일종으로 전 세계적으로 젠자임이 유일하게 제품을 판매하고 있다. 시장규모는 연간 3억 달러 규모이다.

젠자임은 각종 희귀질환 치료제를 독점해서 큰 수익을 거두고 있지만, 최근에는 경쟁 복제의약품의 등장과 생산시설의 문제 및 FDA 승인 지연 등에 따라 어려움에 직면하고 있다. 또한 희귀질환자를 대상으로 막대한 이윤을 챙기는 데 대한 윤리적 비난도 만만치 않다.

최근 매사추세츠주 올스턴 랜딩에 있는 젠자임의 제조시설 생물반응기(Bioreactor) 중 한 대에서 세포 성장을 저해하는 바이러스가 검출됨에 따라 '세레자임' 생산을 중단했고, 복제약을 개발중인 한국의 이수앱지스와 영국의 샤이어가 젠자임의 생산 중단에 따른 반사이익을 보고 있다. 또한 젠자임은 마이오자임의 대부분을 생산할 계획이던 보스턴 제조공장에 대해 2009년 FDA가 승인을 보류해서 공급에 차질이 빚어지기도 했다.

한국에는 107개가 넘는 희귀 · 난치성질환을 앓고 있는 사람들이 50만 명에 이른다. 희귀병 치료제는 그 수요가 적어 일반 치료제보다 가격이 비싸기 때문에 보험 등재가 절실하다. 제약사의 제시가격은 OECD 가입국가중 가장 싸지만 공단은 너무 낮은 가격을 제시해서 등재가 늦어지고 환자들이 약을 공급받지 못하는 사태가 현재 벌어지고 있다.

젠자임은 장기적인 글로벌 마켓 및 중국시장 진출전략의 일환으로 총 9000만 달러를 투자해 2010년에 베이징에 대규모 연구개발센터를 완공하고 350여 명의 연구원들을 연구개발에 투입할 예정이다.

4) 테바제약산업

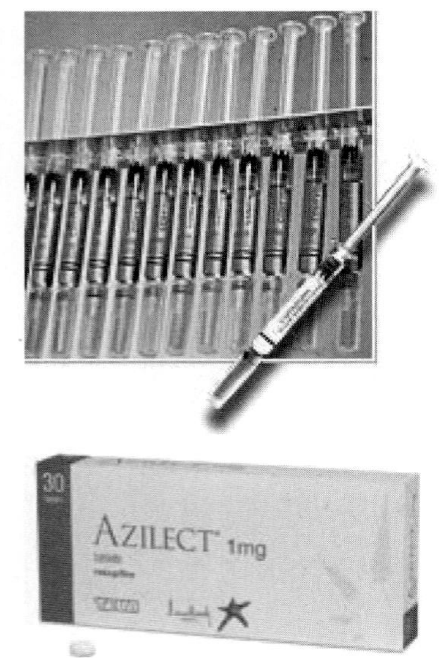

[그림 4-4] 테바제약산업의 대표적 의약품인 코팍손(위)과 아질렉(아래)

이스라엘의 테바제약산업(Teva Pharmaceutical Industries, 이하 테바)은 경쟁력 있는 신제품 출시, 자사제품에 대한 탄탄한 특허권 보유, 각국 허가기관의 법률 파악, 공동개발-공동마케팅 전략 등을 통해 2006년 무려 8조5천억원의 어마어마한 매출을 기록한 바 있다. 이 가운데 수출이 84.5퍼센트로서 이스라엘 경제에 지대한 기여를 하고 있다. 전 세계에서 이스라엘이 유일하게 성분명으로 처방하고 있는데, 이 제도는 테바가 세계 최대 제네릭제약사로 성장하는 원동력이 됐다. 테바의 성공은 국가의 육성책이 한 나라의 제약산업 발전에 얼마나 중요한지를 알게 해준다.

테바는 지속적인 기업인수합병(M & A)을 통해 글로벌시장 진출을 위한 기반을 구축해 왔는데, 최초에는 자국 내 제약기업인 Assia 및 Zori를 합병해 기업 규모를 키워나갔다. 그 이후에는 미국내 경쟁 제약사인 IVAX, Barr, Co Genesys, Bentley 등을 인수해 해외 영업망을 확충하면서 연구소 및 생산기지를 전략적으로 배치하고 글로벌 네트워크를 구축한 것이 성공요인으로 꼽힌다. 테바는 2008년에 일본 코와사와 합작투자로 제네릭 의약품 회사(코와테바)를 설립하여 2011년까지 10억 달러의 매출을 기대하고 있다. 또한 주요 의약품시장을 집중 공략해 테바의 최초의 FDA 승인제품으로 미국의 거대 품목인 마약성 진통제인 옥시코돈(Oxycodone), 다발성 경화증(MS) 치료제 코팍손(Copaxone), 파킨슨병 치료제 아질렉(Azilect) 제네릭을 발매해 시장을 선점한 것도 주효했다.

테바는 시장성 있는 특정 영역 치료제(호흡기계, 순환기계 등)에 대한 전략적인 연구개발과 함께 미국 이외 유럽(영국, 프랑스)에서의 마케팅 강화, 혁신신약 개발 병행, 바이오의약품 사업 진출 등으로 비즈니스를 다각화해 글로벌 제약기업의 위치를 굳건히 하고 있다.

5) 워너 칠코트

워너 칠코트(Warner Chilcott)사는 피임제, 여성 호르몬 치료제 등 여성건강, 발기부전 치료제, 피부과 부문에 중점을 두고 있는 전문 제약사이다. 워너 칠코트가 발표한 2009년 자료에 따르면, 칠코트는 2008년 여성건강 부분에서 총 9억3900백만 달러의 매출을 거둬들였다.

최근에 칠코트는 아이보리, 팬틴, 질레트, 프링글스 등의 제품으로 유명한 프록터 & 갬블(P & G)의 글로벌 제약부문을 31억 달러에 사들였다. 이번 계약에 따라 칠코트는 궤양성 대장염 치료제 Asacol HD, 골다공증 치료제 Actonel 등 P & G의 오리지널 의약품 및 과활동성 방광 치료제 Enablex의 공동 프로모션권을 인수하게 된다. 뿐만 아니라 P & G의 처방약 파이프라인 및 푸에르토리코와 독일에 있는 제조시설도 소유하게 된

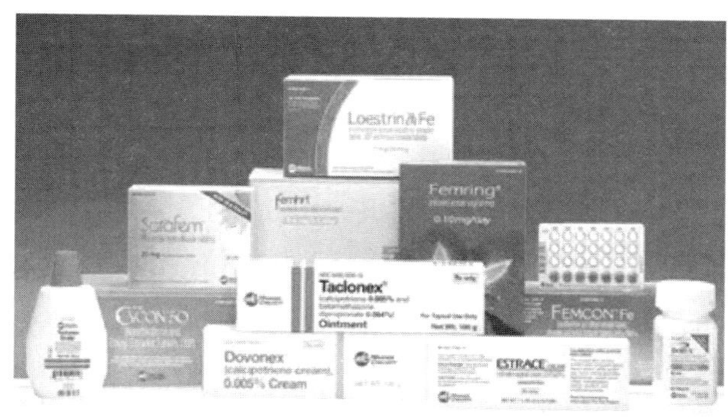

[그림 4-5] 워너 칠코트의 다양한 의약품. 피부, 피임, 여성호르몬 치료제를 전문으로 한다.

다. 아울러 P & G 제약 부문에서 일하고 있는 2천3백 명 중 대다수는 칠코트로 이동하게 된다.

칠코트는 이번 인수로 글로벌 제약사로 재탄생하면서 여성건강에서 입지를 더욱 공고히 하고, 발기부전 치료제 출시를 앞두고 비뇨기계 시장에서 입지를 구축하며, 여러 오리지널 치료제를 추가하게 됐다.

또한 칠코트는 동아제약이 세계 네 번째로 개발한 먹는 발기부전 치료제 '자이데나'의 미국 내 판권을 갖는 계약을 체결했다. 칠코트는 넥스메드(NexMed)가 발기부전증 치료제로 개발 중인 국소용 알프로스타딜(alprostadil) 크림의 개발 및 시판에 대한 독점적 권리를 넘겨받기로 합의했다.

칠코트는 세계 최초로 씹어 먹는 피임약을 개발했는데 '펨콘 페(Femcon Fe)'라는 이름으로 판매하고 있으며, 기존의 피임약을 싫어하는 여성들이나 바쁜 일정 때문에 피임약 먹는 시간을 놓치는 여성들에게 인기를 끌고 있다.

2. 그린바이오 분야

1) 몬산토

세계 최대의 종자업체 몬산토(Monsanto)는 한국에도 자회사를 두고 있으며 국내 종자시장의 20퍼센트를 점하고 있다. 몬산토는 2007년 종자 부문에서만 49억6400만 달러의 매출을 올린 거대 기업이다. 뿐만 아니라 몬산토는 '라운드업(Roundup)' 강력 제초제로도 20억 달러의 사상 최대 순익을 낸 바 있다. 몬산토에서 개발한 콩, 옥수수, 유채꽃 씨앗에는 "Roundup Ready"라는 로고가 붙어 있다(그림 4-6). 몬산토표 콩, 옥수수, 토마토 등

[그림 4-6] 몬산토의 제초제인 '라운드업'(오른쪽)과 라운드업에 견디는 '라운드업 레디'(왼쪽) 콩. 이런 방식으로 두 가지를 세트로 판매해 막대한 이윤을 거둔다.

은 이 제초제를 뿌려도 끄덕도 안한다. 그러나 옆에 있는 다른 식물들은 모두 사멸한다. 이처럼 농약에 맞추어 세트로 개발한 씨앗을 팔고 있다. 유전자재조합 씨앗은 특허로 보호를 받고 있으며, 종자를 재생산해서 사용하거나 판매하면 불법이다. 최근에는 2대째에 종자를 생산하지 못 하도록 유전적으로 조작된 새로운 종들을 개발중이다.

몬산토는 1901년에 존 F. 퀴니(John F. Queeny)가 사카린을 생산하면서 설립됐다(몬산토는 그의 아내 이름이다). 1902년부터는 카페인과 바닐린을 생산하면서 규모가 커지기 시작, 1917년부터는 아스피린을 제조 판매했다. 세계대공황 전후로 큰 빚더미에 오르기도 했지만, 1950년대에 이르러 다국적 종합화학 제조기업이 됐다. 1960년에 농업 부문을 설립하면서 농업을 바탕으로 한 사업을 전개, 이를 바탕으로 1962년에는 10억 달러가 넘는 매출액을 기록했다. 또한 유럽의 공장 및 기반시설에 대한 투자를 늘려 규모를 확장해 나가 생명공학으로 회사를 점차 특성화시켰다. 몬산토는 2001년까지는 농업용 살충제를 파는 화학회사였다. 그 뒤 종자까지 포함하는 농업바이오기업으로 전환한 뒤 매출은 매년 급신장하고 있다(그림 4-7).

유전자재조합 씨앗의 가장 큰 문제는 경쟁력이 없는 자생종자와 토착종자들을 빠르게 농토에서 사라지게 하는 것이다. 하지만 대규모 농업을 하는 기업농의 입장에서는 몬산토 씨앗과 농약을 뿌리는 것이 경제적으로

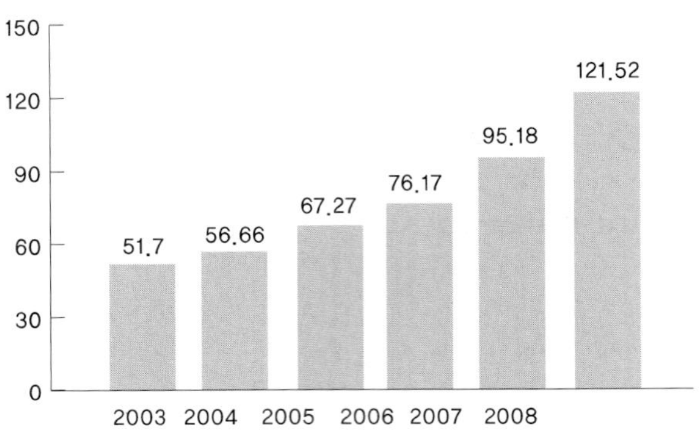

[그림 4-7] 몬산토의 매출(2003~2008년)

가장 합당한 선택이다. 농업이 국가경제에서 차지하는 비중이 점점 낮아지고 있으므로, 농민들에게는 대규모 경작과 생산비 절감이 가장 효율적이라는 인식을 했고 이것이 몬산토의 매출 증가로 나타나는 것이다. 몬산토의 자회사 세미니스는 미국 최대의 채소와 과일 씨앗 공급자로서 이전에 한국에서 가장 큰 종자회사였던 흥농종묘와 중앙종묘를 인수해 (주)세미니스코리아를 설립했다.

몬산토는 최근에 가뭄이 와도 성장에 영향을 받지 않는 가뭄저항성 옥수수를 개발했다. 이 옥수수는 최소한의 물만 있어도 성장이 가능해 가뭄으로 물 공급이 부족해도 안정적인 수확이 가능하다. 몬산토의 가뭄저항성 옥수수는 관개비용 절감이 가능하고, 전적으로 강우에만 의존해 농사를 짓는 지역에서도 가뭄을 이겨낼 수 있는 최초의 제품이다.

몬산토는 가뭄저항성 옥수수에 대한 파종 및 농경법을 전파하기 위해 '몬산토 물 이용 교육센터(Monsanto Water Utilization Learning Center)'를 건립할 계획이며, 2009년 완공을 목표로 600만 달러를 투자할 예정이다.

2) 아그라퀘스트

세계적인 생물농약회사인 아그라퀘스트(AgraQuest)는 1995년 캘리포니아 데이비스에서 설립됐다. 1996년 4월부터 아그라퀘스트는 연구사업을 시작했고 2년만에 7개의 특허를 따냈다. 1996년 6월 아그라퀘스트는 최초의 상업제품인 모기유충박멸제 라기넥스(Laginex®)를 시판했다.

2000년 6월에는 가장 성공적인 바이오농약이라고 할 수 있는 미생물농약 세레나데(SERENADE®)를 개발했다. 2001년 4월에는 미국 환경보호청(EPA)에 정식으로 등록됐다. 또한 세레나데는 미국 유기재료검토연구소(Organic Materials Review Institute, OMRI)가 유기농산물 생산에 쓸 수 있도록 한 농약목록에도 등재됐다.

세레나데는 한국에서는 에코스마트수화제라는 이름으로 팔리는데 아그라퀘스트의 특허 균주로 개발된 미생물 종합 살균제이다. 청국장균의 일종인 바실루스(*Bacillus*)속 세균으로 만들었기 때문에 인체와 꿀벌, 천적 등의 익충 및 야생조류, 어류 등에도 영향이 없어 안전하며, 작물과 토양에 잔류문제가 없어 수확기 및 수확 당일에도 살포할 수 있다. 또한 작물의 내병성을 향상시키며, 장기간 사용시 토양 개량 효과도 갖고 있다. 현재 전 세계 36개국에서 판매되고 있으며, 다양한 작물(오이, 딸기, 토마토

[그림 4-8] 아그라퀘스트의 대표적 생물농약인 세레나데와 레퀴엠

등 채소류 및 포도, 사과 등의 과실류, 그리고 인삼 등의 특용작물 등)의 병해(흰가루병, 점무늬병, 잿빛곰팡이병, 탄저병 등)에 사용된다.

2003년 6월 30일에 세레나데는 환경보호의 우수성을 인정받아 미국 환경보호청(EPA)이 수여하는 녹색화학 기술개발자상(Presidential Green Chemistry Challenge Awards)을 받기도 했다.

아그라퀘스트는 세레나데와 관련해서 3개의 특허를 보유하고 있다. 뿐만 아니라 아그라퀘스트는 20개의 미국특허 및 9개의 해외특허를 가지고 있으며, 신개념의 살진균제(fungicide), 생물살충제(bioinsecticide), 생물훈증제(biofumigant)를 개발했다.

아그라퀘스트의 제품군은 농약이미지 개선을 위해 음악 용어를 붙여 사용하는데, 세레나드 · 소나타 · 발라드 등의 살진균제와, 레퀴엠 · 바리톤 등의 살충제가 있다. 아그라퀘스트는 2006년 캐나다의 생물농약회사 코데나(Codena)를 인수했으며, 아그라퀘스트는 살충성 식물추출물을 기반으로 한 코데나의 바이오농약을 2007년에 시판했다.

3. 화이트바이오 분야

1) 네이처웍스

네이처웍스는 천연물인 옥수수 당분을 발효시켜 만든 생분해성 폴리유산(PLA)섬유(제품명 Ingeo^{TM})를 세계 최초로 제품화한 기업이다. 이 기업은 곡물 메이저 카길(Cargill)과 일본 테이진의 50대 50 합작회사로 세계 최대 규모의 생분해성 플라스틱(PLA) 제조업체다. 지난 1997년 설립돼 2002년 이후 미국 네브라스카주 블레어 공장에서 연간 14만 톤의 PLA를

[그림 4-9] 인지오(Ingeo™)를 이용해 만든 다양한 제품 (사진 제공: 네이처웍스)

생산하고 있다. 친환경적 인지오의 생산기술은 네이처웍스사의 모회사인 카길, 바이오 기술 관련 기업체, 대학교와 정부기관연구소 등이 10년 이상 공동 개발한 결과로 미국정부로부터 총 2천500만 달러의 지원금을 받은 바 있다.

피엘에이(PLA)란 '옥수수 생분해 젖산(Poly Lactic Acid)'을 뜻하며, 이 섬유는 강도와 탄성이 우수하고 감촉이 부드러워 기존의 섬유를 대체할 수 있는 우수한 제품이다. 또 이 회사에서는 폴리유산 섬유를 활용한 친환경 식물성 플라스틱 제품(제품명 NatureWorks®)도 함께 내놓았는데 기존의 플라스틱처럼 투명도와 광택을 지니면서 탁월한 냄새 제거 기능을 가졌으며, 특히 옥수수를 원료로 하므로 40~80일이면 완전히 분해되어 환경보호에도 일조하는 제품이다.

2009년 미국 네이처웍스 본사에서 개발된 새 제조공정은 과거 인지오 제품에 비해 이산화탄소 배출량을 60퍼센트 줄였으며, 생산하는 데 필요

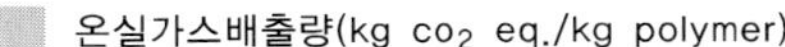

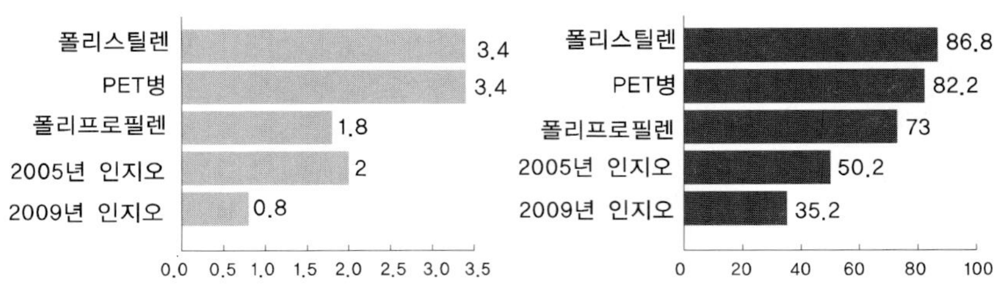

[그림 4-10] 석유플라스틱과 인지오(Ingeo™) 플라스틱의 환경성 비교

※생산부터 수지 출하 전까지 중요 투입 산출물에 대해 측정한 결과
※자료: 네이처웍스(natureworksllc.com)

한 에너지를 30퍼센트 절감했다. 탄산음료병을 만드는데 흔히 사용되는 PET(폴리에틸렌 테레프탈레이트)는 제조공정에서 생산수지 1kg당 이산화탄소가 3.4kg가 배출된다. 반면 인지오 제조공정은 생산수지 1kg당 0.75kg의 이산화탄소를 배출함으로써 기존 공정보다 77퍼센트 절감할 수 있다(그림 4-10).

인지오(Ingeo™)의 생산기술은 에너지 소비량과 온실가스 배출량 감소를 위해 지속적으로 노력한 결과이며, 현재 인지오(Ingeo™) 플라스틱으로 식품포장용기, 그릇, 섬유, 가정용품 및 가전제품 등 실용적이고 저렴한 소비재를 만드는 기업이 세계적으로 100여 곳에 이른다. 앞으로 플라스틱 그릇에 혁명을 가져오면서 석유화학에 기반을 둔 포장재료와 섬유를 점차 대체할 것이다.

한국 시장에서도 지난 2006년부터 네이처웍스의 생분해성 플라스틱 인지오가 첫 선을 보여 수요자의 호응을 얻고 있다. 현재 국내 시장에서는 이마트 · 롯데 · 홈플러스 등 대형마트와 백화점 등의 식품코너 및 베이커리업체와 섬유업체에서 네이처웍스의 PLA 제품을 사용하고 있다. 네이처웍스는 SK네트웍스 · SKC · 세운메디칼 · 한창제지 · 그린케미칼 · 휴비스 ·

도레이새한 등 PLA제품 생산전문업체에 원료를 공급하고 있다. 이 회사는 독점 폴리락타이드 폴리머를 생성하기 위해 자연식물당의 가공에 독특한 기술을 적용해서 특허를 가지고 있다.

미국 카이저연구소가 미연방정부의 기금을 받아 중국에서 진행한 2009년 연구결과에 따르면, 남성이 플라스틱제품에 다량 함유된 환경물질인 비스페놀A(BPA)에 과도하게 노출된 경우 발기부전 증세를 일으킨다고 한다. 미국 캘리포니아 주의회는 비스페놀의 사용 금지법안을 통과시킨 바 있다.

2) 코렌

독일에서 선 디젤 연구개발에 선두적인 업체인 코렌(Choren)사는 14년 전부터 합성연료 개발에 주력해왔다. 옛 동독 지역인 작센주(Sachsen)주 프라이베르크(Freiberg)에 소재한 코렌사는 다임러 크라이슬러와 폴크스바겐의 지원을 받아왔으며, 최근 쉘(Shell)사와 사업협력 양해각서를 체결했다.

코렌이 내세운 '선 디젤(Sun Diesel)'은 이른바 'BTL(Bio To Liquid) 디젤'로, 기존 차량 엔진에 그대로 갖다 쓸 수 있어서 기존 바이오디젤이 지닌 한계를 극복한 2세대 바이오디젤이다. 반면에 '클린디젤(Clean Diesel)'은 디젤 엔진의 연비효율을 높인 저탄소 그린카를 의미한다.

선 디젤은 과일 상자나 화물 받침대 등으로 쓰이던 폐목재, 나무 조각, 생물쓰레기, 보릿짚, 톱밥 등 바이오매스(Biomass)를 화학 처리해서 생성되는데, 바이오매스를 고온에서 처리, 가스를 분리해 액화 과정을 거쳐 이른바 '태양 연료 (Sun fuel)'을 만든다. 그래도 일반 석유에서 나오는 디젤과 성능에서는 차이가 없을 뿐 아니라, 천연재료를 쓰기 때문에 이산화

[그림 4-11] '선 디젤'을 사용하는 폴크스바겐 자동자

탄소 발생량이 일반 디젤보다 최고 90퍼센트까지 감소한다. 선 디젤의 가장 큰 장점은 바이오디젤과는 달리 성분과 특징을 조정할 수 있기 때문에 기존 인프라를 그대로 활용할 수 있다는 점이다. 즉, 지금까지는 자동차 제조업체들이 개발된 합성연료에 적합한 모터를 개발했으나, 선 디젤의 경우 기존 모터를 사용할 수 있다. 선 디젤은 다임 및 폴크스바겐의 차량에 테스트됐으며, 배출 저감 및 연소 특성면에서 양호한 것으로 증명됐다.

또다른 장점은 바이오매스는 지구촌 어디에서나 얻을 수 있으며, 유해물질도 배출되지 않는다는 점이다. 보릿짚 등 생물쓰레기가 사용될 수 있기 때문에 농업에도 긍정적인 영향을 줄 것으로 전망된다.

이미 석유회사 쉘(Shell)이 선 디젤을 구매하기로 했고, 자동차회사 폴크스바겐과 다임러 크라이슬러도 관심을 보여 기술개발에 도움을 주고 있다. 코렌은 1997년 선 디젤 개발 실험을 위해 지었던 소형 '알파(Alpha)' 공장 바로 옆에 2002년 대규모 생산시설인 '베타(Beta)' 공장을 신설했다. 2008년에는 코렌과 쉘이 구동독 지역 발트해 연안의 부브닌(Lubmin) 시에 연평균 생산량 20만 톤의 세계 최초의 대형 선 디젤 생산시설 설립계약을 체결했다. 또한 코렌사는 폴크스바겐사와 공동 연구작업을 벌이고 있는데, 폴크스바겐은 3~5년 안에 선 디젤과 바이오에탄올 공장 20여 개를 추가로 건설할 계획이다.

생산가가 석유보다 비싸기 때문에 세금을 면제받더라도 가격은 기존 디젤 수준인 리터당 1.3유로(1800원) 정도가 될 전망이다. 환경보호에 적극적 참여의식을 가진 유럽은 선 디젤이 친환경적이기 때문에 같은 값이면 소비자들이 선 디젤을 사용한다. 이 회사는 최근 중국 베이징에도 진출했고, 미국 휴스턴에도 지사를 내면서 세계시장 진출에도 적극적이다.

독일 연간 연료 소비량이 5000만 톤인 것을 고려할 때 현재 생산량은 아주 소량에 불과하다. 그러나 이미 몇 차례 선 디젤 연료를 테스트한 다임러 크라이슬러는 2020년에 선 디젤이 유럽 총 연료 수요의 20퍼센트를 담당할 것이라며, 선 디젤의 잠재성장력을 예측했다.

현재 유럽연합(EU)은 수송용 연료 중 바이오연료 비중을 2005년 2퍼센트에서 2010년 5.75퍼센트, 2020년 20퍼센트, 2030년까지 25퍼센트까지 확대한다는 계획이다. 옥수수, 콩 등의 곡물에서 자동차용 연료를 얻는 1세대 바이오연료와 달리, 2세대 바이오에너지가 상용화되면 현재 발생하는 온실가스를 거의 90퍼센트까지 줄일 수 있다. 기존 바이오연료는 농작물을 원료로 사용해 자동차 연료를 얻는다는 윤리적 비난뿐 아니라 대규모 산림벌채를 유발, 지구온난화를 가속화할 것이란 우려가 있었다. 또 국제 곡물가격을 상승시킨다는 치명적 단점이 있다.

4. 바이오전자 분야

1) 어피메트릭스

1990년대에는 실리콘밸리를 중심으로 발전한 정보기술과 바이오공학이 결합되는 현상이 나타난다. 대표적인 기업이 유전자칩을 세계 최초로 개발한 어피메트릭스(Affymetrix)다. 어피메트릭스는 샌프란시스코 바이오클러스터와 실리콘밸리가 겹치는 샌타클래라에 위치하고 있다. 유전자칩은 반도체 생산기술을 유전자공학에 접목한 것으로 방대한 양의 유전자 정보를 작은 유리 칩 위에 집적시키는 기술이다. 이 기술은 1989년 어피맥스의 연구원이었던 스테펀 포더(Stephen Fodor) 박사에 의해서 개발됐다. 포더 박사는 1992년 어피메트릭스를 어피맥스에서 독립시켜 창업했다. 1996년에는 연구용 'DNA칩(상표명 GeneChip® Microarrays)'을 발매했다. 2004년 스위스의 유력한 제약회사 호프만-라로슈사와 어피메트릭스사와 공동으로 미국식품의약청(FDA)에서 약제감수성 검사용 칩의 정식 인가를 취득했다. 바이오칩은 이제 연구 과정을 벗어나 임상 응용의 실용 단계로 비약하려는 전환기를 맞게 됐다. 현재 150억 달러로 추산되는 세계 유전자칩 시장을 어피메트릭스(60퍼센트)와 아질런트테크놀로지(30퍼센트)가 선점하고 있다.

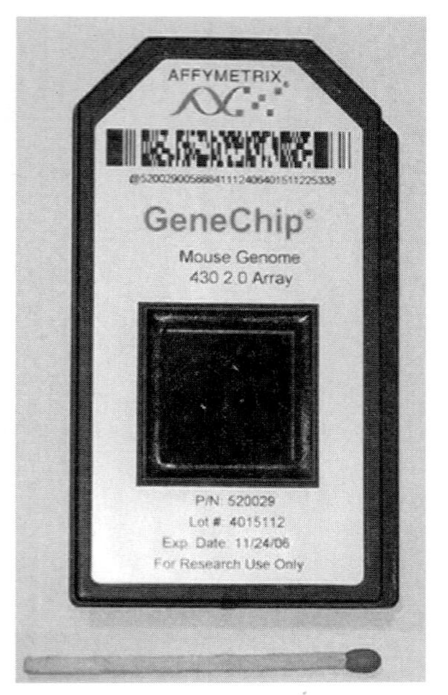

[그림 4-12] 어피메트릭스의 DNA칩인 진칩

어피메트릭스(Affymetrix)의 DNA칩은 인간게놈 대부분을 동전만한 1개의 칩에 모두 담을 수 있는 최첨단 제품이다. 이 DNA칩은 유전자 조각을 실리콘이나 유리 재질로 된 작은 기판 위에 결합시키는 것으로 첨단기술과 바이오공학이 접목돼 빚어낸 기술이다. 기존 DNA칩으로는 인간게놈 가운데 60~70퍼센트만 해석해낼 수 있었지만 어피메트릭스 DNA칩은 90~95퍼센트까지 검색해낼 수 있다. DNA칩의 개당 가격은 300~500달러이다.

한 개의 DNA칩으로 인간게놈 대부분을 파악해낼 수 있다는 것은 신약 연구에 매우 획기적이다.

미국 듀크대학 의과대학 게놈과학정책연구소의 애닐 포티 박사는 영국의 의학전문지 "네이처 메디신" 2009년 9월 최신호에 발표한 연구논문에서 미국 어피메트릭스(Affymetrix) 사의 DNA칩을 이용해 백혈병, 난소암, 유방암, 폐암 환자 수백 명으로 부터 채취한 종양샘플의 유전자를 분석, 항암제 중에서 환자에 따라 가장 효과적인 것을 골라내는 데 성공했다고 밝힌 바 있다. 이처럼 첨단 DNA칩으로 인간 유전자 대부분을 파악해냄으로써 아직 밝혀지지 않은 유전자와 질병의 관계를 규명할 수 있는 확률을 더 높일 수 있다. 그러나 이 유전자칩에는 3만 개의 유전자가 들어 있어 인간 유전자 전체가 모두 들어 있는 것은 아니며 앞으로 더 많은 유전자가 추가되어야 한다.

DNA칩은 암·질병 관련 유전자 진단에서 신약 개발시 항생제 내성 검사, 약물 감수성 검사, 장기이식 가능 조직검사, 동식물 검역, 친자확인 등 용도가 무궁무진하기 때문에 각국의 개발경쟁이 치열하다.

DNA칩의 핵심기술은 ①생체분자 고정화기술, ②마이크로어레이 집적화 기술, ③분자 간 상호작용 인식기술, ④데이타 처리기술 등 크게 4가지다. 어피메트릭스사는 포토리소토그라피(photolithography, 미세식각기

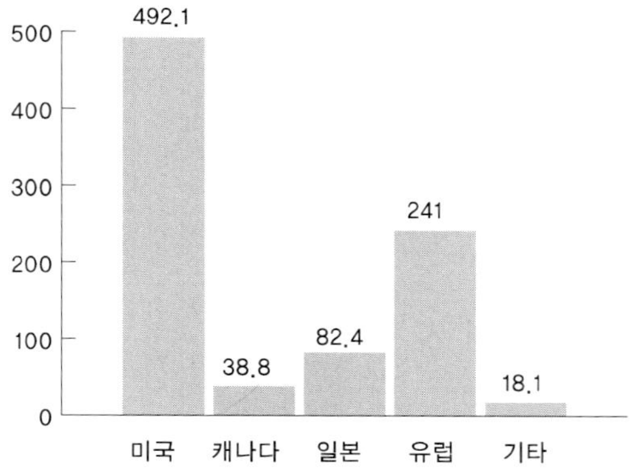

[그림 4-13] 국가별 DNA칩 시장 현황 (단위: 백만 달러)

※자료: Grobal Industry Analysis Inc., Biochips(2004)

술)라는 혁신적인 기술을 개발해냈다. 즉 반도체 공정에 쓰이는 포토리소그라피를 이용해 수만 개의 서로 다른 염기서열을 합성하는데 성공함으로써 이 분야에서 새로운 기원을 열었다.

한국의 기업들도 어피메트릭스와 협력체제를 구축하고 있다. 어피메트릭스는 한국 바이오기업인 파나진이 전 세계에서 유일하게 독점 생산하는 인공DNA인 'PNA'를 DNA칩의 혈액샘플 전처리 소재로 사용 권장해서, 어피메트릭스의 진칩(GeneChip) 관련 문서에 PNA 부품번호, 구입처, 사용방법 등 세부 사항을 기재하고 있다. PNA는 혈액 샘플에 과다하게 포함된 글로빈 mRNA의 증폭을 억제해 DNA칩이 목표 유전자를 분석하도록 돕는다. 한국의 서린바이오사이언스는 2003년부터 어피메트릭스의 한국총판을 담당하고 있으며 2006년도 상반기까지 전 세계 어피메트릭스 총판 중 가장 뛰어난 성과를 올려 Best Distributor Award 2006을 수상했다. 그만큼 한국에서는 어피메트릭스의 DNA칩을 많이 이용하고 있다.

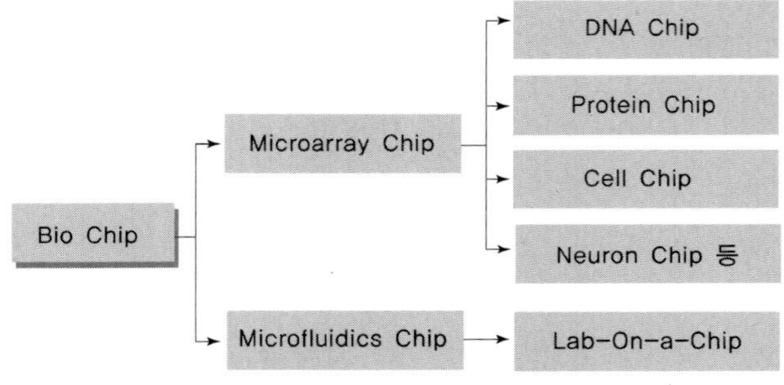

[그림 4-14] 바이오칩의 분류

2) 프로테오젠

프로테오젠은 단백질칩 기반 및 응용기술 개발을 목적으로 2000년에 설립된 바이오벤처기업이다. 프로테오젠의 한문희 대표는 한국과학기술원 부설 유전공학센터 소장, 한국바이오 벤처협회장을 지낸 생물학자이다. 2002년에는 프로테오젠의 단백질칩 관련기술이 미국 샌디에이고에서 열린 '떠오르는 마이크로어레이기술 및 응용' 컨퍼런스에서 우수연구기술로 선정됐다. 2005년 한국기술산업의 자회사로 인수됐으며, 기업명에서도 단백질칩을 연상시키듯 단백질칩 분야에서는 세계적인 유망기업이다. 2008년에는 지식경제부에서 주최하는 16억원 규모의 국책과제인 '지역전략기술개발사업'의 주관 기관으로 선정됐다.

프로테오젠의 주력제품은 단백질칩 제조장치(CM-1000, CM-2000)와 프로링커(ProLinkerTM), 단백질칩(ProteoChip)과 웰언어칩(Well-on-a-Chip) 등이다. 프로링커는 마이크로어레이, 바이오센서 등에서 단백질을 고체기

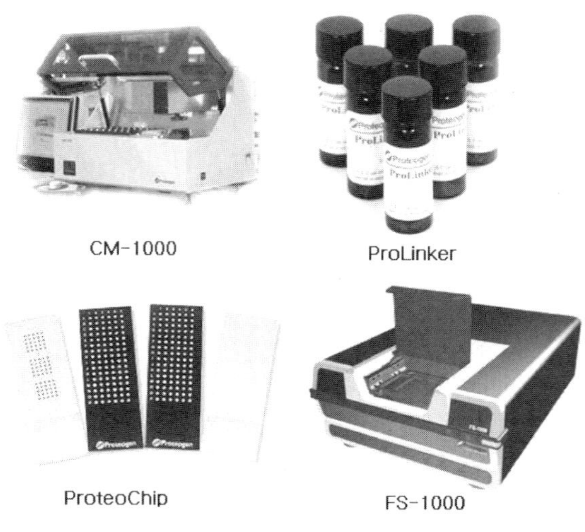

[그림 4-15] 프로테오젠의 단백질칩 관련 여러 제품

판 위에 효과적으로 고정시켜 항체의 변성 없이 강하게 결합시키는 분자 링커물질이다. 웰언어칩은 플레이트를 소형화시킨 단백질칩 기판으로 생체와 유사한 고체상 분석 시스템이다. 단백질칩은 질병의 진단, 단백질체 연구, 단백질의 발현 및 기능연구, 신약물질의 고성능 스크리닝 등에 사용된다.

프로테오젠은 춘천바이오산업진흥원과 '단백질칩을 이용한 생물의약 소재 개발'을 위한 공동연구 협약을 체결했으며, 현재 본사를 춘천 하이테크벤처타운 생물지원센터에 두고 있다.

프로테오젠은 로봇 개발 전문기업 로봇앤드디자인사와 공동으로 바이오칩 분석 장비인 형광 스캐너(FS-1000)를 개발하여 작업 자동화 및 대량처리가 가능해졌다. 이 'FS-1000'은 유럽 최대의 생명공학 박람회인 '하노버 바이오테크니카 2008'에 출품했다.

프로테오젠은 2009년 9월 미국특허청(USPTO)로부터 '무독성 신생혈관 저해 항암제 P11'에 대한 신물질 특허를 취득했다. 신약 후보물질 'P11'은 암세포를 직접 공격하는 기존의 항암제와는 달리 암세포의 성장과 전이를 일으킬 수 있는 신생혈관의 생성을 억제함으로써 암을 치료할 수 있는 물질이다. 폐암에 걸린 쥐를 대상으로 P11을 투여한 결과 10일 동안 암세포의 성장이 약 80퍼센트가 억제되어 폐암, 흑색종암, 대장암 등에 대한 항암 효과가 검증됐다. 'P11'은 임상단계에 진입할 예정이며, 프로테오젠은 2~3개의 신약 후보물질을 추가 확보하여 글로벌 제약기업으로의 성장 발판을 만들 계획이다.

프로테오젠은 발달된 단백질칩기술을 바탕으로 외국기업과 제휴하고 있다. 프로테오젠은 2009년 일본의 글로벌기업인 히다찌 하이테크놀로지(Hitachi High Technologies)사와 프로링커로 제작된 '단백질칩 기판'에 대한 판매계약을 체결했다. 또 프로테오젠은 2009년 세계 최대의 항체회사인 대만의 아브노바사와 사업협력 양해각서(MOU)를 체결했다. 프로테오젠은 단백질 바이오칩 특허 원천기술을 제공하고, 아브노바사는 이 회사가 보유하고 있는 다량의 단백질 항체를 제공한다. 아브노바사의 해외 유통망을 활용하여 조기에 해외시장에 진입할 수 있게 됐다. 바이오칩은 한국의 '10대 차세대 성장동력산업'으로서, 아래 그림에서 보듯 특히 단백질칩은 수익성도 높고 유망한 바이오산업 분야이다.

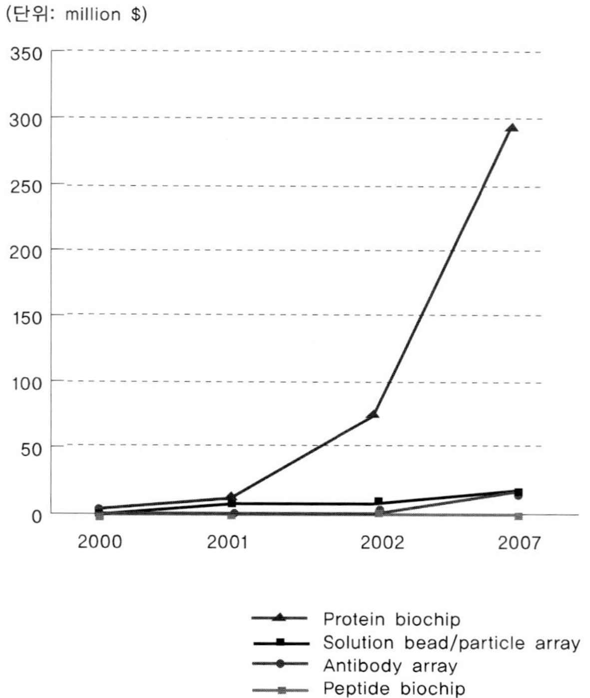

[그림 4-16] 사용 분야별 세계 단백질칩 시장 전망

※자료: BCC, Ptotein Chips: Where to?(2003)

Part 05

바이오클러스터

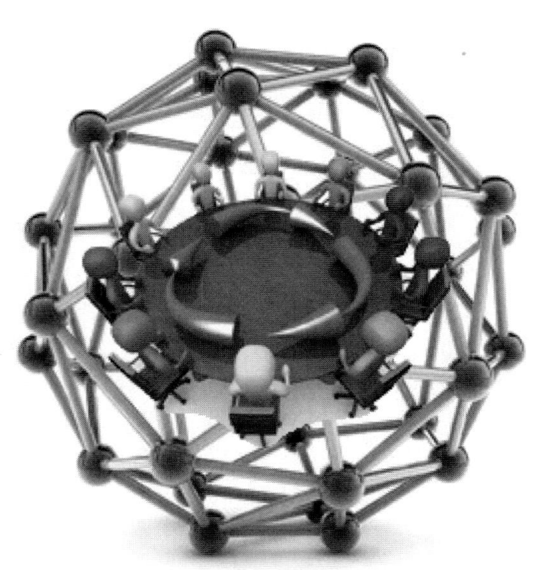

1장
바이오클러스터란

1. 바이오클러스터의 정의

일반적으로 클러스터란 대학, 연구소, 기업 등이 특정 지역에 모여 네트워크 구축과 상호작용을 통해 사업 전개, 기술개발, 부품 조달, 인력 정보 교류 등의 측면에서 시너지효과를 창출하는 것을 의미한다. 바이오산업 및 유관산업이 산업클러스터를 형성할 때 이것을 '바이오클러스터'라고 부른다. 특히 바이오산업의 경우는 다른 산업에 비해 클러스터를 형성하는 경우가 많아 클러스터하면 흔히 '바이오클러스터'를 떠올리게 되는데, 바이오산업은 에너지, 환경, 식품, 의약, 보건의료, 농업, 환경, 전자, 기계, 소재 등 거의 모든 산업 분야와 연결되어 복합적이고 융합적인 산업형태를 띠기 때문이다.

산업클러스터 내에서 기업은 동종 업종의 다른 기업들과 경쟁과 동시에 협력을 함으로써 높은 품질의 서비스 제공, 기술혁신, 제품성능 개선 등 지속적인 투입요소를 확보하게 되고, 직접 교역하지 않는 기업들도 정보, 지식, 전문인력을 비공식적으로 교환함으로써 상호 의존관계를 형성한다. 클러스터를 통한 기업들 간의 접근성은 지식과 기술 교환과 공유를 촉진하며, 경쟁과 비교를 통한 상호발전이 촉진되며, 이는 지역 및 국가경쟁력의 원천이 된다.

미국이나 유럽처럼 학문 및 기술적 필요성에 의해 자연발생적으로 바이오클러스터가 형성된 곳도 있고, 아시아 국가들처럼 정부의 주도하에 정책적으로 바이오클러스터가 형성된 곳도 있다. 최근에 각국 정부는 바이오산업을 국가전략산업으로 채택함에 따라 정부의 장기 비전정책에 의해 클러스터가 조성되고 있다. 미국, 영국, 독일 등 선진국들은 이미 오래 전부터 바이오산업을 발전시키기 위해 적극적으로 바이오클러스터를 조성하고 있다. 미국은 정부의 적극적인 지원에 힘입어 캘리포니아, 메릴랜드 등을 중심으로 자생한 바이오클러스터들이 미국 바이오산업을 이끌고 있다. 2010년 11월 메릴랜드주 볼티모어에서는 '코리아-메릴랜드 바이오 엑스포2010'이 개최된 바 있다. 이 외에도 영국, 독일, 프랑스, 덴마크, 중국, 인도, 싱가포르 등 정부가 나서 적극적으로 바이오클러스터를 조성하고 있다

산업클러스터에는 연구개발주도형, 제조기반형, 자원활용형의 3가지 유형의 클러스터가 있다. 연구개발주도형으로는 미국 샌디에이고 바이오클러스터, 제조기반형으로는 미국 메릴랜드 바이오클러스터, 자원활용형으로는 네덜란드 푸드밸리나 스웨덴 · 덴마크의 외레순(Öresund) 클러스터 등 유럽의 식품클러스터를 대표적으로 꼽을 수 있다.

2. 바이오클러스터의 형성요인

바이오산업에서 지리적 입지는 기업의 성공에 중요한 영향을 미친다. 많은 바이오기업들이 집적된 곳에서는 상호경쟁과 협조를 통해 그렇지 않은 지역에 위치한 기업들보다 발전가능성이 높아질 것이다. 또한 이들 바이오기업과 연계된 전자 · 화학 · 기계 · 소재 등의 산업체들이 협력관계를 구축하면서 점차 외연이 확대되어 클러스터를 형성한다. 이러한 필요성에

의해서 많은 바이오벤처기업들이 창업했고 바이오클러스터를 이루면서 성장해왔다.

바이오클러스터가 바이오기업을 유인하는 요인은 산업 부문 간 연계와 학계-산업 부문 간 연계의 두 가지 형태로 나눌 수 있다. 전자는 바이오산업계가 제공하는 전문화된 투입요소를 얻기 위한 연계이며, 후자는 전문지식과 인력을 확보하기 위한 연계이다.

미국은 샌프란시스코, 로스앤젤레스, 매사추세츠, 시애틀 등 대학과 연구소를 중심으로 바이오클러스터가 형성되어 전자보다는 후자가 강하다. 미국 바이오클러스터의 가장 큰 장점은 대학의 기술이 신속하게 효율적으로 기업으로 이전된다는 데 있다. 바이오기업들은 필요한 인력, 기술, 자금 등의 조달과 인프라 이용이 용이한 지역에 위치하기 원한다. 또한 정부의 정책적 지원에 보다 가깝게 갈 수 있고, 바이오산업 간의 정보 습득 및 경쟁을 통해 변화하는 기업환경에 빠르게 대처할 수 있는 집적화된 장소, 즉 바이오클러스터가 자연스럽게 형성된다. 최근의 지방자치단체들의 바이오

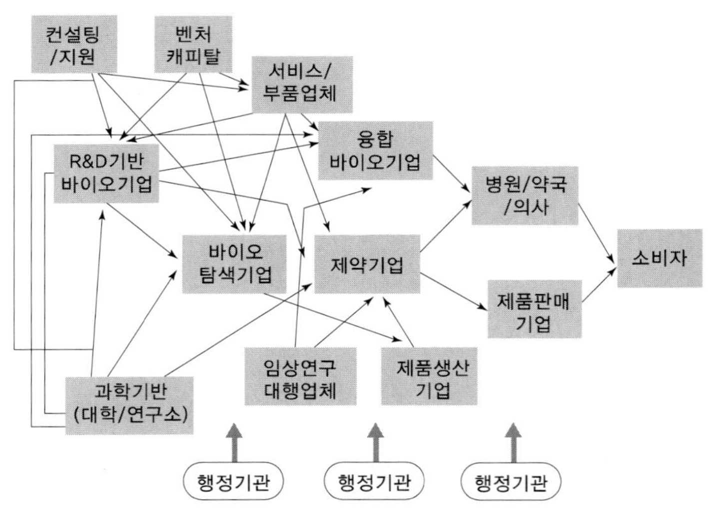

[그림 5-1] 바이오클러스터를 이루는 여러 유관 부문들

※자료: Christian Zeller, Small Business Economics 17, 123-141(2001)

산업단지 조성과 적극적 기업유치 등의 인위적 요인도 클러스터 형성에 중요한 요인으로 작용한다.

바이오클러스터 사슬망은 다양한 주체 간에 다양한 수준에서 다양한 관계로 결합하므로 자연스럽게 클러스터가 형성된다(그림 5-1). 바이오기술의 공급자이자 연구기반인 대학, 연구소 등과 바이오기업들이 장 · 단기적으로 연계하여, 기술혁신을 위한 지식창출 및 신제품 개발을 목적으로 공동 연구개발을 하거나 연구기금을 제공한다. 바이오 분야의 연구성과가 나왔을 때 바이오산업의 특성상 생산공정은 고가의 특수장비가 필요하므로 제품생산 전문기업 등 생산단계를 전담하는 조직 역시 클러스터에서 중요한 역할을 한다.

바이오산업에서 연구개발을 상업화하기 위해서는 안전성과 효능을 입증하기 위한 임상시험이 필요하므로 클러스터 사슬망에 병원과 임상시험 전문 연구개발(R & D) 대행기관도 포함된다. 바이오산업은 바이오기술을 중심으로 연계되는 산업이므로 산업 내부적인 네트워크 뿐 아니라 다른 산업과의 네트워크에 의한 시너지 효과를 가져다주는 성장동력산업이 된다. 이외에도 각종 행정적 사무를 위한 정부 및 지자체 지원기관과, 바이오기업을 지원하는 컨설팅 업체나 벤처캐피탈 등 금융업체도 클러스터에 포함된다.

3. 바이오클러스터의 필요성

바이오산업의 발전과 효율적 지원을 위해서 바이오클러스터는 필수불가결하며, 그 필요성은 다음과 같다.

첫째, 바이오산업은 대표적 첨단지식산업의 하나로 이론과 기술을 제공하는 연구기반, 즉 대학 · 연구소 · 연구단지와 지리적으로 가까운 것이 바이오산업 발전에 유리하다. 시시각각 변하는 바이오 기술정보를 습득하고 교환하기 위해서는 일정 지역 내에 대학과 공공 및 민간 연구 개발기관이 한 데 모인 클러스터가 효율적이다.

둘째, 바이오기술이 상업화되려면 기간이 오래 걸리고 여러 단계에서 다른 산업 및 유관 부문의 정보 및 기술이 필요하므로 바이오기업들 간의 다양한 협력, 지식교환 및 네트워크 구축이 필요하다. 미생물학, 생화학, 유전학 등 광범위한 분야에 걸친 전문기술과 벤처캐피탈, 경영기법, 마케팅 등 창업에 필요한 전문지식을 가진 다양한 인력이 필요하다.

셋째, 바이오산업은 물질발굴부터, 임상시험, 제조 과정과 공정이 다단계로 이루어져 매우 복잡하기 때문에 정보, 기술, 자본 등이 적소와 적기에 지원되기 위해서는 유관산업과 사업 지향적이고 전문적인 서비스가 중요하다. 바이오제약기업의 경우 시약, 바이오센서, 분리 정화기기, 테스트기기 등이 전문 투입요소가 된다.

넷째, 클러스터가 형성되면 규모와 범위의 경제가 생성되어 전문화된 노동인력과 생산에 필요한 여러 인자들이 집적되어 이에 대한 개별기업의 노력과 비용이 절감된다.

다섯째, 초창기의 바이오벤처기업들은 기술력에 비해 자본력이 열세하고 사업 경험이 많지 않아 정부나 학계, 벤처캐피탈의 지원을 받고, 정보를 공유하기 위해서는 일정 지역에 모이는 것이 보다 유리하다.

이러한 여러 가지 특성 때문에 다른 산업클러스터에 비해 바이오클러스터의 중요성이 더욱 강조되고 있으며, 타 산업에 비해 클러스터를 이루는 경향이 강하며 정부와 지방자치단체들 또한 바이오클러스터 육성에 적극적이다.

4. 바이오클러스터의 장점

첫째, 연구소, 대학, 기업연구센터 등 연구기반이 첨단기술과 비전 제시자 역할을 한다. 바이오산업의 대표적인 클러스터인 미국의 보스턴 바이오클러스터에는 MIT공대가 있고, 아스트라제네카 · 머크 · 노바티스 등 세계 굴지의 제약사들이 이곳에 연구센터를 두고 있다. 유럽에서 가장 큰 바이오클러스터인 뮌헨 바이오클러스터는 뮌헨대학을 중심으로 발전해왔다. 또한 스웨덴의 웁살라 바이오클러스터가 스웨덴의 대표적인 클러스터로 성장하는 데는 웁살라대학과 스웨덴 농과대학의 입지가 결정적 역할을 했다. 반면에 한국의 경우, 대덕연구개발특구만 대학과 연구소를 중심으로 하고 있고, 다른 바이오클러스터들은 대학과는 관계가 없다. 대학의 연구나 기술능력이 기업연구소에 비해 현저히 떨어지기 때문일 것이다. 따라서 정부 바이오 관련 연구개발비는 실효성이나 검증이 어려운 대학보다는 실질적으로 상업화에 기여할 수 있는 우수한 바이오기업과 연구소에 지원되는 것이 바람직하다.

둘째, 바이오클러스터에는 성공한 기업이 존재해서 다른 바이오기업들에게 롤 모델이 된다. 남부 샌프란시스코에는 세계 1, 2위의 바이오기업인 암젠, 제넨텍(2009년 로슈에 합병됨)이 위치하고 있고, 보스턴 바이오클러스터에는 세계 4위의 바이오기업인 젠자임의 연구개발센터가 위치한다. 또 샌디에이고 바이오클러스터는 세계 최대 비영리 연구기관 중의 하나인 스크립스연구소(Scripps Institute)를 중심으로 노바티스와 쉐링 등 초대형 제약사들이 입주해 있다. 한국의 오송생명과학단지에는 대표적 바이오제약기업인 LG생명과학이, 춘천바이오벤처플라자에는 세계적인 단백질칩 유망기업인 프로테오젠이 입주해 있다.

셋째, 바이오산업은 첨단지식산업이므로 일반인들이 이해하기 어려운 전문지식이다. 따라서 동일 지역 안의 소수 전문가들만이 대면 접촉을 통해 교류하거나 기술이전이 이루어진다. 따라서 소수 전문가들만이 정보를 독점하므로 교류가 어려운 다른 지역의 바이오기업과 차별성을 가져온다.

넷째, 바이오벤처 등 소규모 기업이 핵심적인 역할을 한다. 대기업과 중소기업은 다른 산업과 달리 수직적 하청관계가 아닌 동등한 협력 파트너로서 협력과 경쟁을 한다. 그 결과 중소기업들이 대기업보다는 신기술이 창출되고 응용되는 연구단지 주변으로 몰리게 된다.

다섯째, 바이오클러스터에서는 연계와 협력이 활발하게 진행된다. 대기업과 바이오벤처기업 간의 전략적 제휴는 신약개발에 특히 중요하다. 신약 물질을 발견해서 임상시험을 마칠 때까지 15~20년의 기간이 필요하고 비용도 1조원 가까이 소요된다. 하지만 신약 물질 1000건 중 식약청의 승인을 받는 건 1개에 불과하므로 대부분의 소규모 기업들이 감당할 수 없는 수준이다.

여섯째, 바이오산업은 기존의 제조산업과는 달리 대규모 토지나 용수 등을 요구하지 않아 지역의 삶의 질이 중요한 요소가 된다. 따라서 교육시설, 문화시설 등 전문인력들을 유인할 수 있는 주거환경이 매우 중요한 요인으로 작용한다.

클러스터가 장점만 가지고 있는 것은 아니다. 공급측면에서는 클러스터가 성숙기에 접어들면 인건비와 토지임대료가 높아지는 등 혼잡비용이 발생하고 기업들 간 경쟁이 격화된다. 미국 실리콘밸리는 최근 부동산 가격의 폭등, 고임금, 주택부족, 출퇴근시 교통체증 등 입주기업들의 장점이 많이 퇴색했다. 또한 동일제품을 생산하는 동일 부문의 기업들 간의 경쟁은 기업의 매출, 수익 등을 감소시킨다. 하지만 이런 단점들은 바이오클러스터가 주는 장점과 편익에 비하면 미미한 것이다.

〈표 5-1〉 클러스터의 장점과 단점

구분	수요측면	공급측면
장점	• 강한 시장수요 • 경쟁자 인근에 위치함으로써 시장점유율 확보 • 고객접근성 개선(검색 비용) • 외부정보 흡수(고객=아이디어 원천)	• 지식 이전, 기술 확산 • 전문인력 확보 용이 • 전문화된 투입요소 확보 용이 • 인프라 활용 • 정보 외부효과(지역 내 성공적인 정보 생산)
단점	• 포화비용 • 산출시장에서의 혼잡과 경쟁 (비용과 성과 저하 유발)	• 과도경쟁 비용 • 투입시장의 혼잡과 경쟁(부동산, 인건비) • 오랜 통근시간

※자료: Catherine Beaudry and Peter Swann, Clusters, innovation and growth: A comparative study of two European countries(1999).

2장

세계 각국의 바이오클러스터

1. 미국

세계 바이오산업을 주도하고 있는 미국에는 샌프란시스코 베이 일대, 보스턴 일대, 샌디에이고 인근 등 세계 3대 바이오클러스터가 모두 위치하고 있는데, 이 중에서 샌프란시스코 베이 지역은 다른 어떤 지역보다 바이오기업이 집적돼 있다. 샌프란시스코 일대에는 미국내 상장된 바이오기업 314개 중 90개의 본사가 있다. 보스턴 일대에는 58개, 샌디에이고 인근에는 33개가 있다.

1) 샌프란시스코 베이 지역

(1) 형성 과정

샌프란시스코 베이 지역은 세계 바이오기업 1, 2위를 다투는 제넨텍과 암젠이 위치하는 세계 바이오기업의 출발점이자 대표적 바이오클러스터이다. 베이 지역의 전체 면적은 1만8000여km^2로 제주도의 10배 크기다. 1973년 스탠포드대학의 스탠리 코헨(1986년 노벨 생리의학상 수상)이 UC 샌프란시스코의 허버트 보이어와 함께 DNA 재조합기술을 개발해 샌프란시스코 베이 지역에서 생명공학의 길을 열었다. 보이어 교수는 1976년 벤처 투자가인 로버트 스완슨과 유전자 재조합기술을 상업화하는 세계 최초의 바이오제약기업인 제넨텍을 설립했다.

[그림 5-2] 남샌프란시스코 생명공학 단지 앞에 서 있는 DNA 조형물.
'생명공학의 탄생지'라고 표기돼 있다.

이후 암젠 등 전 세계 최대의 바이오기업들이 설립되고 로슈, 바이엘 등의 다국적 제약기업들이 이 지역에 연구소를 설립했다. 1990년대에는 실리콘밸리를 중심으로 발전한 정보기술과 베이 지역의 바이오기술이 결합되는 현상이 나타난다. 대표적인 기업이 유전자칩을 세계 최초로 개발한 어피메트릭스(Affymetrix)다. 어피메트릭스는 샌프란시스코 바이오클러스터와 실리콘밸리가 겹치는 샌타클래라에 위치하고 있다. 현재는 제넨텍과 암젠 외에도 길리어드 사이언스(Gilead Science, 에이즈 치료제 · 타미플루 개발), 넥타(Nektar, 흡입식 인슐린), 엑셀리시스(Exelixis, 신약 발굴), 백스젠(Vaxgen, 에이즈 백신), 테라밴스(Theravance, 항생제 개발) 등 많은 유명 바이오기업의 본사, 지사, 연구소 등이 몰려 세계 바이오산업의 '메카'로 자리매김했다. 베이 지역에서는 신약개발은 바이오기업이, 마케팅과 판매는 제약회사가 하는 구조가 정착돼 가고 있다.

(2) 바이오산업 현황

베이 지역 바이오기업의 협의체인 '베이 바이오'에 따르면 2006년 10월 현재 샌프란시스코 베이 일대에는 상장기업을 포함해서 900개의 바이오기업이 있다. 이는 독일(346개), 영국(311개), 프랑스(228개) 등 유럽의 3대 바이오 강국의 바이오기업 수를 합친 것보다 많다. 베이 지역의 바이오기

[그림 5-3] 샌프란시스코 베이 지역의 유명 바이오기업의 분포도

업이 직접 고용한 인력은 9만 명이다. 간접적인 고용효과까지 따지면 25만 명이 넘는 인력이 베이 지역에서 바이오산업과 관련된 일을 하고 있다.

베이 지역에는 미국뿐만 아니라 전 세계적으로 가장 많은 바이오기업들이 위치해 있다. 특허도 뉴욕에 이어 2번째로 많고, 연구인력 1명당 특허수는 미국 평균의 2배를 상회한다. 연구비도 풍부해 보스턴과 뉴욕에 이어 미국 국립보건원 연구비 수주 3위를 기록하고 있다.

베이 지역은 바이오산업의 성공을 위한 요소인 연구인력, 산 · 학교류, 벤처캐피털 등이 잘 갖춰진 지역으로 꼽힌다. 베이 지역에는 스탠퍼드대학, UC 버클리, UC 샌프란시스코 등 미국 내 20위권에 드는 3곳의 연구중심 대학이 몰려 있다. 특히 베이 지역에서는 대학과 바이오기업이 쉽게 결합하는 분위기가 형성돼 있다. 이 지역 최초 성공 모델인 제넨텍은 교수와 벤처 투자가가 만나는 식으로 산 · 학이 연계된 비즈니스 모델로 시작했다. 학자 출신의 기업가가 몇 명인지 정확한 수를 파악할 수는 없지만 UC 샌프란시스코의 홈페이지는 "캘리포니아의 바이오기업 3곳 중 1곳을 UC 출신 학자들이 세웠다"고 소개하고 있다. 이들 대학은 1934년부터 2009년까지 10명의 노벨 생리의학상 수상자를 배출했다. 2009년 노벨생리의학상은 엘리자베스 블랙번 UC 샌프란시스코대 교수가 염색체연구로 공동수상했다.

샌프란시스코 일대는 벤처자금의 활동이 세계에서 가장 활발한 곳으로, 전 세계에서 몰려드는 풍부한 벤처자금은 바이오산업의 자금줄 역할을 하고 있다. 베이 지역은 전 세계 벤처캐피탈의 최대 집적지로서 미국 벤처캐피탈 투자금의 35퍼센트를 유치해서, 미국내 다른 지역에 비해 상대적으로 수월하게 자금을 조달할 수 있다. 베이 지역은 특히 미국에서 성장속도가 빠른 소기업을 가장 많이 보유하고 있고, 첨단기술 수출 1위, 인터넷 보급률 1위 등 인프라도 잘 정비되어 있다. 또한 학·연 연계, 정부의 투자 프로그램과 기술이전 정책이 조화를 이루고 있다. 베이 지역은 미국내 다른 바이오클러스터들보다는 높은 경쟁력과 연구환경을 가지고 있으나, 다른 지역에 비해 유지비용이 상대적으로 많이 드는 것이 단점으로 지적됐다(표 5-2).

〈표 5-2〉 미국 바이오클러스터의 경쟁력 비교

구분		베이 지역	샌디 에고	보스턴	노스 캐롤라이나	메릴 랜드	뉴욕	뉴저지
지역연구기관		1	2	1	2	3	2	3
재무 자원	연구보조금	1	3	2	4	4	2	3
	벤처캐피탈자금	1	3	3	3	4	2	3
	증권시장상장	1	2	2	4	4	4	4
노동력	박사/대졸 이상	1	1	1	2	3	2	3
	전문대 졸업	3	3	2	2	3	3	4
	고교졸업	3	3	3	3	3	3	4
네트워크 및 지원체계		1	1	1	2	3	2	3
사회적 인프라	서비스공급자	1	1	1	2	2	1	3
	물리적 인프라	4	2	2	1	1	4	3
	보육시설	5	5	5	5	5	5	5
	연구단지 조성	5	3	3	2	2	4	2
비용측면		5	3	3	2	2	4	2

※자료: Munroe, et al(2002), "A Critical Analysis of the Local Biotechnology Industry Cluster–Counties of Alameda, Contra Costa & Solano"
※주: 1-최상, 5-최하

2) 샌디에이고 바이오클러스터

(1) 형성 과정

미국 샌디에이고 시내에서 자동차로 20분 정도 거리에 미국의 3대 바이오클러스터의 하나인 샌디에이고 바이오클러스터가 위치한다. 여기엔 샌디에이고 캘리포니아 주립대(UCSD)를 중심으로 반경 5km 이내에 500여 개 바이오기업들이 들어서 있다. 샌디에이고 일대에는 1956년 스크립스(Scripps)연구소가 설립된 후, 1964년 샌디에이고대학이 세워져 바이오 연구 기반이 구축됐다. 1978년엔 지역 최초로 바이오기업인 하이브리테크(Hybritech)가 설립됐다. 이후 53개 바이오기업이 창업해서 1970~80년대 바이오 분야 연구성과의 사업화가 활발히 이루어지기 시작했다.

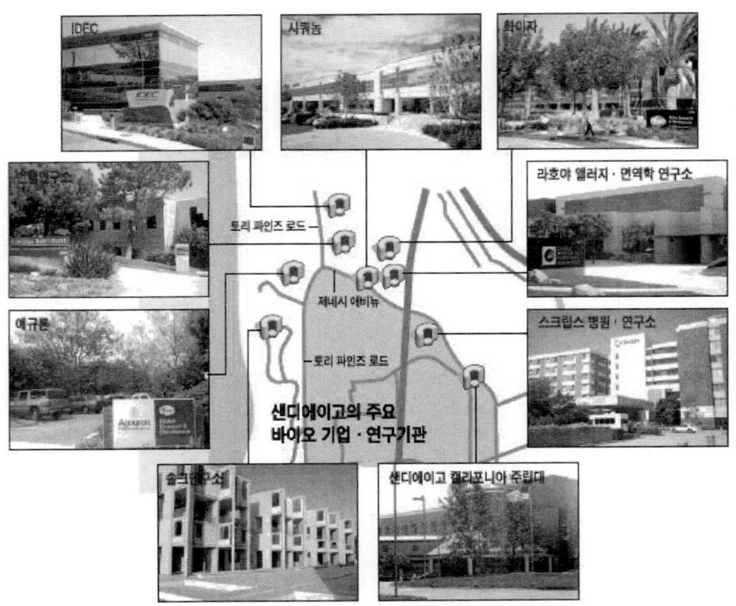

[그림 5-4] 샌디에이고의 주요 바이오기업과 연구기관

※자료: 심재우. 샌디에이고 클러스터. Joins.com(2006)

1985년 샌디에이고대학의 커넥트(CONNECT) 프로그램은 샌디에이고 바이오클러스터가 형성되는 데 결정적인 역할을 했다. 이것은 사람과 기술·자본을 연결시켜 창업을 도와주는 프로그램으로서, 이 프로그램을 통해 변호사, 기술자, 경영자 등이 참여하는 혁신 네트워크가 구축됐다. 대학이나 주정부 재정지원 없이 회비와 수강료, 기업 자문료 등으로 운영되며, 연간 예산은 170만 달러(약 16억원)로 지금까지 900여 개 기업의 사업화를 도왔다. 많은 바이오 벤처기업의 창업과 함께 벤처캐피탈 회사가 몰려들고, 유망 바이오기업이 많아지다 보니 다국적 제약회사들도 스스로 찾아드는 선순환 구조가 만들어졌다.

(2) 바이오산업 현황

샌디에이고에는 바이오 관련 연구기관과 바이오기업들이 밀집해 대형 바이오클러스터를 형성하고 있다. 최근 다국적 제약기업들이 샌디에이고대학의 연구성과를 활용하거나 기업 인수합병을 위해 샌디에이고 지역으로 밀집하고 있다. 화이자, 릴리, 존슨앤존슨, 머크, 노바티스 등 다국적 제약기업을 포함해 700여 개의 바이오 관련 기업들이 바이오클러스터를 형성하고 있다.

또 대학과 연구기관들의 기초 연구성과에 대한 사업화가 활발하게 이뤄지고 있다. 노벨상 수상자 3명을 배출한 스크립스연구소를 위시해 솔크, 번햄 등 세계적인 바이오과학 연구소들이 위치한다. 이들 연구소들은 미국 국립보건원(National Institutes of Health)과 국립과학재단(National Science Foundation) 등 정부지원을 받고 있다. 이들 연구원들은 독립해서 바이오기업을 창업하기도 하는데, 샌디에이고 바이오기업 중 매출액 1위인 인비트로젠은 연구원들이 세운 기업이다(표 5-3). 현재 샌디에이고 바이오클러스터에 근무하는 연구원은 2만8800여 명에 달하며, 바이오 분야에 고용된 인원은 4만 명에 이른다.

〈표 5-3〉 샌디에이고 지역 주요 기업(2007 매출액순)

순위	기업명	매출 (백만 달러)	소재지	업종
1	Invitrogen Corporation	1281.8	Carlsbad	연구장비 및 기기
2	Amylin Pharmaceuticals, Inc.	781.0	San Diego	제약 및 상업적 연구
3	ResMed Inc.	716.3	Poway	진단기기
4	Premier, Inc.	433.5	San Diego	분석장비
5	Gen-Probe Incorporated	403.0	San Diego	수술 및 의료장비
6	Illumina, Inc.	366.8	San Diego	분석장비
7	Biosite Incorporated	308.6	San Diego	의료진단제품의 개발 및 생산
8	Prometheus Laboratories Inc.	187.4	San Diego	제약
9	Takeda San Diego, Inc.	161.0	San Diego	비상업적 바이오기술연구 서비스
10	NuVasive, Inc.	154.3	San Diego	수술 및 의료장비

※자료: Hoovers Directory(2008)

이 지역의 대표적 연구소인 스크립스(Scripps)는 교수진 270명, 박사후 연구원 800명, 스텝 1500명, 박사과정 학생 126명이 연구하고 있다. 대부분의 지원금은 국립보건원과 연방정부기관에서 받고 있으며, 바이오기업들로부터 연구비를 지원 받고 있다. 이 연구소는 면역학, 분자세포생물학, 화학, 신경학 등 기초적인 바이오 및 의학에 주력한다. 대학 및 연구소들은 바이오기업들과 신규기술의 상업화 및 기술이전을 촉진하기 위해 OTL(Office of Technology Licensing) 사무소를 두고 기업과의 협력을 극대화하고 있다.

샌디에이고 바이오클러스터에는 화이자·로슈·노바티스·일라이릴리 · 존슨앤존슨 등 세계적 기업의 연구개발센터가 위치하고 있다. 화이자는 지난 4년간 5억2000만 달러를 투자해 샌디에이고에 33에이커 규모의 연구센터를 세웠고, 또한 향후 5년간 스크립스연구소와의 연구협력에 1억 달러를 추가로 투자할 것으로 밝혔다. 화이자의 샌디에이고 연구센터는 세계적인 암 연구센터로 인정받고 있으며, 대표 제품은 신장암 치료제인 수텐트(Sutent)로서 2006년 FDA 승인을 받았다. 또한 제넨텍(2009년 로슈에 합병됨)은 2005년 샌디에이고 인근 오션사이드에 60에이커 규모의 생물학적 치료제(biologics) 제조시설을 매입했고, 2007년 FDA 승인을 받은 폐암 · 대장암 · 유방암 치료제인 아바스틴(Avastin)을 생산하고 있다.

샌디에이고의 벤처캐피탈 투자를 보면, 바이오기술 분야가 가장 높지만, 샌디에이고는 다른 바이오클러스터와는 달리 의료기기 및 분석장비가 높은 비중을 차지하고 있다. 10대 바이오기업 중에는 의료용 및 연구용 기기를 생산하는 기업이 많다(표 5-4).

〈표 5-4〉 2008년 1분기 샌디에이고 벤처캐피탈 투자

순위	산업	금액(백만 달러)	비율	건수
1	바이오기술	231	50.59	15
2	의료기기	111	24.46	8
3	IT 서비스	39	8.62	2
4	금융서비스	30	6.58	1
5	소프트웨어	23	4.95	6

※자료: PWC Money Tree(2008)

3) 보스턴 바이오클러스터

(1) 형성 과정

[그림 5-5] 보스턴 바이오클러스터의 중심기관인 매사추세츠종합병원

보스턴 바이오클러스터는 하버드대학, 보스턴대학, 매사추세츠 공대(MIT) 등 전통적으로 유수한 대학과 연구기관, 그리고 미국 전체 병원 가운데 세 번째 규모를 자랑하는 연구 중심 병원인 매사추세츠종합병원(MGH)을 중심으로 이루어졌다. 이를 바탕으로 발전한 의료서비스는 의료기술 확산과 산업화, 그리고 바이오클러스터 형성에 큰 공헌을 해왔다. 매사추세츠종합병원은 1811년에 설립된 하버드대학 부속병원으로 노벨의학상 수상자를 7명이나 배출했다. 2009년에는 잭 조스택 매사추세츠종합병원 교수가 노벨생리의학상을 공동수상했다.

1985년부터 2000년까지 교수와 연구원이 창업한 바이오젠(Biogen), 제네틱스 파마슈티컬스(Genetix Pharmaceuticals)를 포함해 152개의 바이오기업이 창업했다. 2004년에 매사추세츠종합병원 연구성과 중 17개 품목이 제품화돼 경제를 활성화시키는 데 공헌했다. 그 중 대표적 사례가 관절염 치료제인 엔브렐(Enbrel)이다. 엔브렐(Enbrel)은 100퍼센트 인체 내에서 자연적으로 발생하는 단백질 수용체를 재융합한 제품으로 1998년 바이오의약품 중 최초의 류머티스 관절염 치료제로 미국 FDA 승인을 받았고, 암젠과 와이어스가 판매중이다.

(2) 바이오산업 현황

보스턴 바이오클러스터의 연구성과의 상업화에 힘입어, 현재 보스턴 바이오클러스터 내에는 300여 개의 바이오기업과 150여 개의 의료기기 업체들이 위치해서 기업 수 기준으로 샌프란시스코 베이 지역에 이어 2위를 차지하고 있다. 현재 매사추세츠 바이오협회(Massachusetts Biotechnology Council)의 총 500개 회원사에는 바이오기업이 60퍼센트, 비영리 연구기관이 40퍼센트로 구성돼 있다. 한국의 뼈 전문(골다공증, 관절염 등) 신약개발 바이오기업인 오스코텍도 이 협회에 가입해 있다.

보스턴 바이오클러스터의 핵심주체는 1990년대 중반 존 패리시(John A. Parrish)와 론 뉴바우어(Ron Newbower)에 의해 설립된 의료 및 혁신기술 통합센터인 CIMIT(Center for Integration of Medical and Innovative Technology)가 있다. CIMIT은 비영리기관으로서 보스턴 지역의 주요 연구기관과 의료기관들로 구성된 컨소시엄 형태로, 다양한 연구프로그램을 운영해 보건의료 기술의 이전과 산업화를 돕고 있다.

CIMIT는 바이오클러스터의 혁신을 촉진할 수 있는 네트워킹 환경을 이용해 MGH, MIT 등 세계적인 대학, 병원, 연구소, 금융기관 등을 연계하는 중개연구의 촉진자적 역할을 담당한다. 임상의사, 기술자, 기업가의 강점을 이끌어낼 수 있는 임상 중심의 컨소시엄을 구성해 의료기술의 혁신적 아이디어를 실현케 하는 교량역할을 수행하고 있다.

보스턴의 성공요인으로 정부의 전략적인 투자를 꼽을 수 있으며, 보스턴 바이오클러스터의 벤처기업들은 2005년 25억 달러를 투자 받아 미국 내 주민 1인당 투자금액이 가장 많은 곳으로 기록됐다.

원천기술로 무장한 현지 바이오업체와 협력하려는 다국적 제약사들의 연구개발(R & D) 센터들도 늘어났다. 세계 4위의 바이오제약기업의 젠자임인 본사와 핵심연구개발센터가 매사추세츠 캠브리지에 있다. 스위스의 대표 제약사 노바티스도 2002년 캠브리지에 노바티스 생명의학연구소(NIBR)

를 세워 글로벌 연구개발기지로 삼았다. 미국의 대표 제약사 머크는 2004년 보스턴 하버드 의대 인근에 대규모 연구개발 센터를 세웠다. 현재 400여 명의 연구진을 바탕으로 항암제, 치매, 비만 치료제를 개발 중이다. 영국에 본사를 둔 아스트라제네카도 보스턴 인근 월텀 연구개발센터에 총 1억 달러를 투자해 시설확장과 인력증원을 했다. 보스턴은 샌프란시스코 베이 지역에 비해 소득세율과 건축비, 집값이 훨씬 저렴하다(표 5-5).

〈표 5-5〉 미국 바이오클러스터의 비용 비교

항목	샌프란시스코	보스턴
소득세율	8.8%	6%
건축비(m^2당)	121.8달러	89.4달러
평균 집값	136만3750달러	32만4000달러
시간당 급료	16.3달러	13.7달러
장점	자금	산학연 협력

※자료: 미연방 국세청·통계청(2007)

2. 영국

영국은 케임브리지, 옥스포드 등 10개 지역에 바이오클러스터를 조성하고 있다. 남동 잉글랜드 지역에는 산업과 대학이 응집되어 있는 지역을 중심으로 바이오클러스터가 발전해왔다. 현재 케임브리지와 런던, 옥스퍼드를 잇는 트라이앵글 구도 내에 영국 바이오기업의 50퍼센트 이상이 위치해 있어 유럽에서 가장 성공한 바이오클러스터로 손꼽힌다.

미국의 대표적 바이오클러스터가 캘리포니아 베이 지역이라면, 영국은 케임브리지대학을 중심으로 한 동부 잉글랜드 지역이 대표적 바이오클러스터이다.

1) 형성 과정

유수 단과대학이 밀집해 있는 영국의 대학도시, 케임브리지(Cambridge)는 런던에서 차로 1시간 정도의 거리에 위치해 있으며, 1960년대 런던이 급속히 비대해지면서 발전하기 시작했다. 1970년대 초 케임브리지 시정부가 첨단산업 지역으로 육성하기 위해 도시계획을 변경했고, 케임브리지대학이 교수의 지적재산권 보유를 허가하면서 교수들의 창업이 시작됐다. 케임브리지 지역에 첨단기업들이 집적되기 시작하자 케임브리지대학은 첨단기업들의 보육을 위한 케임브리지 사이언스 파크를 설립했다. 1976년 케임브리지과학단지(Cambridge Science Park)에 첫 바이오기업이 입주한 이후 케임브리지대학 인근에 기업들이 급속히 모여들었다. 1980년대 들어 벤처기업이 급격히 증가하면서 매월 1개 이상의 기업이 창업했고, 현재 370개가 넘는 바이오기업들이 이 지역에서 활동하고 있다. 창업자 가운데 17퍼센트가 케임브리지 대학 출신의 교수와 연구원이며, 그들은 케임브리지대학과 연계를 위해 창업했다. 1997년에는 케임브리지 클러스터의 네트워크 지원 비영리기업인 ERBI(Eastern Region Biotechnology Initiative)가 설립되어 바이오기업들을 돕고 있다.

2) 바이오산업 현황

케임브리지는 유럽에서 가장 발달된 바이오클러스터로 다양한 바이오기업들과 연구소들이 위치해 있다. 바이오와 관련된 지역 내 종사 인력은 약 1만 명이며, 관련 산학연 및 지원기관까지 포함하면 2만5000명에 달한다.

영국 케임브리지대학의 분자생물학연구소(LMB)와 케임브리지 클러스터 관리기관인 ERBI, 그리고 대학도시 케임브리지와의 연계는 이 지역에 바이오클러스터를 형성하는 데 지대한 역할을 했다.

[그림 5-6] 영국 케임브리지 바이오클러스터의 대표적 기관인 케임브리지 분자생물학연구소

영국 케임브리지대학의 분자생물학연구소(LMB)는 바이오클러스터의 중심이다. LMB는 '노벨상의 산실'로 주목받고 있는데 지금까지 14명의 노벨상 수상자를 배출했다.

LMB와 함께, 의학연구위원회(MRC)가 아덴브룩스 병원에 설립한 MRC 분자생물학연구소(Medical Research Council Laborary of Molecular Biology), 케임브리지대학 생명공학연구소(IOB), 기능유전학 연구를 전문으로 하는 바브라함(Babraham)연구소 및 생거(Sanger) 센터, 유럽생물정보학연구소(EBI), 식품연구소(IFR), 존 인네스 센터(John Innes Center), 국립경작식물연구소(NIAB) 등 최고의 연구소들이 모여 있다. 이 가운데 MRC 분자생물학연구소는 영국 케임브리지에 위치한 국가 출연 연구소로서 10명의 노벨상 수상자를 배출한 가장 영향력 있는 분자세포생물학 연구소이다. 가장 최근인 2009년 10월에는 벤카트라만 라마크리슈난 박사가 노벨 화학상 수상자로 선정됐다.

바이오산업의 네트워크 필요성이 대두함에 따라, ERBI(Eastern Region Biotechnology Initiative)가 설립됐다. 이 기업은 1997년 케임브리지 과학단지에 설립된 비영리 민간기업으로, 케임브리지와 동부 잉글랜드 지역에 소재한 바이오기업들을 위한 네트워크 전문기업이다. 이 기업의 이사회 및 운영그룹은 주요 대기업, 중소기업뿐 아니라 전문 컨설턴트까지 바이오 분야의 각계각층이 망라되어 있다. ERBI의 주요 업무는 지원 기업의 사업적 성공을 위한 법률 자문, 교육시스템 개발, 맞춤형 정보제공, 전시회 개최 등이다. 교육훈련에서는 숙련도 차이에 따라 10개의 훈련 과정을 개발했고, 그 외에도 정기 네트워크 미팅과 연례 콘퍼런스 등을 개최하고 있다. 이 기업은 컨설팅, 스폰서의 지원, 정부 보조, 프로젝트 참여, 이벤트 개최 및 멤버십에 의한 회비징수로 운영되며 회원기관의 고용인원 수를 고려하여 회비를 결정한다. 여기서 얻어진 수입은 ERBI의 사업 확대를 위해 재투자된다. 이외에도 케임브리지 기업가정신센터(Cambridge Entrepreneurship Centre, CEC)는 교육훈련, 창업보육, 해외 네트워킹, 기술이전 등 기업 성장에 필요한 각종 서비스를 제공한다.

케임브리지 바이오클러스터는 바이오제약 분야에 특화돼 있으며 인근에 글락소웰컴, 스키스클라인 비참, 머크, 롱프랑 로러 등 대규모 제약회사들과 세계 최대의 바이오 제약기업인 암젠, 젠자임, 카이론 등의 기업들이 입주해 있어 시너지효과를 얻을 수 있었다.

3. 독일

독일 연방정부는 바이오산업 육성정책인 'BioRegio' 계획을 추진, 2007년 기준 독일내 29개의 바이오클러스터를 조성했다. 독일의 대표적인 바이오 클러스터는 뮌헨(Munchen), 라인(Rhein)-네케르(Necker)-드라이에크(Dreieck), 베를린(Berlin)-브란덴부르크(Brandenburg)를 들 수 있다.

독일의 주요 바이오클러스터는 핵심 연구 분야를 선택, 집중 투자하는

[그림 5-7] 뮌헨 바이오클러스터의 중요 연구기관인 뮌헨대학 생물학부

경향이 뚜렷해서, 뮌헨 바이오클러스터의 경우, 치료 및 진단의학 분야에 중점을 두고 있으며, 베를린-브란덴부르크 바이오클러스터는 유전자 분야 및 단백질체학 분야에 핵심을 두고 있다.

뮌헨 바이오클러스터는 1996년 독일정부 지원하에 출범하여, 유럽내 최고의 바이오클러스터로 성장했으며, 180개의 업체(97개의 바이오기업), 47개 의료 및 제약업체, 뮌헨대학 및 연구소, 30여 개의 전문투자회사, 2만 3000개의 일자리를 제공하고 있다. 이 클러스터는 2003년부터 2007년까지 투자금액이 3억6600만 유로로 독일내 바이오클러스터 중 1위를 기록했다. 뮌헨 바이오클러스터는 치료 및 진단의학 분야에 중점을 두고 있다.

베를린-브란덴부르크 비오톱(BioTOP) 바이오클러스터는 160여 바이오기업과 3000여 개 일자리를 제공하고 있으며, 유전자 및 단백질체학 분야에 중점을 두고 있다. 라인(Rhein)-네케르(Necker)-드라이에크(Dreieck) 삼각 바이오클러스터는 5만m^2의 규모로서 90여 개 기업이 활동하고 있고, 1800여 개 일자리를 제공하고 있다. 바이에른주의 바이오레기오 레겐스부르크(BioRegio Regensburg) 바이오클러스터는 34여 개 바이오기업과 1000여 개 일자리를 제공하고 있다.

독일 3대 바이오클러스터 외에도 최근 급성장한 바덴-뷔르템베르크(Baden-Württenburg, 주도 슈투트가르트) 바이오클러스터에는 8개 제약 기업을 포함해서 210여 개의 기업이 집중해 있다. 바덴-뷔르템베르크 클러스터의 성공요인은 지속적인 홍보, 바이오파크 및 소프트웨어센터 설립, 교통 정비, 기술이전센터 설립과 신규 바이오기업에 대한 지원, 기업간 협력 프로젝트 추진, 신규 바이오기업을 위한 저리 융자 등 재정지원 등을 들 수 있다.

[그림 5-8] 독일의 주요 바이오클러스터 거점도시

4. 프랑스

프랑스는 최근 첨단의료를 포함한 바이오산업의 진흥에 높은 관심을 보이고 있다. 프랑스정부는 연구개발(R & D) 예산의 1/4인 약 23.44억 유로를 바이오 분야에 투자하고 있다. 정부는 국내 각지에서 연구기관 · 기업 · 대학병원 등으로 형성된 바이오클러스터를 지정해서 지자체와 협력하여 재정 및 행정지원을 하고 있다.

2009년 현재 프랑스 대표적 바이오클러스터는 7개로서 프랑스 전역에 분산되어 있고, 의료기술, 바이오테라피, 혁신적 치료법, 암, 영양 및 노화방지 등 전문 분야별로 클러스터를 이루고 있다(그림 5-9). 프랑스의 3대 바이오클러스터로는 리옹 바이오폴(Lyon Biopole)과 파리의 의료기술센터(Meditech Sante), 독일과 인접한 알자스지방의 바이오밸리(BioValley)가 대표적인 바이오클러스터이다. 프랑스는 약 20여 개 정도의 국제적 수준

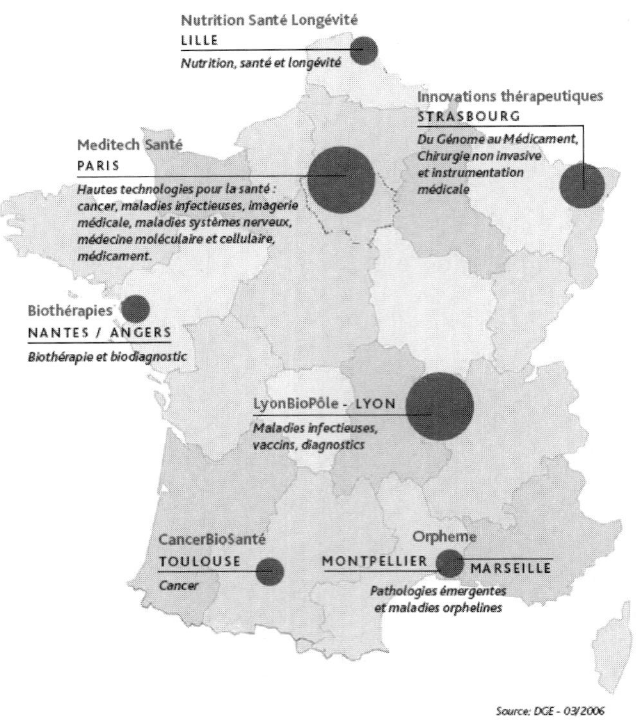

[그림 5-9] 프랑스의 대표적 바이오클러스터와 특화 분야

의 연구기관을 보유하고 있어 이들 바이오클러스터를 선도한다.

리옹 바이오폴(Lyon Biopole)은 유럽 5대 바이오클러스터로서 감염증, 백신, 바이오진단시약을 클러스터의 중심 테마로 하고 있다. 현재 450개 기업과 약 7만 명의 종업원이 종사하고 있다. 이 클러스터에는 리옹 경제개발공사와 그르노블-이세레(Grenoble-Isère) 경제개발공사가 설립되어, 국내외 산업 프로모션, 기업진출 및 지원 등의 종합서비스를 제공하고 있다. 리옹 바이오폴(Lyon Biopole)을 거점으로 하는 바이오기업에는 대사성 질환 및 항암제를 개발하는 Alizé Pharma, 복강경 수술용 보조 로봇기기를 개발하는 Endocontrol Medical, 적혈구에 치료약을 봉입하는 약물전달기술(DDS)을 개발하는 ERYtech Pharma, 암 및 통증완화제를 개발하는 EUSA Pharma, 폴리머 화학을 활용한 약물전달기술을 특화한 Flamel Technologies 등 많은 바이오기업들이 입주해 있다.

프랑스 북동부의 독일과 인접한 독일풍의 도시 스트라스부르를 거점으로 하는 알자스 바이오밸리(BioValley)에는 3개의 공공연구소(CNRS, INSERM, INRA), 2개의 유명대학, 3개의 그랑제꼴(Grandes Ecoles), 400개의 바이오기업들이 모여 있다. 알자스 바이오밸리는 스위스 바젤(Basel)과 독일 프라이부르크와 지리적으로 가깝고 3각 바이오밸리를 이루고 있다.

알자스의 바이오기업과 연구기관들은 BioValley에서 활동하고 있는 독일, 스위스 기업과도 공동연구를 활발하게 실시하고 있다. 새로 참여하는 기업들은 BioValley에 형성되어 있는 네트워크나 인프라를 이용할 수 있다. 알자스 BioValley에서 활동하고 있는 바이오기업에는 혈액을 이용한 알츠하이머 질환 진단키트 개발하는 DiagAlz, 신경병 치료제를 개발하는 Domain Therapeutics, 신약개발을 위한 구조해석 및 화학합성 수탁서비스를 하는 NovAlix 등이 있다.

알자스 바이오밸리는 연구소들을 중심으로 기술이전 등 사업네트워크에 주로 집중하고 있으나, 정부 차원의 지원 및 기금 부족으로 인한 연구개발(R & D) 네트워크가 원활하지 않아 리옹 바이오폴에 비해서는 규모와 활동면에서 열세하다.

이외에도 파리 남쪽 에브리(Evry)에는 프랑스 국립염기서열분석센터(NSC), 프랑스 유전병퇴치협회(AFM)가 설립한 세계적인 유전병연구기관 제네통(Généthon), 질병유전자를 규명하는 국립제노타이핑센터(NGC), 국립 바이오정보센터인 인포바이오젠(Infobiogen) 등 관련 기관이 밀집해 있다.

5. 스위스

스위스에는 서남부(BioAlps), 서북부(BioValley), 동북부(Zurich Mednet), 동남부(BioPolo) 등 4개 권역에 바이오클러스터가 형성돼 있으며 대부분의 바이오기업들이 위치하고 있다.

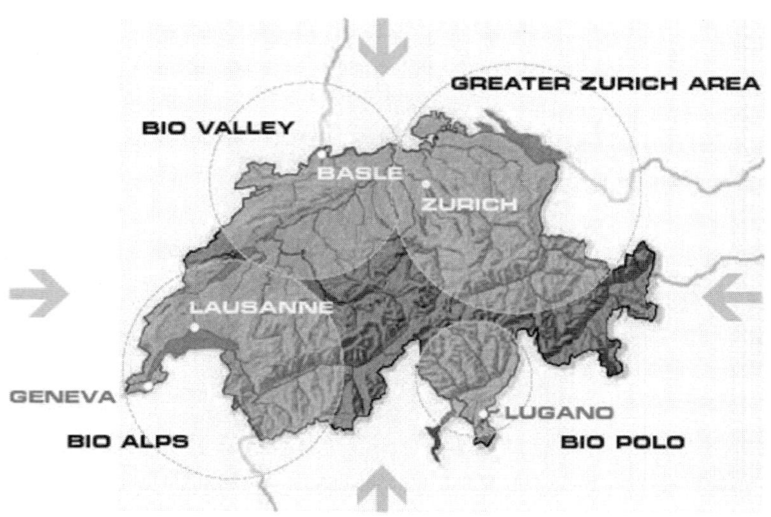

[그림 5-10] 스위스의 4대 바이오클러스터와 중심 도시

1) 바이오밸리

바이오밸리(Bio Valley) 지역은 바젤(Basel)시를 중심으로 하는 스위스 북서부의 클러스터이다. 바젤시는 스위스, 독일, 프랑스 3국으로 걸쳐진 도시로, 스위스 제2의 도시이다. 알프스 산중에서 발원한 라인강이 넓게 흘러 도시를 관통한다. 바젤은 스위스가 자랑하는 세계 최첨단의 바이오

산업 중심도시로서 로슈, 노바티스 등 세계적인 제약기업과 스위스 화학기업인 론자(Lonza), 미국의 농업바이오기업인 신젠타(Syngenta), 듀퐁(Dupont) 등 바이오산업체가 밀집해 있고, 대학, 연구기관, 바젤 지역정부와 함께 바이오밸리를 형성하고 있다.

바이오밸리는 프랑스 알자스 바이오밸리, 독일 남부 바덴뷔르템베르크주, 그리고 스위스 바젤시를 잇는 3각 연합클러스터를 이룬다. 바젤에는 1459년 설립된 바젤대학교 등 4개 대학, 40여 개 연구소, 1만5000명의 연구진이 바이오산업에 종사하고 있다. 바젤대학은 2001년 스위스국가과학재단(SNSF)에 의해 나노바이오 분야의 전문연구센터로 지정된 바 있으며, IBM과 바젤대학 공동 연구진은 DNA 손상을 확인할 수 있는 바이오칩을 개발한 바 있다.

이 지역의 신생 바이오기업은 1998년 40개사에서 2004년 140개사로 증가했으며, 상장 바이오기업으로는 Basilea Pharmaceutical, Arpida, Actelion, Speedel Pharma 등이 있다. 이처럼 바이오기업이 증가한 것은 바이오 부문에 대한 투자가 늘어났기 때문으로, 1997년에 시작한 Novartis Venture Fund 등의 지원으로 지난 8년간 42개 신생기업에 5천만 스위스프랑(1 스위스프랑=0.99 US달러)이 투자됐다. 이러한 투자로 연 매출 9천만 스위스프랑을 유발하는 효과를 가져왔다. 바이오전문 투자자문회사들도 설립됐는데, 1996년에는 바이오기술의 상용화를 전문으로 하는 Erfindungs-Verwertungs AG가, 2002년에는 BioMedinvest AG가 설립되어, 생명공학, 의약품, 헬스케어, 의료기술에 대한 초기투자를 하고 있다.

연구인력 양성기관으로는 바젤대학의 유럽의약품산업의학센터(European Center of Pharmaceutical Medicine)가 있으며 '라인 상류 지역 대학 유럽연방(EUCOR)' 과정을 통해 7만 명의 연구인력을 배출했다. 이 가운데 6만 명은 바이오밸리와 프랑스 · 독일 · 스위스가 만나는 라인 상류 지역의 바이오기업 및 연구소에서 근무하고 있다.

2) 바이오알프스

바이오알프스(Bio Alps)는 로잔(Lausanne)을 중심으로 보(Vaud), 제네바(Geneve), 프리부르(Fribourg), 발레(Valais), 뇌샤텔(Neuchatel) 등 레만호를 둘러싸고 있는 5개 주를 포함한다.

제네바대학의 첨단의료연구소와 로잔 연방공과대학과 루드비히(Ludwig) 암연구소 등이 컨소시엄을 이루고 있으며, 생물정보학과 단백질체학 분야에서 많은 해외 연구기관 및 기업과 제휴를 하고 있다. 대표적인 연구기관은, 스위스생물정보학연구소(SIB)를 중심으로 제네바대학(의학부, 대학병원), 로잔대학, 스위스암연구소(ISREC), 루드비히암연구소, 그락소웰컴연구소(GWER) 등이 있고, 세계 3위의 제약기업 머크세르노(Merck Serono) 사가 위치한다. 스위스국립과학연구기금(SNFSR)이 연구비를 지원하고 있으며, 제네바이오(GeneBio)는 연구소와 바이오기업 간의 기술이전을 돕고 있다. 스위스암연구소는 2001년 스위스국가과학재단(SNSF)에 의해 분자종양학 분야, 뇌샤텔대학은 식물바이오환경 분야, 제네바대학은 유전학 분야의 전문연구센터로 지정된 바 있다.

바이오알프스는 프랑스에서 가장 활발한 바이오클러스터인 리옹 바이오폴(Lyon Biopole)과 재생의료 연구에 대하여 국제바이오클러스터를 형성하고 있다. 이 지역은 법인세와 소득세가 낮고, 우수한 인재와 노동력을 쉽게 확보할 수 있기 때문에 많은 바이오기업들이 모이고 있다.

3) 그레이터 취리히

그레이터 취리히(Greater Zurich) 지역은 스위스 바이오 관련 기업 1/4 이상이 집중해 있다. 취리히 지역을 중심으로 하는 취리히 바이오클러스터는 취리히, 아르가우(Aargau), 그라우뷴덴(Graubunden), 샤프하우젠(Schaffhausen), 졸로투른(Solothurn) 등 7개 주와 빈터투어(Winterthur), 쿠르(Chur) 2개 도시로 구성되며, Great Zurich Area AG라는 비영리기관이 바이오기술의 상업화를 지원하고 있다.

취리히 지역은 1999년 취리히 네트워크를 구성했고, 2002년 9월 취리히 메드넷(Zurich Mednet)로 개칭하여 관련기업 정보, 약사, 세제 등 정보를 제공하고 있다. 메드넷에는 4백 개 이상의 바이오 관련 기업과 70개 이상의 대학 및 연구기관, 20개 이상의 대학병원 등 의료기관이 참여하고 있다.

취리히대학과 취리히공대가 2001년부터 공동으로 인력훈련을 위해 Life Science Zurich 프로그램을 운영하며, 이 프로그램에 따라 취리히 기능유전체학센터와 신경과학센터 등 연구기관이 설립됐다. 취리히대학은 2001년 스위스국가과학재단(SNSF)에 의해 분자생물학, 신경학, 바이오정보학 분야의 전문연구센터로 지정된 바 있다.

바이오 분야의 사업화를 지원하는 비영리단체인 취리히 바이오기술센터는 2003년에 설립됐으며, 이 센터의 도움을 받아 Glycart Biotechnology AG, ESBA Tech AG, Prionics AG 등 바이오벤처기업이 탄생했다.

4) 바이오폴로

다른 바이오클러스터가 프랑스, 독일과 연계하는 반면, 바이오폴로(Bio Polo)는 지역상 이태리와 연계하는 것이 특징이다. 면역학과 분자생물학 분야에서 높은 성과를 보이고 있다.

비영리단체인 바이오폴로 티치노(Biopolo Ticino)는 2002년 티치노주립은행, 루가노에 있는 이태리계대학인 스비쩨라 이탈리아나대학(Universita della Svizzera Italiana), 티치노 주정부, 연방경제성 경제사무국(SECO), 벨

린초나(Bellinzona)시 등 여러 단체가 투자하여 설립, 2003년부터 기술이전, 창업보육, 지역 마케팅, 네트워크 운영 등의 사업을 진행하고 있다.

6. 중국

중국은 베이징(北京), 상하이(上海), 스좌좡(石家莊), 장춘(長春), 광저우(廣州), 센젠(深圳), 장사(長沙) 등 전국에 골고루 바이오기업을 입지시키고 바이오클러스터를 구축하고 있다.

베이징 중관춘(中關村) 생명과학원에는 이미 40개의 연구소와 기업이 입지해 있으며, 미국의 3대 바이오 제약기업인 젠자임이 총 9000만 달러를 투자해 대규모 첨단 연구개발센터를 설립할 계획이다. 한편 베이징 이좡(亦莊) 의약원에는 80개의 의약 관련 기업이 모여 있다.

1992년 수립한 '상하이 장쟝(張江) 하이테크 파크' 조성계획에 따라 조성된 이 하이테크 파크는 국제의료단지로서 상하이시가 건설하고 있다.

[그림 5-11] 베이징 중관춘 생명과학원

2003년 착공, 2015년 완성 목표로 상하이 난후이구에 11.5km^2(347만평) 규모로 조성하고 있다. 총 130억 위안(약 1.66조원)을 투자, 대형병원, 의대 캠퍼스, 의료기기단지, 연구시설, 요양센터, 비즈니스센터 등 6대 기반시설을 배치한다. 2010년까지 세계적 수준의 종합병원(1000병상 규모) 2개소 건립을 목표로 미국 하버드 의대와 독일 하노버 의대와 투자협정을 체결했고, 현재 국내외 유명 바이오의약 기업들이 입주했다.

광동성정부는 2009년 4월 1년간 기반조성, 4년간 대발전, 10년간 대도약이란 전략을 수립하고 주쟝(珠江) 삼각주를 첨단산업과 바이오산업 중심의 산업기지로 탈바꿈시키기로 했다. 이를 위해 센젠 둥관, 광저우 포산, 주하이 중산 등 3개 권역으로 나눠 집중 지원할 방침이다. 센젠에는 의료설비, 중의약, 진단시약 등 5대 산업 클러스터를 조성 중이다. 또 광저우과학성에는 115개의 바이오기업과 국가 바이오 연구기관이 입지해 자연스럽게 산학협력을 하도록 조성되어 있다.

2009년 4월 장쑤(江蘇) 타이저우(太州)의 중국 의약타운에는 '국가바이오산업기지 줄기세포 및 재생의학 산업화 프로젝트'에 따라 아시아 최대 규모의 세계적 수준을 갖춘 줄기세포 종합산업화 기지가 구축되고 있으며, 총 2만m^2 규모의 기지에 줄기세포 기술전환센터, 검측센터, 줄기세포 창고, 줄기세포 임상기술서비스센터가 들어설 예정이다.

7. 일본

일본의 대표적 바이오클러스터로는 고베(神戶) 의료산업도시를 꼽을 수 있다. 고베시는 에코폴리스의 개념을 일본에서 처음으로 적용한 지방자치단체로서 생태도시로도 유명하다. 고베는 1995년 대지진 이후 침체된 지역경제 활성화를 위해 일본정부와 고베시가 직접 의료산업 발전을 주도해 왔다. 의료산업을 지역경제 발전의 신성장동력산업으로 지정해 국내외 의료관련 연구기관과 기업들을 집적시켜 제약과 의료기기 산업 및 재생의학 등 첨단 의료기술 산업이 발전했다.

고베의료산업도시의 설립은 고베시와 후생노동성, 경제산업성 및 문부과학성 등 정부기관의 적극적인 지원으로 추진됐다. 1998년 10월 고베 의료산업도시에 대한 기본구상을 발표했고, 이듬해 8월 이것을 조기에 구체화시키기 위한 목적으로 산·학·연의 주요 인사들로 구성된 고베 의료산업도시 구상 연구회가 설립됐다.

고베시가 의료산업도시로 선정된 이유는 고베대학을 비롯한 교토대학, 오사카대학 등 대학들과 국립순환기병센터, 오사카바이오사이언스연구소 등이 인근에 위치해 있고, 전통적 제약산업은 물론 일본에서 유일하게 바이오 관련 연구소 및 기관들이 모여 있기 때문이다. 고베시는 고베항, 고베공항, 고속도로, 간사이국제공항 등 교통 인프라도 우수하다. 정부와 시청의 일관된 계획과 추진력, 고베시립병원장이었던 히로 이무라(裕夫井村) 박사의 헌신적 노력이 고베 의료산업도시의 출범에 큰 힘이 됐다.

[그림 5-12] 일본의 대표적 바이오클러스터인 고베의료산업단지

의료산업도시가 들어선 고베 연안의 매립지에 조성한 포트 아일랜드(Port Island)에는 많은 의학연구소 및 사업지원센터들이 입주해서 의료프로젝트를 활발히 진행하고 있다. 여기에는 고베시립병원, 의생명연구혁신연구소, 중계연구정보학센터, 재생과학종합연구센터, 의생명연구활동사업지원센터, 고베생명공학연구·인재개발센타, 고베대학 사업보육센터 등이 포함된다.

이 가운데 2개 기관이 핵심적인 역할을 하고 있는데, 의생명연구혁신연구소(Institute of Biomedical Research and Innovation)는 제1급의 임상연구·의료기관에 따른 의약품과 의료기기 등의 연구개발과, 치험 등 임상연구 전반의 지원기능을 담당하고 있다. 의생명연구활동사업지원센터(Business Support Center for Biomedical Research Activities)는 의약품과 의료기기 등의 경제적 평가와 보급, 창업보육과 사업화 지원을 담당하고 있다. 포트 아일랜드에는 녹지공원과 놀이공원, 박람회장, 다양한 전시관 등을 갖추고 자연적인 공원역할과 여가를 활용할 수 있도록 하고 있다. 포트 아일랜드에는 일본기업 69개사, 외국 및 외자기업 9개국 14개사(미4, 영1, 불2, 독1, 중1, 호2, 벨기에1, 스위스1, 한국1)가 입주해 있다. 고베의료산업도시의 클러스터추진센터에서는 덴마크의 메디콘벨리(Medicon Valley)와 연계 프로그램을 실시하고 있다.

홋카이도 또한 바이오산업의 육성과 유치에 열성적이다. 문부과학성은 건강·의료를 중점 분야로 하는 '홋카이도 바이오산업 성장전략', 그리고 이와 연계한 '삿포로 바이오클러스터 Bio-S 구상'을 제2기 지적 클러스터 전략으로 채택한 바 있다. 홋카이도의 바이오산업 전략목표는 기능성식품 및 화장품 등 특화상품의 전국 시장 석권, 신약개발 및 의료 관련 바이오기업의 클러스터화이다. 이를 위해 2010년까지 50억 엔을 연구개발비에 투자하고, 농림수산업·식품산업과의 네트워크를 통해 지역산업 바이오클러스터를 조성할 계획이다. 이와 함께 바이오산업의 해외 진출과 교류를 지원하고 있는데, 중국의 대학 및 바이오기업과의 네트워크를 구축하고 교류를 촉진할 예정이다.

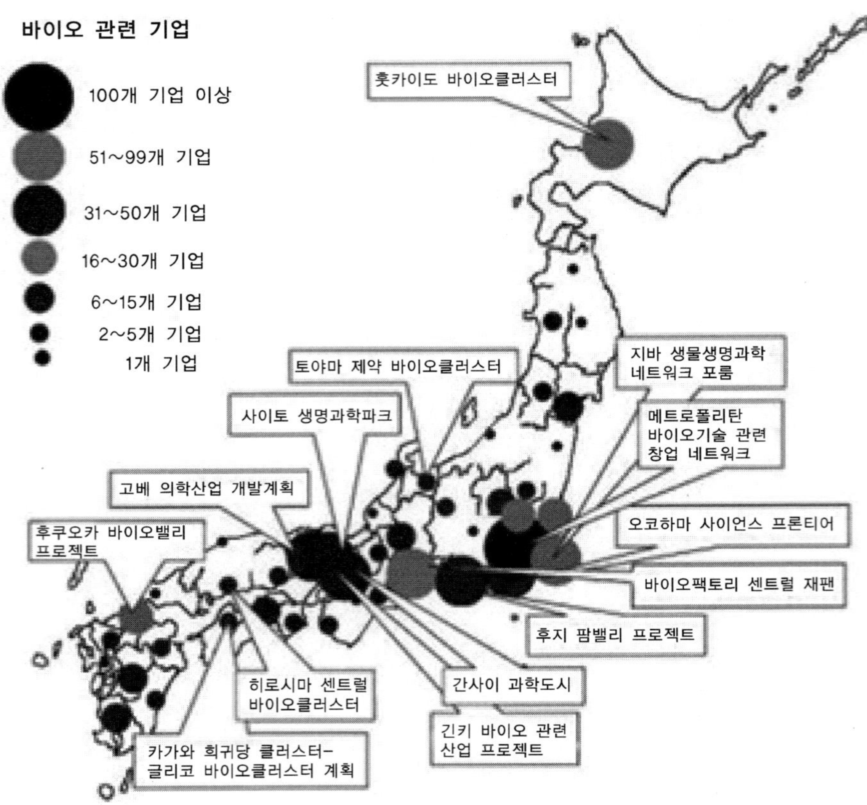

[그림 5-13] 일본의 바이오클러스터

8. 인도

인도 중앙정부와 주정부는 바이오산업 육성을 위해 유망 바이오기업의 유치환경을 개선하고, 외국기업에 대한 세제혜택 확대 등을 추진하고 있다. 인도의 많은 주들이 바이오단지 설립, 세제혜택, 우수한 연구센터 또는 창업보육센터 설립을 통해 바이오기업을 유치하고 있다.

안드라프라데시(Andhra Pradesh)주에는 인도의 대표적인 바이오클러스터인 하이데라바드(Hyderabad) 게놈밸리와 세계 최초의 제약도시인 자와할랄 네루 파르마 시티(Jawaharlal Nehru Pharma City)가 위치한다. 게놈밸리에는 약 80만m^2 규모의 지식공원(ICICI Knowledge Park)이 있고 19개의 바이오기업이 입주해 있다.

하이데라바드에서 600km 떨어진 인도양 연안의 해안도시 비사카파트남(Visakhapatnam)의 외곽 약 930만m^2 땅에는 세계 최초의 제약도시인 자와할랄 네루 파르마 시티(Jawaharlal Nehru Pharma City)가 건설 중이다. 4개 업체가 이미 들어와 있고, 11개 기업이 공장을 건설 중이며, 40여 개

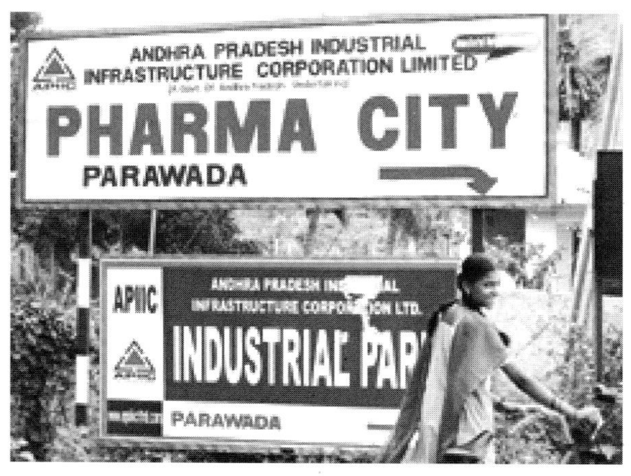

[그림 5-14] 세계 최초의 제약도시인 안드라프라데시주의 자와할랄 네루 파르마 시티

기업들이 입주를 결정했으며 2010년까지 110개의 세계적인 제약회사들을 유치할 계획이다. 이미 독일 파르마젤, 스위스 SNF, 일본 아이자이 등 3개의 외국 제약사가 입주해 있다.

카르나타카(Karnataka)주에는 방갈로르 헬릭스(Bangalore Helix)라는 바이오클러스터가 있다. 주정부는 바이오파크를 건설하고 바이오산업 인프라와 네트워크 구축에 대한 투자를 지속 확대할 계획이다. 바이오파크 입주기업에 대해 10년간 법인세 면제, 5년간 장비 구입세 면제 등 세금감면 혜택을 부여한다. 현재 62개의 바이오기업이 입주해 있고, 인도과학연구소(Indian Institute of Sciences)와 아스트라제네카 연구개발센터도 방글로르에 있다.

우타르 프라데쉬(Uttar Pradesh)주의 주도인 러크나우(Lucknow)에는 바이오테크 파크가 있으며 현재 16개 기업이 입주했거나 입주 예정이며 바이오비료, 바이오농약, 바이오에너지 등을 전문으로 하는 기업이 많다. 러크나우에는 러크나우대학과 중앙약학연구소가 있다.

마하라쉬트라(Maharashtra, 주도 뭄바이)주 푸네(Pune)시에는 연구개발위주의 바이오클러스터가 형성되어 있으며, 국립세포과학센터, 국립바이러스학연구소가 위치한다. 이외에 국제 바이오테크 파크, 사이테크(Scitech) 파크, 마힌드라 월드시티(Mahindra World City) 등이 있다.

행정수도인 뉴델리에는 바이오클러스터는 아니지만 국립면역학연구소, 국립뇌연구센터, 전인도의학연구소 등 많은 국립의학연구소들이 밀집해서 인도 바이오산업의 굳건한 토대가 되고 있다.

9. 싱가포르

싱가포르정부는 '아시아 최고의 의료서비스 허브'를 목표로 의생명과학 이니셔티브(Biomedical Science Initiative) 프로젝트를 통해 바이오산업을 정책적으로 지원하고 있다. 바이오메디컬 산업발전을 선도하기 위한 연구단지인 바이오폴리스(Biopolis)와 5개의 핵심거점 연구기관이 설립됐다.

화이자, 노바티스, 사노피 아벤티스, 글락소스미스클라인, 아보트, 론자, 머크, 박스터 등 글로벌 제약기업들이 연구시설을 설립했고, 백톤 디킨슨, 시바 비전, 에실로, 필립 메디컬 등과 같은 글로벌 의료기기업체들이 생산기지를 구축했다. 또 바이오벤처창업도 활발히 이루어지고 있다. 그 결과 의료기술 부문이 국가 GDP의 9.1퍼센트를 차지할 정도로 중요한 산업 부문으로 성장했다.

〈표 5-6〉 싱가폴 바이오폴리스의 시설 개황 및 내용

구분	주요 내용
위치	North Vuona Vista Rd One-North 지역
면적	대지 1만2100평 건물 5만6100평(7개동)
건설사 건축비	삼성물산(건설 부문) 3600억원
경과	→ 2000년 개발 시작 → 2003.9 입주식 → 2004.4 1단계 개발 완료 → 2007년 말 2단계 개발 완료
입주 기관	• 국책연구소: BII · BTI · GIS · IMCB · IBN • 기업연구소: Novartis · Vanda 등

BII - BioInformatics Institute
BTI - Bioprocessing Technology Institute
GIS - Genome Institute of Singapore
IBN - Institute of Bioengineering and Nanotechnology
IMCB - Institute of Molecular and Cell Biology

싱가포르 바이오메디컬 허브 프로젝트의 성공요인은, ①정부의 적극적 지원, 산업육성정책과 적절한 육성 프로그램의 시행, ②국가 브랜드 가치를 최대한 활용, 글로벌 제약회사와 의료기기 업체들 적극 유치, ③각 분야의 권위자 섭외, 훌륭한 과학자 유치를 위한 이민법 완화와 인센티브, ④바이오기술의 분야와 발전단계에 따라 투자펀드와 연구개발 보조금 등의 자원을 효율적으로 배분한 점 등을 들 수 있다.

싱가포르정부는 바이오산업을 육성하기 위해 첨단 연구소·생산공장 등 인프라가 이미 구축되어 있는 '원노스(One-North)' 구역에 '바이오폴리스(BioPolis)'라는 바이오클러스터를 조성했다. 도심과 싱가폴대학과도 가깝고, 인근에는 다국적 제약회사 밀집 지역인 '투아스 생산단지'가 있어 입지적으로 우수하다. 해외로부터 50여 명의 중견 과학자들을 스카우트했고 복제양 돌리 연구팀의 콜먼 박사도 바이오폴리스에서 연구 중이며, 이외에도 1천800여 명의 젊은 과학자들이 활동 중이다.

바이오폴리스의 장점은 연구 시설·장비를 완비, 누구나 입주 후 바로 연구 시작이 가능하며, 주거 및 여가시설까지 완비했으며, '바이오시설 공유사업'에 따라 기초 연구시설을 공유하고, 실험기구 세척·세포배양 등을 대행하여 연구원들이 연구에만 전념토록 배려한 것을 들 수 있다. 앞으로 싱가포르는 바이오산업 생산량을 2005년 180억 싱가폴달러(1SGD = 0.7USD)에서 2015년 250억 싱가폴달러로, 고용을 2005년 1만 명에서 2015년 1만 5000명으로 늘릴 계획이다.

3장
한국의 바이오클러스터

1. 권역별 바이오클러스터

약 600여 개의 바이오기업이 한국 바이오산업을 이루고 있고, 절반 이상이 수도권 지역에 위치하고 있다. 정부는 이와 같은 수도권 경제집중을 해소하고 전국에 걸친 바이오클러스터를 육성하는 정책을 추진하고 있다. 이것은 각 지역의 산업 특성에 기반을 둔 바이오클러스터를 형성하는 것으로, 4개의 초광역 클러스터 내 지역별 바이오센터는 세계 수준의 바이오기업을 육성하기 위한 공간으로서, 고부가가치를 창출하는 혁신 클러스터를 지향하고 있다. 현재 조성 중이거나 완료된 31곳의 바이오클러스터에 투입된 투자액은 2007년 현재 1조2천812억원으로, 이 가운데 국고에서 지원된 부분은 5천977억원에 이른다.

한국의 대표적인 바이오클러스터에는 오송생명과학단지, 대덕연구개발특구, 원주의료기기테크노벨리, 오창과학산업단지, 송도바이오메디파크, 춘천바이오벤처플라자, 대구첨단의료복합단지 등이 있다.

바이오벤처지원센터는 1998년 춘천을 시작으로 1999년 대전(생명공학연구원), 2000년 전주, 나주, 진주에 설립됐으며, 2009년 18개의 바이오지원센터가 각 도에 골고루 조성됐다. 바이오벤처기업의 기술개발 및 제품생산에 필요한 고가 장비 등을 집적하여, 지역별로 특화된 분야의 바이오벤처 신규 창업, 공동연구, 공동장비 활용, 정보제공, 교육훈련 등을 지원한다.

〈표 5-7〉 각 권역별 특화 분야

초광역 클러스터명	특화된 분야
수도권(서울 · 인천 · 경기)	한국 바이오허브
대전 · 충청권	바이오의약, 헬스케어, 한의학, 식품, 기능성 식품
전라 · 제주권	천연원료, 바이오푸드, 농업, 기능성 화장품
강원 · 경상권	바이오전자, 공정, 어업, 해양환경, 헬스케어, 기능성 원료, 바이오화학, 해양생물, 한의학

※자료: MOST, Biotechnology in Korea(2006.2)

〈표 5-8〉 전국의 바이오지원센터

소재지	바이오지원센터
경기 수원	경기바이오센터
충남 대전	바이오벤처타운
충북 오창	보건의료산업종합지원센터
충북 제천	전통의약품연구개발지원센터
충남 논산	동물자원사업화지원센터
전남 나주	생물식품사업화지원센터
전남 화순	생물농업산학연구개발지원센터
제주	바이오사이언스파크
경북 안동	생물건강산업사업화지원센터
경북 울진	해양생명환경산업지원센터
강원 춘천	바이오벤처지원센터
강원 강릉	해양수산자원산업화
경북 대구	바이오산업지원센터
경북 대구	한방산업지원센터
경남 진주	바이오벤처프라자
부산	해양생물산업육성센터
전북 전주	바이오파크
전남 장성 · 곡성	나노생물방제실용화센터

2. 한국의 대표적 바이오클러스터

1) 오송생명과학단지

한국에서도 21세기 바이오산업의 전진기지로 오송생명과학단지를 대표적인 바이오클러스터로 조성하고 있다. 2009년에는 대구와 함께 첨단의료복합단지로 지정됐다. 국내 유일의 생명과학 전문 국가단지로서 1994년 보건복지가족부의 '보건의료과학기술 혁신방안'의 일환으로 시작됐다. 오송단지는 연구 · 개발, 임상시험, 인 · 허가, 제조, 유통, 마케팅 등 보건의료 전 단계에 걸친 지원체계 구축을 통해 세계적인 바이오 지역으로서의 경쟁력과 면모를 갖추게 된다. 오송단지가 다른 산업단지와 가장 차별화되는 점은 보건산업 관련 국책기관의 이전, 연구소와 대학, 유망 바이오기업들이 입주해 있기 때문이다.

오송단지는 463만3000m^2(1410천 평) 규모로 지난 2003년 10월 공사를 시작했고, 현재 LG생명과학, CJ, 한국약품 등 제약 의료 분야 전문기업 54개가 입주했거나 입주예정이다. 이 중 46개 기업은 연구소를 동반함으

[그림 5-15] 한국의 대표적 바이오클러스터인
오송생명과학단지 조감도

로써 연구에서부터 생산까지 이어지는 시스템을 구축하고 있다. 또한 식약청 등 6개 보건의료 국책기관이 이전하면 한국 바이오산업의 중심지로 자리 잡게 된다.

보건복지부는 바이오산업의 집중 육성을 위해 4개 국책기관(식품의약품안전청, 질병관리본부, 국립독성연구원, 한국보건산업진흥원) 이전부지 10만5000평을 매입했다. 또한 원스텝 시스템(One Step System)을 위해 연구 지원시설인 바이오(BT)대학원, 의생명공학연구원, 생명산업지원센터, 바이오연구타운, 천연물신약개발센터, 신의약제제상용화센터 등이 건립된다. 또한 국립노화연구소와 인체자원중앙은행, BT종합정보센터, 고위험병원체 연구지원센터, 배아수정 관리 기관 등 5개 기관을 건립하기로 했다. 국책기관과 바이오산업 지원센터는 산 · 학 · 연 · 관 바이오클러스터의 구심적 역할을 수행하게 될 것이고 오송단지가 가진 가장 큰 장점이다. 이런 정부기관과 시설이 입주함으로써 대내외적으로 오송단지가 한국 바이오산업의 메카라는 이미지를 가질 수 있으므로 예정대로 국책기관을 이전하는 것이 선행조건이다.

오송단지는 한국 중심부에 위치하면서 고속도로 · 국제공항 및 고속철도 등 편리한 교통인프라를 가지고 있다. 인근 충북의 오창과학단지로부터 15km, 세종시로부터 16km, 대덕연구단지로부터 42km, 청주국제공항으로부터 26km 거리에 있다. 또한 경부선 KTX 오송역이 신설됐고 2015년에는 KTX 호남선이 완공된다.

서울 여의도 면적의 절반 정도인 총면적 463만2000m^2 부지에 조성되는 오송생명과학단지는 165만5000m^{2}의 부지에는 의약품, 의료 기기, R & D 및 벤처형 기업 등이 배치된다. 645m^{2}의 부지에는 BT 대학원 및 의생명공학연구원 등 지원시설이 배치된다. 40만m^{2}의 부지에는 식품의약품안전청 등 6개 국책기관이 배치된다. 193만2000m^{2}의 부지에는 초 · 중 · 고등학교, 주택, 공공시설 등 근린시설이 들어선다. 또한 외국인 투자유치를 활성화하기 위해 KOTRA와 업무협약을 체결해 생산시설 용지 1655m^2 중 302m^{2}를 외국인 투자 지역으로 지정했다.

2) 송도바이오메디파크

인천경제자유구역청(IFEZ)은 오는 2020년까지 110개의 의료 관련 기업을 유치하는 '송도 의료바이오허브(송도 바이오메디파크)'를 조성할 계획이다. 송도 바이오메디파크는 의료서비스, 유전체 연구 중심의 바이오 신약개발 및 첨단영상 의료기기 개발 등 4대 전략 중심으로 조성된다.

[그림 5-16] 송도바이오메디파크가 들어설 예정인 송도국제도시

인천경제청은 이에 따라 2014년까지 송도 4공구(29만m^2)와 5공구(34만4000m^2) 총 63만4000m^{2}에 46개의 기업 및 기관을, 오는 2020년까지 11공구(46만3000m^2)에 64개의 기업연구소를 각각 유치하는 등 모두 110개 의료 관련 기업을 목표로 유치할 방침이다.

의료서비스는 국제종합병원, 대학병원, 전문병원 유치를 통해 유전자 치료, 세포치료 등 맞춤 및 재생의학 개발역량을 강화할 계획이다. 또 신약개발은 백신, 바이오시밀러 등 바이오신약 연구개발 및 제조와 전임상 및 임상기업을 유치할 방침이다. 이밖에 첨단의료기기는 DNA칩, 바이오센서, 첨단영상 의료기기 개발 및 생산 기업 유치를 주요 목표로 하고 있다.

인천경제자유구역청은 국내외 20여 입주대학과 병원을 앵커기관으로 하고, 첨단지식산업단지, U-IT 클러스터 지원센터, 사이언스 빌리지 등과 연계해 송도 바이오메디파크를 세계적 수준의 의료·바이오 융복합 단지로 육성할 계획이다.

인천국제공항과의 거리가 가까우므로 싱가폴 바이오폴리스처럼 국제의료단지 및 의료서비스허브의 최적지이며, 오송, 대구와 마찬가지로 첨단의료복합단지로 육성돼야 할 곳이다.

3) 대덕연구개발특구

대덕특구는 지난 2005년 '대덕연구개발특구 등의 육성에 관한 특별법'에 따라 대덕구·유성구 일원 $70.4km^2$가 특구로 지정됐다. 대덕특구는 국내 최대의 연구개발 집적지로 기업체 898개, 정부출연 연구기관 28개, 기타 지원기관 23개, 정부 및 국공립기관 15개, 공공기관 7개, 교육기관 6개 등 모두 977개의 기관과 기업이 입주하고 있다.

[그림 5-17] 대덕연구개발특구 전경

하지만 바이오, 정보통신, 원자력, 기계, 광학, 소프트웨어 등 다양한 분야의 기업들이 입주해서 클러스터가 아직 전문화 및 특성화되지 않는 것은 향후 특구 발전과 홍보 및 이미지에도 한계를 드러낼 것이다. 이에 따라, 대전시는 바이오산업을 차세대 동력산업으로 육성하기 위해 오는 2005년부터 2010년까지 6개년 계획으로 대덕특구에 바이오 테크노폴리스를 구축하고 국내 최대의 바이오융합산업의 핵심 클러스터로 육성한다.

대덕특구는 바이오 R & D 인프라를 갖추고 있으므로 바이오산업과 정보통신(IT) · 나노기술(NT)을 융합해 첨단 바이오산업으로 육성할 계획이다. 이를 위해 국내 최대의 나노 · 바이오 융합기술 상업화 존(Zone)을 구축, 신기술 산업의 상업화를 창출해 나갈 방침이다. 이와 함께 암 전문 R & D존을 육성하고 외국인기업 전용단지를 조성, 해외 유수의 R & D 연구소 유치에 적극 나서기로 했다.

2005년 완공된 바이오벤처타운은 지하 1층 지상 5층 규모의 벤처전용관과 지상 2층 규모의 파일롯트 플랜트가 연결된 복합건물이다. 대지 3500평, 연건평 2900평 규모이다. 바이오벤처타운에는 펩트론, 한올제약, 지노믹트리, 파멥신, 툴젠, 인바이오넷, 제노포커스, 아리 사이언스 등 바이오

[그림 5-18] 유망 바이오기업들이 입주한 대전바이오벤처타운

벤처기업들이 입주해 있다. 바이오벤처타운은 예비창업자 및 신규창업자들을 위해 창업 보육실을 운영하고 있다.

4) 춘천바이오벤처플라자

1998년 산업자원부로부터 전국 최초로 바이오산업 육성시범도시로 선정되면서 생물산업벤처기업지원센터, 바이오전문 전자도서관, 바이오벤처프라자 등을 각각 건립, 바이오클러스터로써의 면모를 갖췄다. 2002년 (재)춘천바이오산업진흥원이 설립됐고 2006년에는 산업자원부 주관 지역산업진흥사업 전국평가에서 춘천이 바이오 부문 1위를 차지할 정도로 춘천은 바이오산업 유치에 적극적이다.

현재 춘천시 후평동에 바이오벤처플라자, 바이오벤처지원센터, 특성화연구센터가 세워졌다. 바이오벤처프라자는 연면적 2657평으로 2003년 완공했고, 지상 1층에는 행정지원실과 7개의 공동장비실이 있고 2, 3, 4층에는 17개의 입주업체 생산 및 보육실이 있다.

춘천시에 입주한 바이오기업들은 2008년 1000억원의 매출을 넘어서며 매년 급속한 신장세를 보이고 있다. 춘천시는 2010년 60억원을 투입, 바이오의약소재 특화 분야 기반구축, 마케팅, 인력양성, 기술개발지원 등 4개 사업에 집중 투자하기로 했다. 춘천시는 2010년 관련기업 100개를 육성, 1200명의 고용효과와 2500억원의 매출을 달성토록 할 계획이다. 또 관련기업을 대거 유치하기 위해 2014년까지 제약바이오특화산업단지 조성도 추진하며 바이오산업단지는 동산면 일원에 60만m^2로 조성될 예정이다.

춘천시는 세계 최고의 연구소인 바텔, 스크립스 한국법인을 유치했고 입주기업들도 국내외 경쟁력을 갖추고 있어 2012년 이후에는 바이오산업이 지역경제를 견인하는 산업으로 자리를 잡을 것으로 내다봤다.

[그림 5-19] 춘천시 후평동의 바이오벤처플라자.
많은 유망 바이오기업들이 입주해 있다.

바이오벤처플라자 입주업체 수는 33개사로서 입주업체 가운데 동물사료와 고기능성 생리활성제품을 개발한 (주)엔바이오테크놀러지는 2001년 6월 코스닥 상장에 성공했으며, 식품 · 화장품 · 의약품 원료를 만드는 화인코(주)는 홍콩 그린컨셉사 등 7개 해외 에이전트를 개척, 수출시장 확대에 나서고 있다.

또한 프로테오젠(주)은 일본 히타치하이테크놀로지사와 독점판매계약을 체결 6천만원가량의 수출실적을 기록했고, (주)에스티알바이오텍은 인도네시아 한사람싸티, 대만 썬레이바이오텍과 각각 대리점계약을 체결, 동남 아시장진출을 가시화했다. (주)아이엠바이오도 지난해 8월 일본 YKC와 판매 계약협정을 체결, 당해 11월 말까지 1천만원 규모 계약을 완료한 상태다. 현재 재단법인인 춘천 바이오산업진흥원의 바이오벤처플라자 및 바이오 집적시설의 운영체제를 민간으로 이양하는 작업에 착수했으며, 입주업체들의 자생적 역량확대를 위해 바이오 생산시설을 기업 수익모델에 맞게 확대 개편하는 데 초점을 맞추고 있다.

Part 06

레드, 그린, 화이트바이오

1장

레드바이오

1. 레드바이오란

바이오산업은 색으로 구분하기도 하는데, 보건의료 분야는 피의 붉은색을 따 '레드(red)바이오'로, 유전자재조합농산물 등 농업 분야는 나뭇잎의 색을 따 '그린(green)바이오'로, 바이오에탄올과 같은 연료생산과 기존의 합성 화학물질 대신 식물과 미생물을 이용해서 음식, 연료, 옷감, 플라스틱을 생산하는 분야는 친환경적이라는 의미로 '화이트(white)바이오'로 분류하기도 한다. 이밖에 해양바이오 분야는 바다색을 상징해서 '블루(Blue)바이오'로 부른다.

국가생명공학정책연구센터의 '주요국의 바이오산업 동향분석'(2007)에 따르면, 미국과 캐나다 등 북미 시장이 전 세계 매출의 절반을 차지하고 있고, 분야별로 보면 의약품 등의 레드바이오가 전체 바이오산업 매출의 61.5퍼센트를 차지하고 있다. 세계 바이오산업을 이끌고 있는 미국은 레드바이오가 시장의 66.7퍼센트를 차지하고 있으며, 그린은 4.4퍼센트, 화이트는 0.1퍼센트에 불과하다.

유럽 바이오산업 역시 레드가 71.7퍼센트로 오히려 미국보다도 높은 비율이다. 유럽에 세계 유수의 다국적 제약기업들이 포진하고 있기 때문이다. 하지만 네덜란드, 프랑스, 스페인 등 농업이 발달한 국가가 많아 그린도 11.8퍼센트나 차지하고 있는 점이 미국과는 다른 점이다. 유럽 바이오산업의 최대 시장은 영국으로 37.8퍼센트를 차지하고 있다. 그 다음은 독일, 프랑스, 이탈리아 순이다.

반면 아시아태평양 지역은 레드가 44퍼센트로 1위지만, 그린(28.2퍼센트), 화이트(12.9퍼센트)도 높은 비중을 차지해 다양성은 가장 높다. 2005년 일본이 161억 달러로 아시아·태평양 시장의 절반을 점유하고 있으며, 중국은 그 다음인 62억 달러(18.2퍼센트)를 차지하고 있다. 중국은 최근 벼 게놈(유전정보)을 독자적으로 완전 해독, 그린 바이오의 세계적 주자로 한 걸음 다가섰다. 한국 바이오산업 규모는 약 30억 달러 정도로 아시아에서는 3위권을 유지하고 있다. 최근 바이오 제약산업을 기반으로 급부상하고 있는 인도는 2007년에 20억 달러의 시장을 형성해서 앞의 나라들보다는 적지만 상당한 성장잠재력을 가지고 있다.

〈표 6-1〉 세계 각 지역별 레드, 그린, 화이트바이오 점유율(%)

구분	레드	그린	화이트	기타
미국	66.6	4.4	0.1	28.9
캐나다	75.5	12.1	3.5	11.9
유럽	71.7	11.8	3.3	13.2
아시아	44.0	28.2	12.9	14.9

※자료: Datamonitor(2007)

아시아·태평양과 유럽에서 그린이나 화이트바이오가 나름대로 성과를 보인다고 해도 결국 미국이 세계 바이오시장을 좌우하고 그 대부분이 레드바이오이므로 현재 바이오산업은 말 그대로 '레드 오션(red ocean)'이라 할 수 있다.

언스트와 영의 '2007 글로벌 바이오기술 리포트'에 따르면, 2007년 세계 의약품 시장 규모는 7120억 달러로 2006년 대비 6.4퍼센트 성장했으나 최근 그 성장세는 다소 둔화되고 있다. 국가별로는 여전히 미국, 일본이 세계 시장에서 1, 2위를 기록했다. 세계의약품 시장의 2007년 업체별 판매현황에서는 화이자가 부동의 1위를 고수하고 있고, 상위 10위까지 모두 미국과 유럽의 업체였으며 이들 업체들은 모두 연구개발 비중이 14퍼센트 이상이었다. 연구개발투자를 보면, 화이자(80.9억 달러, 16.7퍼센트), 글락소스미스클라인(66.6억 달러, 14.6퍼센트), 로슈(69.9억 달러, 18.2퍼센트) 등이었다.

2. 바이오신약

바이오신약이란 바이오기술을 직간접적으로 활용하여 개발한 신약(의약품)을 말한다. 바이오기술에 힘입어 탁월한 효능을 가진 신약의 개발이 용이해졌고 그 결과 의약품시장은 빠르게 진화하고 있다. 바이오신약은 크게 바이오합성신약, 단백질신약, 천연물신약, DDS신약 등으로 분류할 수 있다.

〈표 6-2〉 바이오 신약의 종류

바이오 신약	바이오합성신약	단백질구조분석 등 바이오기술에 기반을 둔 합성의약품
	단백질신약	재조합단백질, 항원·항체 등 인체 내 단백질을 활용한 의약품
	천연물신약	동식물 등 천연물에서 추출한 성분을 활용한 의약품
	DDS신약	약물전달기술(Drug Delivery System)을 활용한 신약

바이오합성신약은 전통적인 신약제조기술에 구조기반 약물설계 등 바이오기술을 접목하여 개발된 신약을 말한다. 이것은 화학합성 신물질 자체는 기존 신약과 다르지 않지만 개발 과정에서 단백질 구조분석 등 바이

오기술을 활용하여 신약을 설계함으로써 개발 성공확률을 향상시키고 불치병이나 난치병 치료제의 개발가능성도 훨씬 높인 제품이다.

단백질신약(협의의 바이오신약)은 유전자재조합기술에 의해 제조된 인체 내 유용한 생리활성 단백질의 체외생산 의약품과 치료용 항체의약품을 포괄하는 개념이다. 단백질신약은 합성신약의 개발에 현대적 개념의 바이오기술이 본격 활용되기 전까지는 바이오신약의 대명사였다. 단백질 치료제 질환별 파이프라인은 항암 분야와 당뇨 및 내분비 분야가 가장 많이 포진되어 있다. 항체의약품은 바이오신약 뿐 아니라 전체 의약품 시장에서 가장 성장성이 좋은 분야 중 하나이다. 항암 분야와 당뇨 및 내분비 분야, 면역질환과 같은 난치성 질환 치료제에서 항체의약품이 집중적으로 개발되고 있다.

천연물신약은 동식물 등 천연물에서 유효 성분을 추출하여 개발한 의약품으로 동양적 색채가 두드러진 특징을 가지고 있다. 하지만 다른 바이오신약처럼 글로벌화가 쉽지 않기 때문에 비중은 낮다.

DDS(Drug Delivery System) 바이오신약은 약물전달기술을 활용한 개량형 의약품으로 특허 만료가 임박한 기존 의약품에 새로운 생명을 불어넣거나 신약개발의 성공확률과 효율성을 높여주는 중요한 역할을 한다. 혁신적인 신약의 개발이 점차 어려워지고 개발비용도 기하급수적으로 증가하고 있는 것을 감안하면 DDS신약의 가치는 새로운 신약개발 못지 않다.

바이오신약이 주목받는 이유는, 의약품 시장의 성장 둔화를 타개할 좋은 대안이고, 바이오신약이 합성신약에 비해 R&D 생산성이 훨씬 높으며, 불치병이나 난치병 해결에 열쇠를 쥐고 있기 때문이다.

바이오신약은 오랫동안 높은 성장률을 유지하며 바이오산업뿐 아니라 전체 의약품 시장의 성장을 견인할 것이다. 그동안 재조합 단백질의약품이 주도해 온 바이오신약의 무게 중심은 항체의약품과 바이오합성신약으로 이동하고 있다. 바이오기술에 기반을 둔 바이오신약은 뛰어난 선택성

〈표 6-3〉 바이오신약 개발 한국의 주요 바이오기업 현황

분류	개발기업	주요 개발과제
바이오 합성신약	크리스탈지노믹스	퇴행성 관절염, 경구용 저산소증 치료제, 비만, 당뇨병 치료제 등
	프로메디텍	내성균항생제, 펩타이드성 항생제, 치매, 비만치료제 등
	디지탈바이오텍	진통제, 알츠하이머성 치매 치료제, 치매진단키트 등
	이큐스팜	당뇨병 치료제, 항암제, C형간염 치료제 등
	뉴로테크	뇌졸중, 퇴행성 뇌질환, 위장관 질환, 당뇨병 치료제 등
	오스코텍	골다공증, 관절염, 치주질환 치료제 등
	카이로제닉스	류머티스성 관절염, 폐암 등
단백질신약 (항체의약품 포함)	제넥셀세인	혈관형성촉진제, 류마티스관절염(항체), 파킨슨 질환 치료제 등
	조아제약	형질전환복제돼지를 이용한 EPO 생산연구
	애니젠	진통제, 골다공증 및 관절염 치료제, 항암제, 뇌졸중 등
	이수앱지스	고위험군 관상동맥중재술시술환자(항체) 등
	랩프런티어	심혈관계 항체신약, 퇴행성 뇌질환 항체신약 등
DDS 바이오신약	포휴먼텍	류마티스관절염, 면역억제제, 심근경색 치료제 등
	큐렉소	Translocator G6(안구건조증, 포도막염, 녹내장, 건선 등에 적용)
	프로셀	항염증제, 항암제, 면역증강 치료제, AI 인간감염 치료제 등

※자료: 대우증권 리서치센터(2007)

을 기반으로 의약품의 진화를 촉진할 것이다. 차세대 바이오의약은 3P, 즉 예방(prevention), 예견(prediction), personalization(개인화)에 초점이 맞춰질 것이다. 또한 대사 또는 퇴행성 등 미정복 질병에 최적화된 신약 및 맞춤형 치료제의 필요성이 크게 대두할 것이다.

한국의 바이오신약 개발은 아직 초기단계로 대웅제약의 EGF(Epidermal Growth Factor: 상피세포성장인자)를 함유한 이지듀 화장품이 유일한 성공사례이다.

LG생명과학에 이어, 삼성과 SK 등 대기업들도 바이오신약 개발사업에 본격 진출하고 있다. 삼성종합기술원은 2006년부터 60여 명의 국내외 연구원들을 선발, 신약 개발을 위한 '바이오・헬스 랩'을 운영하고 있다. 또한 스위스계 다국적 제약사인 노바티스 벤처펀드와 한국보건산업진흥원 등이 추진 중인 '바이오기술 글로벌 사업화 프로젝트(게이트 프로젝트)'에 참여하는 등 바이오신약 연구・개발(R & D)을 위한 인프라를 구축하고 있다.

삼성의 바이오신약 개발을 위한 또 하나의 축인 삼성서울병원은 세계 1위 제약기업인 화이자와 공동 R & D와 전략적 제휴를 추진 중이다. 삼성서울병원은 2006년 유럽 및 아시아권 최초로 미국의 임상연구기관인증협회 AAHRPP의 인증을 받았고 동물실험에서부터 임상시험에 이르는 인프라와 400여 명의 고급 연구인력을 보유하고 있다.

삼성은 2010년 5월 향후 10년 동안 태양전지, 자동차용 전지, LED, 바이오제약, 의료기기 등 친환경 및 건강증진사업에 23조3000억원을 투자해 집중 육성한다는 내용의 '비전 2020'을 마련했다. 삼성의 '신개념 융합 헬스케어' 사업은 기초사업과 미래사업으로 구성된다. 기초사업은 환자의 치료에 집중하는 사업으로 바이오시밀러, 바이오신약, 진단 등이 해당된다. 미래사업은 건강인의 예방에 주력하며 맞춤형 헬스케어, U헬스 등이 대표적이다.

SK그룹도 지주회사인 (주)SK의 라이프사이언스사업본부 내에 신약개발

사업부를 설립, 중추신경계 질환과 대사성 질환 치료를 위한 신약개발에 주력하고 있다. SK는 이를 위해 국내와 미국 뉴저지, 중국 상하이 등의 연구소를 유기적으로 잇는 '트라이앵글' 지식관리시스템을 운영 중이다. 미 뉴저지 연구소에선 전(前)임상·임상 개발 업무와 의약 중간체 판매, 상하이에선 신약후보물질 발굴 지원 및 의약 중간체 공정 개발, 대전 대덕 기술원에선 생물학적 연구와 의약 중간체 공정 개발, 생산 등을 각각 전담하고 있다.

3. 바이오제네릭과 바이오시밀러

세계시장에서 2007년 제품별 판매는 2001년 이후 고지혈증 치료제인 화이자(Pfizer)의 리피토(Lipitor)가 135억 달러로 부동의 1위를 지키고 있다. 그 뒤를 이어 사노피-아벤티스의 플라빅스(Plavix, 항혈전제)가 73억 달러, 아스트라제네카의 넥시움(Nexium, 항궤양제)이 72억 달러, 글락소스미스클라인의 세렌티드(Seretide, 흡입형 천식약)이 71억 달러, 와이어스의 엔브렐(Enbrel, 류마티스 관절염 치료제)이 53억 달러였다. 한국에서는 플라빅스, 노바스크(고혈압 치료제), 리피토, 코자(고혈압 치료제)가 소위 '빅4' 모두 특허가 만료되고 이에 맞춰서 국내 제약사들의 제네릭 제품들이 오리지널 제품을 크게 잠식하고 있다(표 6-4).

〈표 6-4〉 한국 3대 '빅3' 의약품 원외처방 조제약 추이

(단위: 억원)

리피토군 원외처방 조제약 추이

구분	2008년 8월	2009년 7월	2009년 8월	전월비	전년비
리피토(화이자)	74	84	90	7.1%	21.6%
아토르바(유한양행)	26	36	34	-5.6%	30.8%
리피논(동아제약)	12	34	33	-2.9%	175.0%
토바스트(한미약품)	8	15	15	0.0%	87.5%

코자군 원외처방 조제약 추이

구분	2008년 8월	2009년 7월	2009년 8월	전월비	전년비
코자(MSD)	73	65	64	-1.5%	12.3%
살로탄(종근당)	-	27	25	-7.4%	-
로자살탄(유한양행)	-	12	13	8.3%	-
코자르탄(동화제약)	-	11	10	-9.1%	-
아모잘탄(한미약품)	-	7	7	0.0%	-

플라빅스군 원외처방 조제약 추이

구분	2008년 8월	2009년 7월	2009년 8월	전월비	전년비
플라빅스(사노피)	90	99	89	-10.1%	-1.1%
클로피(동화제약)	27	42	39	-7.1%	44.4%
플래리스(삼진제약)	21	36	35	-2.8%	66.7%

※자료: 의약뉴스(2009), UBIST(2009)

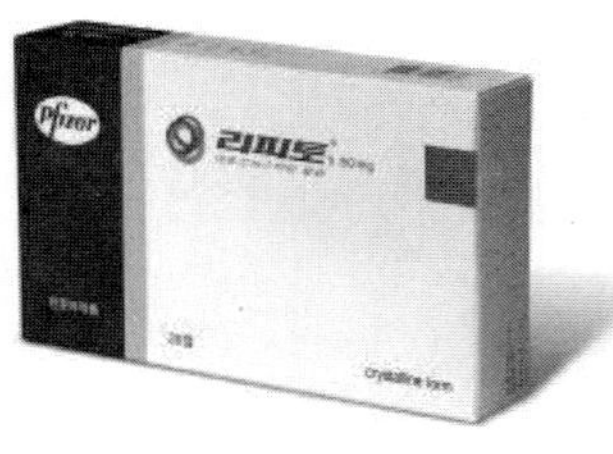

오리지널-리피토(화이자) 제네릭-리피논(동화제약)

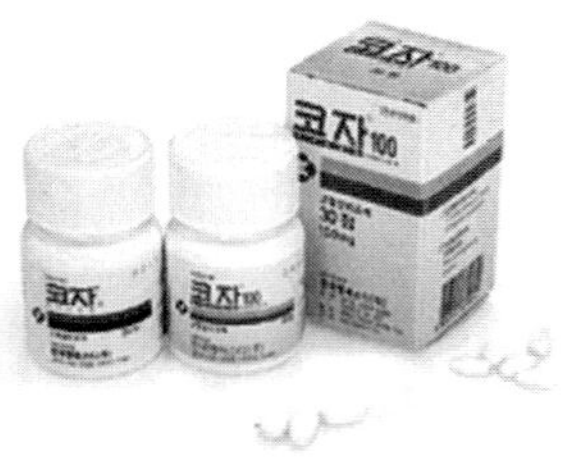

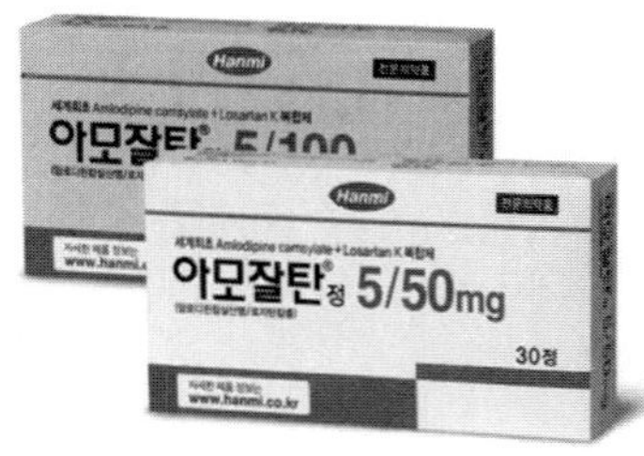

오리지널-코자(MSD) 제네릭-아모잘탄(한미약품)

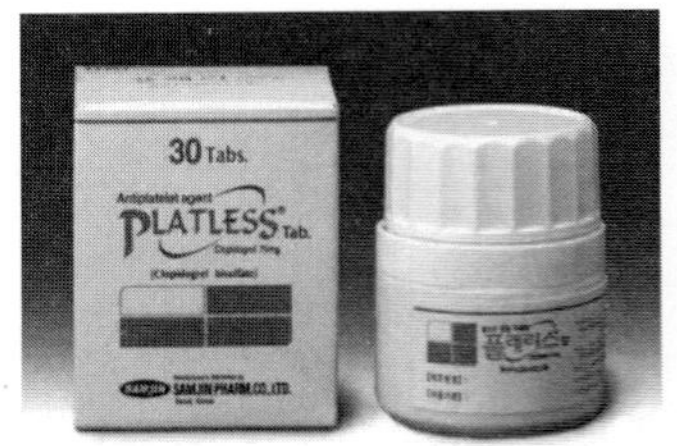

오리지널-플라빅스(사노피) 제네릭-플래리스(삼진제약)

[그림 6-1] 특허만료된 한국의 '빅3' 오리지널 의약품과 제네릭 의약품

2장

그린바이오

1. 그린바이오란

그린바이오(Green BT)는 농업생명체를 이용해서 바이오농업을 실용화할 수 있는 제품을 개발하는 분야로서 바이오매스, 바이오농약, 농생물유전체 등의 이용기술을 주로 활용하는 분야이다.

그린바이오기술은 식량, 의약 등을 생산하는 농업, 수산업, 축산업, 임산업 등의 1차 산업으로부터 2차 가공제품이 되기까지의 수확 후 관리와 상품화, 각종 생물소재의 생산, 기능성 소재와 건강기능식품 생산, 한방산업 등에 이르는 전통적인 생산 및 가공기술과 첨단 공학기술을 종합한 기술을 뜻한다. 식물은 저렴하고, 친환경적인 자원이며 에너지 효율적 생산시스템으로의 발전 가능성이 높다. 맞춤형 식물을 대량재배하고 그 추출성분으로 원자재와 합성성분을 제공하며, 폴리머, 염료, 지방, 전분을 대량생산해서 자동차, 제지산업을 포함해 각종 산업에 응용이 가능하다. 또한 해충에 강하고 수확성이 좋으며, 양분의 흡수력이 보강된 식물재배로 환경오염 방지 및 경제적 수확도 증대할 수 있다. 그린바이오는 농업, 임업, 식품 산업, 의학, 제약 및 바이오기술, 환경보호 등 다른 분야의 발전에도 중요하다. 그린바이오는 환경이나 식량과 연결되는 중요한 과제이므로 앞으로도 국가차원의 지속적인 전략적 지원이 필요한 분야이다.

한국에서는 그린바이오 육성을 위해 '바이오그린21사업'을 추진하고 있는데, 국가농업생명공학 육성을 위하여 2001년 3월에 수립된 농업생명공학육성계획에 의거 농촌진흥청장 책임하에 2001년부터 2010년(10년간)까지 산 · 학 · 연 공동으로 실시하는 농업생명공학 공동연구개발사업을 의미한다. '바이오그린21사업'의 중점지원 대상 분야에는, 국내외 농업생물자원 탐색 · 수집 · 보존 등 농업생물자원 다양성 확보 분야, 대량 염기서열분석연구(Structural Genomics) 등 농업생물자원의 유전체 분석 분야, 곤충 생리대사 기작의 분자생물학적 연구 등 농업생명공학 기반기술 개발 분야, 고부가성 형질전환 가축 개발 등 농업생명공학 실용화 촉진 분야, GMO 안정성 등 농업생명공학산물의 평가기술 분야가 포함된다. 아직 그린바이오에 대한 사회적 인식은 낮은 편이지만, 최근 평창에 그린바이오 연구단지가 설립되고 해충을 이용한 생물방제기업도 다수 생겨났다.

2. GMO

GMO(Genetically Modified Organism)란 생물의 유전자 중 유용한 유전자만을 취하여 다른 생물체의 유전자와 결합시키는 등의 유전자재조합 기술을 활용하여 재배 육성된 농 · 축 · 수산물 등의 생물체를 말한다. 유럽연합(EU)은 자연교배나 자연결합으로는 생성될 수 없는 방법으로 변형된 유전자를 가지고 있는 농산물로, 미국 농무성(USDA)은 염색체 변형뿐 만 아니라 이종교배의 기술로 만들어진 농산물을 GMO로 정의하고 있다. GM 작물은 GMO 중에서 인간이 재배하는 작물을 말하며, 미생물일 경우 GM 미생물이라고 부른다. GM 식품은 GMO를 원료로 하여 제조 · 가공한 식품 또는 식품첨가물을 말한다.

한편 유엔환경보호기구(UNEP) 등에서는 "살아있는 유전자변형생물체"

란 의미로 LMO(Living Modified Organism)라는 용어를 사용되고 있는데, GMO의 국가 간 이동에 따르는 환경안전성을 고려해서 해양 어패류 등은 GMO보다는 '살아있는 GMO' 즉 LMO로 표기하고 있다.

유전자재조합은 지구의 식량자급에 핵심역할을 하고 있다. 대표적 GMO 국가인 미국의 경우 2007년도 재배한 콩의 91퍼센트, 옥수수의 74퍼센트가 유전자 재조합 농산물이었다. 한국은 쌀을 제외하면 식량자급도가 콩 10퍼센트, 옥수수는 1퍼센트 미만인 한국의 실정에서 GMO 수입을 선택하지 않으면 아예 식량자급이 불가능할 정도다. 쌀을 제외하면 국내의 식량자급률은 매우 낮은 편이다. 쌀 역시 2014년 시장 개방을 앞두고 있는 데다, 한 · 미 자유무역협정(FTA)의 비준을 앞두고 있어 낙관적이지만은 않다.

현재 한국에서 수입이 승인된 유전자재조합작물은 콩(대두), 옥수수, 감자, 면화, 유채, 알팔파 등으로서 콩과 옥수수의 경우 가공식품은 거의 GM 식품이라고 봐도 좋고, 2002년부터 식용으로 사용되고 있다. 미국과 아르헨티나에서는 거의 10년 가까이 모든 국민이 GM 작물과 식품을 먹어왔다. 유럽에서 옥수수를 가장 많이 재배하는 스페인산 옥수수의 40퍼센트 이상이 GM 옥수수다. 지금까지 GMO는 국가에서 안전성을 평가한 뒤 수입 · 승인되고 있기 때문에 비교적 안전하며 이들 식품에 의해 안전성 문제가 발생됐다고 공식적으로 보고된 바는 없다.

GMO 반대론자들은 GMO가 알레르기를 유발하거나 항생제 내성을 증가시키는 등 인체 안전성이 검증되지 않은데다 '슈퍼 해충'과 '슈퍼 잡초'가 나와서 생태계가 파괴될 수도 있다고 주장한다. 또 경제성이나 경쟁력이 상대적으로 떨어지는 토종 작물들의 쇠퇴를 가져올 수 있고, 농작물의 선진국 종속의 우려도 있다. 또한 전 세계 기아와 빈곤, 식량위기 해법은 GMO가 아니라 근본적인 농업개혁을 추진하는 것이라고 주장한다.

반면에 GMO 찬성론자들은 기존의 농업들과 작물이라고 안전한 것은 아니며, 화학비료 남용과 막대한 농업용수의 사용으로 지구환경에 악영향을 끼쳤다고 주장한다. 또한 GMO의 안전성 테스트가 더 까다롭기 때문에 더 안전하다고 주장한다. '황금쌀'의 경우, 토양에 무해한지, 자생 벼 품종에 악영향은 없는지, 그리고 독성과 알레르기를 유발하지 않는지 수많은 테스트를 통해 안전성을 입증했다고 주장한다. GM 작물이 용수나 에너지 소모가 더 적기 때문에 전체적으로는 지구환경에 더 도움이 된다고 주장한다. 대표적인 GMO기업인 몬산토는 수확량을 높이는 동시에 환경에 미치는 악영향을 현재의 3분의 1 수준으로 줄일 수 있는 종자, 즉 더 적은 땅과 물 · 농약을 쓰고, 농약 살포에 사용되는 화석연료를 줄이는 종자를 개발중이다.

식약청은 1999년부터 GMO 농산물 안전성을 미국, 유럽연합, 일본과 동등한 체계와 수준에서 평가를 심사하기 위해 GMO의 안전성 평가체계를 구축하고, 새로운 GMO 개발에 대비하고 있다. GMO의 안정성 문제가 제기되고 있지만 점점 악화되고 있는 지구환경과 빈곤, 지구 식량자급도를 감안할 때, GMO를 막연한 두려움 때문에 거부하는 것보다는 안전성을 강화하면서 더 유용한 작물을 개발하는 것이 지구의 미래에 더 이익이 된다.

각국은 GMO 논쟁과는 별개로 국가전략 차원에서 GMO에 대한 연구와 지원을 아끼지 않고 있다. 국내는 농업과학기술원을 위시해서 대학과 연구소에 GM 농산물에 대한 다양한 연구를 진행하고 있다(표 6-5). 서울대, 포항공대, 경상대 등 18개 대학에서 제초제 저항성 및 각종 병해 저항성 유전자를 벼, 토마토, 고추 등에 형질 전환을 실시 중에 있으며 생명공학연구소, 한국인삼연초연구원, 녹십자, 금호생명공학연구소에서는 백신 생산 유전자를 감자, 고추 등 작물에 형질 전환하여 실용화하려고 연구하고 있다.

유럽연합은 농산물 분야에서 바이오기술의 발전이 침체하는 것을 방지하기 위해 1998년 유전자재조합 식물재배를 용이하게 하는 내용의 새로운 법률안을 제정하여 유럽의회의 승인을 받았다. 앞으로 농산물 분야에 대한 바이오신기술의 적용도 활발해질 전망이다.

〈표 6-5〉 국내에서 연구 중인 GM 농산물의 특성별 구분

특성	농산물
제초제 저항성	벼, 고추, 감자, 배추, 양배추, 오이, 들깨, 마늘, 수박, 콩
병해충 저항성	벼, 고추, 밀, 배추, 감자, 양배추
생산성 향상	광합성 효율 증진 벼
환경 재해 저항성	내건성 벼, 내염 · 내건 · 내열성 감자
품질 향상	지방산 개선 들깨
특수기능	백신 생산 토마토, 혈압 강하 · 비타민E 강화 들깨, 상추
부가가치 향상	화색 전환 나리, 조기 개화 국화, 개화 조절 고추, 사과

※자료: 바이오안전성백서(2007)

3. 바이오농약

지구환경문제가 중대한 이슈로 떠오르고 있는 가운데 친환경 바이오농약 개발에 관심이 높아졌고 이에 따른 특허출원도 꾸준히 증가하고 있다.

전 세계 수확가능한 농산물 중 40퍼센트 이상이 병해충, 잡초 및 저장 중에 손실되고 있으며, 농약을 사용하지 않고 작물을 재배할 경우 작물에 따라서 차이는 있지만 추가로 21~100퍼센트의 감소율이 예상된다(일본식물방역협회, 2000).

바이오농약이란 동물, 식물, 미생물 및 천연물에서 유래한 물질을 이용하여 병해충을 방제하는 것을 말한다. 이러한 바이오농약은 생태계 파괴와 영향을 최소화하고 특정 해충만을 골라서 방제하는 장점이 있다. 또한

바이오농약은 과실과 작물의 수확기에도 사용이 가능하고 인체에 안전하기 때문에 소비자들뿐만 아니라 물론 농민들의 호응도도 높아져서 바이오농약의 사용량이 점차 증가하고 있다. 다만 화학농약에 비해 효과가 늦게 나타나고 유해생물 종류별로 각각 다른 농약을 개발해야 하며, 대량생산이 쉽지 않고 사용규모가 작은 것은 단점으로 지적된다.

세계 바이오농약 시장은 2010년 10억 달러에 달할 것으로 예상되는데 살충성을 지닌 선충이나 바이러스를 활용한 미생물제재, 해충이 생산하는 페로몬이나 호르몬 등을 원료로 하는 생화학제재, 유전학적으로 형질을 개선시켜주는 작물제재 수요가 증가하고 있다.

2004년 현재 국내의 경우 4종 복합비료로 판매되는 미생물제제를 포함한 국내 바이오농약 시장은 약 400억원 정도로 추정되고 있으며, 2015년에는 전체 농약 시장의 15퍼센트 정도인 1800억원 정도에 이를 것으로 예상된다(생리활성로드맵 작성사업보고서, 2001). 바이오농약은 2001년 세계 농약 시장의 약 2퍼센트인 5.8억 달러였으나, OECD국가를 중심으로 한 친환경농업정책에 힘입어 2013년에는 세계 농약시장의 약 15퍼센트인 45억 달러에 달할 것으로 추정된다(Santander Investment, 1998).

우리 주변에서 곰팡이나 세균, 바이러스와 같은 미생물을 쉽게 찾을 수 있다. 미생물 농약의 원료가 되는 곰팡이나 바이러스는 보통 흙 1그램당 약 1억 개가 들어 있고, 대장균 · 고초균 · 누룩균 · 청곰팡이 · 방선균 · 담배모자이크병바이러스 등 그 종류를 헤아릴 수조차 없을 정도로 많다. 바이오농약은 상대적으로 개발이 쉬운 미생물 살충제에 대한 연구가 가장 활발하고, 원하는 작물을 죽이지 않고 다른 잡초만을 골라 죽이는 기술은 고도의 기술을 요하기 때문에 제초제의 개발이 가장 어렵다. 세계적인 GM 종자와 제초제회사인 몬산토의 경우는 자사의 GM작물에게는 해가 없는 제초제인 '라운드업(Round Up)'을 독점적으로 시판하고 있다.

4. 나노바이오 식품

농업부문에서 활용가능한 주요 나노바이오 기술로는, 유·무기 소재를 이용한 농약·비료의 효율성 조절기술, 나노입자를 이용한 생체촉매 개발기술, 작물체내 영양진단 및 병해충진단용 나노바이오센서, 미세구조 관찰을 위한 나노단위 계측기술 및 신기능 나노소재 개발기술 등이다. 현재까지 전 세계적으로 농업 부문의 나노바이오기술 적용은 살균·살충제 등 농약개발에 머물러 있는 실정으로, 나노기술의 농업 부문 이용가능성은 향후 꾸준히 성장할 것으로 예상된다.

바이오융합기술이 식품 분야에 적용될 경우, 나노 크기의 첨가물들을 포함하는 식품과 영양제에 대한 수요를 예상할 수 있으며, 많은 기업들이 이미 식품과 영양소의 전달, 식품 가공, 포장, 운반 등의 과정에 나노기술을 적용하기 위하여 연구개발을 수행하고 있다. 이러한 나노기술이 도입되면 식품 유통단계 뿐만 아니라 식품 유통에 종사하는 사람들에게도 영향을 미칠 것이다. 원자 단위의 조작을 통한 식품에 대한 논쟁이 활발해지면서 나노바이오 식품의 안정성에 대한 사회적인 공감대가 큰 이슈가 될 전망이다. 농업·식품 분야 나노기술의 유해성은 생체적용 나노 소재를 선택할 때 엄격한 검증을 통해 독성이 없는 소재를 선발해야 하고, 생분해가 되지 않는 나노바이오 소재는 이용될 수 없도록 하는 제도정비가 필요하다.

나노기술이 식품과 접목함으로써 흡수성, 생리활성 등이 획기적으로 개선된 건강기능식품이 개발될 것이다. 미래 나노바이오 식품은 맛, 향 등이 개인 맞춤형으로 개발되어 독특하고 혁신적인 제품 개발이 이루어질 것이다.

식품 및 환경 유해물질 검출을 위한 휴대용 현장 측정기를 삼성전자, 한국과학기술연구원, (재)포항산업과학연구원, POSCO, 광주과학기술원 등에서 개발 중이다. 질병관리본부에서는 식중독 관련 미생물의 현장검증 장비 개발에 필요한 마커를 개발하여 특허출원을 진행중이다.

바이오기능식품 개발은, 태평양, 한국식품개발연구원, CJ제일제당, (주)오행생식, (주)아미노젠 등이 개발 중이다. 앞으로 다음의 나노바이오식품들이 각광을 받을 것이다.

첫째, 나노입자 식품－생리활성물질들을 나노입자화 하여 체내 흡수율이 획기적으로 증가됨은 물론 인체 특정 부위에서 선택적으로 흡수되는 기능성 식품이다.

둘째, 개인 맞춤형 스마트 식품－맛, 향, 색 등을 개인의 기호에 따라 맞춘 맞춤형 나노바이오 식품이 개발될 것이다. 예를 들면, 하인즈(Heinz)사에서는 나노캡슐을 이용 수천·수만 종류의 맛, 향, 색 등을 갖는 스마트 드링크를 개발했다.

셋째, 고농축 나노바이오 식품－나노캡슐에 고농축 영양분 및 전달 기능을 갖는 1일 1회 복용 식사용 태블릿(tablet) 식품이 개발될 것이다.

넷째, 기타 나노식품

- BASF : 나노 크기의 카로티노이드, 라이코펜 생산으로 생체 흡수율, 저장 수명의 증가
- Nutralease : 이스라엘 바이오벤처기업으로서 30nm 캡슐을 이용해 조직에 잘 스며들도록 한 카놀라유를 개발
- Royal Body Care : 나노슈티컬(Nanoceuticals)은 피부, 몸, 모피를 위한 새로운 노화방지제로서 초소형 나노입자로 구성되어 피부 하부에 고농도로 흡수가 가능
- BioDelivery Science International(BDSI) : 콩으로부터 유도된 나노 입자
- LNK Chemosolutions : 식품분자의 향미와 향기를 유지하는 나모폴리머 캡슐
- Nestle : 마가린, 아이스크림, 버터 등 콜로이드에 사용되는 영양 전달 캡슐

3장

화이트바이오

화이트바이오 기술은 친환경적이면서 실생활에서 사용가능한 바이오 기술이 주를 이룬다. 기존의 화학물질 대신 식물과 미생물 등을 이용한 대체 원료, 환경오염 물질을 방출하지 않는 에너지 개발 등 생활용품에서부터 에너지의 생산에까지 직접 이어지기 때문이다. 화이트바이오기술이 실용화 단계에 이르면서 바이오기술이 연구실에서 벗어나 산업화되고 다양한 차세대 바이오제품들이 등장하고 있다.

1. 바이오섬유

네이처웍스는 천연물인 옥수수 당분을 발효시켜 만든 생분해성 폴리유산(PLA)섬유(제품명 Ingeo™)를 세계 최초로 제품화했다. 이 섬유는 강도와 탄성이 우수하고 감촉이 부드러워 기존의 섬유를 대체할 수 있는 우수한 제품이다. 또 이 회사에서는 폴리유산 섬유를 활용한 친환경 식물성 플라스틱 제품(제품명 NatureWorks®)도 함께 내놓았는데 기존의 플라스틱처럼 투명도와 광택을 지니면서 탁월한 냄새제거 기능을 가졌으며, 특히 옥수수를 원료로 하므로 40~80일이면 완전히 분해되어 환경보호에도 일조하는 제품이다.

[그림 6-2] PLA 섬유로 만든 도요다 프리우스의 바닥매트

도요타의 3세대 하이브리드 자동차 프리우스(Prius)는 바닥 매트 소재로 PLA 섬유를 사용하는데, 석유 기반의 나일론 수지에 비해 화석연료 사용과 이산화탄소 배출량을 획기적으로 절감할 수 있다. PLA 섬유는 이마트, 롯데, 홈플러스 등 대형마트와 백화점 등의 식품코너와 섬유업체에서 사용되고 있다. 네이처웍스는 도레이 새한, 휴비스 등 PLA 제품 생산 전문 업체에 원료를 공급하고 있다.

국내의 대표적인 화이트바이오 제품으로는 피엔아이디(주)의 발포전분용기와 미두에프엔씨(주)의 콩·대나무 섬유를 들 수 있다. 발포전분용기는 대표적인 환경 파괴물질인 스티로폼과 같은 용도로 쓰이는 제품으로 전분, 목분, 톱밥 등 저렴한 천연소재를 원료로 하며 유독물질 발생 없고, 단열성과 보온성이 뛰어나 다양한 용도로 사용할 수 있고 사용 후 분리수거를 할 필요 없고 사료 또는 비료로 재활용이 가능한 대표적인 환경상품이다. 콩·대나무 섬유(상품명 Wellbees)는 아직 상품화 초기단계이나 천연 항균성, 정전기 방지성, 흡수성, 소취성, 자외선 차단성, 통풍성 등의 기능을 가진 웰빙 섬유로 인식되어 고급 브랜드 업체에서 자켓, 속옷, 양말, 타월 등의 제품으로 출시되고 있고, 미주 지역에도 수출된다.

(주)대경중포장공업은 20년 동안 컵라면 용기와 빙과류 포장지를 생산하고 있는데, 2005년 고분자 분야 연구로 유명한 중국 쓰촨대학 화학과 고분자연구실과 한양인터내셔널 연구팀과 산학협동으로 광분해성 일회용 식품용기 개발했다. 이 제품은 돌가루에서 추출한 탄산칼슘과 폴리프로필렌·폴리에틸렌·스테아린산 등을 배합해 만들어 기존 환경제품으로 개발된 펄프나 전분을 이용한 것보다 가격이 훨씬 저렴하다. 불연성이고 인

체에 무해하며, 사용 뒤 햇빛에서 분해되고 잔류량도 3퍼센트에 불과해 폐기물 처리에 획기적인 성과를 올릴 것으로 기대된다. 이 제품은 라면과 빙과류 · 도시락 · 요구르트 · 우유 등 식품의 일회 용기는 물론 TV 몸체와 천장재료, 자동차 범퍼 등 다용도로 쓰일 뿐 아니라 수입대체 효과도 클 것으로 보인다.

[그림 6-3] 해양 및 수생식물에게 치명적인 깡통포장 식스팩고리. 쉽게 분해되는 생분해성 플라스틱의 사용을 의무화해야 한다.

〈표 6-6〉 생분해성 플라스틱의 종류와 장단점

분류		용도	장단점
생분해성 플라스틱		의학용재료 봉합사 분해성 포장재 식품및 화학제품 첨가제	• 완전분해 • 비용이 고가이고 물성이 좋지 않으나 혼합물 첨가로 기능보강 가능
생붕괴성 플라스틱		일회용 기저귀 및 생리대 쓰레기봉지 쇼핑백 농업용 비닐막	• 가격 저렴 • 단시간적으로는 붕괴만 일어나는 완전분해하는 데에는 시간이 오래 걸림
광분해성 플라스틱	광분해제 첨가용	농업용 비닐막 쇼핑백 식품포장재	• 직사광선 노출 필요 • 얇은 막이나 필름에만 적용 • 광증가성 첨가제 사용시 중금속 오염이 우려됨
	공중합체형	낚시미끼통 뚜껑 종이코팅 장바구니 컵 · 접시 농업용 비닐막 깡 통포장 식스팩고리	

2. 바이오연료

화이트바이오에서는 바이오연료가 큰 몫을 차지한다. 바이오연료란 곡물 등 유기체에서 추출한 연료로 석유, 석탄 등 화석연료의 대체자원으로 활용된다. 바이오연료에는 바이오에탄올(당질계 전분 사용)과 바이오디젤(동식물 유지 사용), 그리고 바이오가스(가축 분뇨 · 음식쓰레기 사용)가 있다.

바이오에탄올 생산량은 2006년 390억리터로서, 미국에서 185억리터(옥수수), 브라질에서 178억리터(사탕수수) 제조해서 세계 생산량의 93퍼센트를 미국과 브라질에서 생산하고 있다. 바이오디젤은 바이오에탄올 생산량의 약 1/10 정도로 적은편이나 계속 증가하고 있다. 유럽연합은 바이오디젤 생산에 가장 적극적이며 세계 총생산의 88퍼센트를 차지한다. 프랑스와 독일이 생산량이 많고, 그 다음은 미국으로 작년부터 생산이 급격히 증가했다. 중국, 콜롬비아, 인도와 태국 등도 관심을 가지고 있다.

화석연료의 대체연료로 급격히 확산되고 있는 바이오연료는 몇 가지 비판에 직면하고 있는데, 하나는 브라질과 인도네시아 등의 사례에서 보듯 바이오에탄올 원료재배를 위해 열대우림을 파괴하고, 대량의 화학비료와 농약을 사용하는 대규모 기업형 화학농업으로 환경을 해치는 측면이다. 다른 하나는 인류의 먹을거리로 사용되어야 할 곡물이 자동차 연료로 사용되어 세계적인 식량가 폭등을 초래하는 데 일조했을 뿐 아니라 앞으로도 식량위기를 더욱 악화시킬 수 있다는 측면이다. 또한 바이오연료 역시 원료재배와 바이오연료로의 전환, 수송 등의 과정에서 소모되는 에너지량과 온실가스 배출량이 화석연료 못지않다는 지적이 제기되면서 바이오에탄올 사업은 많은 비판에 직면해 있다. 쉐브론이나 텍사코 같은 석유재벌들이 바이오에탄올 사업의 독점을 추진하고 있어 화이트바이오의 독점판매도 우려된다.

최근 바이오에탄올도 볏짚, 밀집, 버드나무, 옥수숫대, 당분을 짜낸 사탕수수 깍지, 커피찌꺼기 등을 펠릿형태로 만든 뒤 목당(木糖)을 제조해 '제2세대 바이오에탄올'을 생산한다. 아직 생산량은 적지만 식량자원의 사용을 최대한 줄이는 여러 가지 시도들이 행해질 것이다.

바이오디젤은 바이오에탄올 사업의 문제점을 상당 부문 해소할 수 있다. 코렌의 '선디젤'은 폐목재, 나무 조각, 생물쓰레기, 보릿짚, 톱밥 등 천연재료를 재활용해서 사용하기 때문에 이산화탄소 발생량이 일반 디젤보다 최고 90퍼센트까지 감소한다. 선디젤의 경우 기존 모터를 사용할 수 있는 장점이 있다. 반면 단점은 선디젤이 기존의 디젤을 대체하려면 대량생산설비와 시간이 필요하며 가격도 저렴하지 않다는 점이다. 바이오에탄올과 마찬가지로 대두유나 유채(카놀라)기름을 바이오디젤용으로 사용하게 되면 환경 및 식량문제를 일으킬 수 있다. 폐식용유로 극히 소량의 바이오디젤만을 만들 수 있을 뿐이다. 이 문제에 대해서는 뒤에 다시 자세히 다루어질 것이다.

덴마크의 대표적인 바이오기업 노보자임은 바이오 디젤생산에 필요한 바이오촉매(제품명 노보자임435)를 상용화해서 현재 판매하고 있다. 기존 화학적 공법은 알칼리 촉매를 사용해 고온으로 반응시키므로 세척작업 때 폐수가 발생하고 부산물인 글리세린의 순도가 낮은 단점이 있었다. 현재 한국에서도 아직 상용화 단계는 아니지만 '노보자임435'보다 훨씬 저렴한 바이오촉매를 개발중이다.

Part 07

식물자원을 이용한 신약개발

1장

천연물신약의 개발

선진국을 포함한 각국은 야생식물 유전자원 확보에 심혈을 기울이고 있으며, 식물자원 탐색을 통한 바이오신약 개발은 21세기 주요 산업으로 부상할 것이다.

숲을 지키고 유용한 약재와 자원을 얻는 것은 택지나 공업용지로 사용하는 것보다 훨씬 높은 부가가치를 가지고 있으며, 이것은 숲과 환경을 지키는 미래의 중요한 열쇠인 것이다.

최근 세계무역기구(WTO)의 무역관련지적재산권협정(TRIPS) 출범, 품종보호동맹(UPOV) 및 생물다양성협약의 발효로 세계는 자연자원을 확보하고 이를 대상으로 한 신기술을 무기화하는 무한경쟁시대에 돌입했다.

현재 지구상에는 약 55만 종의 식물이 존재하며, 원시 강우림 등의 미개척지가 상당수 분포하고 있어 더욱더 많은 종들이 존재하는 것으로 추정된다. 하지만 원시 강우림의 무차별 파괴와 환경오염 등에 의해 지구상의 식물종이 급속도로 감소하고 있으므로, 환경 적응성, 내병충성 등의 많은 우량한 유전형질을 지니고 있는 야생의 모든 종들을 수집 · 보존하고, 이들의 가치를 평가하는 작업의 가치는 매우 크다.

국제적으로는 생물다양성협약이 체결돼 자국의 생물자원을 보호하기 위해 국외로의 유출을 금지시키고 있다. 또한 자원식물의 이용 과정에서 생기는 이익보호를 위한 생물자원의 국제 특허화가 진행되고 있어 한국은 막대한 로열티를 지불할 위기에 처해 있다.

한국에는 산과 계곡이 많아 각 지역의 기상요인, 지형과 식생특성, 환경여건 등에 따라 고유한 생태적인 특성을 가진 많은 식물들이 전국 산야에 다양하게 자생하고 있다. 한국에는 산림청에서 선정한 희귀종 259종을 포함하여 약 4165종의 관속식물들이 자생하고 있으며, 한국 특산식물은 11속 642종 402변종 72품종에 달한다. 이들 식물 중에는 작물로의 개발이 가능하거나 개발할 필요성이 높은 식물들이 많다.

그럼에도 불구하고 자원식물들의 개량과 재배에 대한 체계적인 연구의 부족으로 인하여 대부분 외국으로부터 직수입하거나 도입종들을 재배하는 실정이다. 도입종들은 우리의 환경에 맞지 않아 시설재배 등의 방법으로 생산단가가 높아짐으로 인해서 수입품과의 경쟁력이 약화돼 또다른 수입이 조장되는 등의 악순환이 거듭되고 있다. 따라서 앞으로 유용한 생물자원을 조사·발굴하여 용도별로 개발하고, 대량생산 단지를 조성하며 상품화하여 부가가치를 높이는 노력이 절실히 요구된다.

1. 약용 식물자원의 활용

각종 환경오염으로 질병의 종류도 다양화 추세에 있고, 화학약품의 부작용에 따른 생약의 필요성 및 중요성이 부각되고 있는 이때, 약용식물로서 자생식물의 이용에 많은 관심이 집중되고 있다. 전통약재로 사용된 야생식물들은 여러 가지 형태로 조제 또는 조리돼 민간요법에 쓰이거나 한약재로 널리 사용돼 왔다.

약용 자원식물로는 주로 알칼로이드가 들어있는 식물이 이용된다. 우리

주위에 있는 대부분의 자생식물이 알칼로이드를 함유하고 있어 약용식물로 이용될 수 있으며, 많은 자원식물들이 항암식물로 각광을 받고 있다.

오랫동안 약용식물은 원형 그대로 사용되거나 간단한 가공 과정을 거쳐 약품으로 사용돼 왔다. 동양에서는 19세기경까지 전래된 방법을 고수해 왔으나, 서양에서는 약용식물의 약효성분 분석 등을 통하여 동양과는 완전히 다른 방향으로 발전했다.

1807년 제르튀르너(Serturner)가 아편에서 약효성분인 모르핀(morphine)을 분리한 이후 다양한 종류의 천연물질의 화학구조가 밝혀졌고 합성화학 분야까지도 지대한 영향을 미치게 됐다. 미생물에서도 페니실린, 스트렙토마이신 등 다양한 항생물질이 많이 발견돼 질병치료에 획기적으로 기여했다.

버드나무 껍질에서 합성 아스피린으로의 약의 발전은 18세기에 최초로 영국에서 시작됐다. 레버렌드 에드먼드 스톤(Reverend Edmund Stone)은 버드나무 껍질차를 가지고 6년에 걸쳐 실험했고 이것이 발열과 오한에 효과가 있다는 것을 알아냈다. 그 뒤 19세기 초에는 프랑스와 독일의 화학자들이 버드나무 껍질로부터 활성물질을 추출하는 방법을 찾기 시작했다. 마침내 1828년 살리신(salicin)이란 성분이 최초로 추출됐고, 1898년 바이엘 제약회사의 화학자인 펠릭스 호프만(Felix Hoffman)에 의해 아스피린(aspirin®)이란 약명으로 개발됐고 바이엘이 일약 세계적인 제약기업으로 도약하는 발판이 됐다.

한국에서 이용되고 있는 전통약품의 대부분은 현재 재배하거나 채집된 식물로부터 추출하여 공급되고 있다. 그러나 일반적으로 그 함량이 낮은 것이 대부분이고 계절, 장소, 기후, 재배조건, 식물체의 부위 등에 따라 생산성이 다르므로 수급이 불안정한 상태이며 품질의 우수성과 균일성을 보장할 수 있는 체계적인 재배품종 육성 및 보급이 필요한 실정이다.

세계적으로 사용하고 있는 약초의 종류는 4천여 종이 된다. 현재까지 밝혀진 생리활성물질은 약 3만6000여 종 이상이며, 매년 약 1600종 이상이 새로이 발견되고 있다. 식물 유래의 신약물질은 전 세계 의약품의 약 1/4을 차지하고 있으며, 그 시장규모는 수천억 달러에 달한다. 한반도에 있는 고등식물은 4500여 종으로 추정되며, 약용자원식물은 약 900여 종이고 이 가운데 268종만이 한방치료 등에 이용되고 있다. 많은 약초들의 성분 및 효능이 구명돼 있으나, 생산에 필요한 번식 및 재배방법 등이 부분적으로 개발돼 있는 약초는 100여 종에 불과하며 이마저 중국산에 비해 가격 경쟁력이 떨어진다. 그러므로 약용작물의 번식, 재배, 관리, 병충해 방제, 수확 및 가공조제 방법에 대한 체계적이고도 종합적인 연구가 절실히 필요하다.

〈표 7-1〉은 현재 약품 시장에서 가장 많이 이용되고 있는 10종의 신약물질과 작용 및 함유 식물종을 나타낸 것이다. 항생제, 진통제, 항콜린제 물질이 주를 이루며 한국에는 자생하지 않는 식물들이다.

〈표 7-1〉 가장 널리 이용되고 있는 신약물질

신약물질명	작용	유래식물
스테로이드	피임제	*Dioscorea deltoidea*
코데인	진통제	*Papaver somniferum*
아트로핀	항콜린제	*Atropa belladonna*
레서핀	혈압강하제	*Rauwolfia serpentina*
히아스아민	항콜린제	*Hyoscyamus niger*
디곡신	심장병	*Digitalis lanata*
스코폴아민	항콜린제	*Datura metel*
디기톡신	심경색	*Digitalis purpurea*
필로카핀	항콜린제	*Pilocarpus jabonandi*
퀴니딘	항말라리아	*Cinchona ledgeriana*

2. 천연물신약의 상업화 연구개발 현황

식품의약품안전청의 2004년 이후 2010년 현재까지 천연물신약 임상시험 계획승인 현황에 따르면, 현재 진행되고 있는 임상 건수는 총 48건이다. 이 가운데 골관절염이 7건으로 가장 많고, 치매(5건), 암 또는 암 치료 보조요법(5건), 천식(3건), 아토피(3건) 등이다. 총 48건 중 2상임상이 29건으로 가장 많았고 3상은 15건이었다. 천연물신약이 붐을 이루는 이유는, 천연물신약 개발이 오랜 임상을 바탕으로 하기 때문에 개발시 큰 걸림돌이었던 부작용 부담이 적고, 적은 개발 비용과 투자기간이 짧은 장점을 가졌기 때문이다.

〈표 7-2〉 국내 제약사의 천연물신약 개발계획 및 현황

제약사	천연물신약 개발계획 및 현황
동아제약	쑥추출물 위염 치료제 '스티렌정'의 2009년 매출액 약 850억원. 중국 수출
SK케미칼	국내 천연물신약 1호인 관절염 치료제 '조인스정'의 2009년 매출액 약 250억원
오코스텍	관절염 치료 천연물신약 후보물질 'BT-201'의 미국, EU, 일본 특허 취득
대원제약	서울대 약대와 공동으로 감초 추출물을 이용한 간염 치료제를 개발중
LG생명과학	합성신약으로 치료가 어려운 틈새시장을 겨냥, 천연물신약에 연구개발을 진행할 계획
유한양행	신약개발 전문벤처기업 KMSI가 개발한 골관절염 및 발기부전 치료 천연물신약을 비롯해 향후 모든 신약에 대해 공동 연구개발을 진행할 계획
한국콜마	자회사인 선바이오텍이 자체개발한 생약 '헤모힘'을 이용해 암환자용 식품으로의 상품화와 암 치료 부작용 경감과 면역기능을 증대시킬 수 있는 천연물신약을 개발하는 국책사업을 수행중
녹십자	자생한방병원과 공동으로 골관절질환 천연물신약 '신바로'의 임상3상 시험을 최근 완료하고 2011년 출시할 예정. 녹십자는 위염 · 위궤양 치료 천연물신약인 'GC7101'도 개발중
광동제약	천연물 치매 치료제 'KD501'의 임상2상 시험을 진행중. KD501은 현삼(玄蔘)에서 추출한 에탄올을 원료로 만들었다.

1) 식물로부터 항생제 개발

천연 항생물질은 식물의 구성성분으로 존재하나 외부 자극에 대한 방어물질로 만들어지기도 한다. 대부분의 천연 항생물질은 동식물 내에 한 성분으로 함유된 경우가 많으며, 단백질, 특정 효소, 유기산, 식물정유, 식물의 특정 성분이 항생 효과를 나타내는 것으로 알려지고 있다. 식물 유래 항생물질은 식품의 보존력을 증가시키는 천연방부제, 작물의 생산성을 증대시키는 바이오농약 등의 목적으로 사용된다.

항균성 물질에 관한 최초의 보고는 고대 그리스의 디오스코리데스가 기원전 1세기에 지은 '약물지'에는 600여 종, 히포크라테스의 저서에는 400여

〈표 7-3〉 대표적인 식물 항생 성분 및 작용

약용 수종	주요 성분	작용
마늘	Allicin	항균, 항진균
노랑동쩌귀, 미나리아재비	Anemonin	항균
황벽, 황련	Berberine-HCl	항균
현호색, 남천	Biflorine	항균, 항진균
자몽	Citral, Naringin	항균, 항진균
대마	Canabidiol	항균
은행나무	Gingkgolide A	항균
편백나무	Hinokitiol	항균, 항진균
호두나무	Junglone	항균, 항진균
베고니아, 능소화	Lapachol	항균, 항진균
로즈마리	Linalool	항균, 항진균
목련	Magnolol	항균
감귤류	Pectin	항균
키나나무	Quinine	항균
백리향, 캐러웨이	Thymol	항균, 항진균

종의 약초가 기록돼 있다. 동시대에 중국에서 편찬된 '신농본초경'에는 항담증, 진토, 진정, 해열작용 등의 치료효과가 있는 약용식물 365종을 기재했다. 처음에는 단지 경험에 의한 약으로 이용됐지만, 과학의 발달과 더불어 차츰 항생작용을 하는 성분이 알려지게 됐다. 그러나 아직까지는 항균수종에 대한 성분 구명 등 체계적인 연구가 미생물의 항생물질 탐색에 비해 미약한 실정이다.

현재 사용되고 있는 식물유래 항균성 물질은 여러 가지가 있으나 알리신, 안식향산, 시트란, 나린진, 키니네, 염화베르베린, 펙틴 등이 대표적이다. 알리신은 마늘의 주성분으로 고대 그리스의 히포크라테스는 폐렴 및 상처 치료에 사용했고, 고대 로마의 베르길리우스(Virgil)는 뱀에 물린데, 일부 지역에서는 이질, 콜레라 치료에 알리신을 아직도 사용하고 있다.

안식향산은 화학합성법이 개발됐으며 산성 조건하에서 장내 세균의 살균, 의약품 · 식품의 방부제로 사용된다. 시트란과 나린진은 자몽종자 추출물의 주요성분으로 "DF-100"이란 이름으로 천연가공 식품보존제로 현재 사용되고 있다.

염화베르베린은 황련이나 황벽나무 등에 함유돼 있는 알칼로이드 성분으로 대장균, 콜레라균, 티우스균, 임균, 적구균, 칸디다 등에 살균작용을 한다. 현재 이텍스제약의 라크베린, 한풍제약의 설페린F, 삼우메디안의 설파베린주사제(동물용) 등에 지사제로써 염화베르베린을 사용한다.

펙틴은 식물 및 동물에서 유래한 고분자화합물로서 세계적으로 1년에 약 3만5000톤가량이 생산돼 잼과 과자류, 제과류의 충전물 등에 겔화제로 사용되거나, 요구르트와 유제품 등에 안정제로 널리 사용되고 있다. 펙틴은 고등식물의 조직 중에서 세포의 점성을 일으키는 탄수화물로서, 감귤류(라임, 레몬, 오렌지)의 껍질 등에서 얻어지며 물에 녹는 물질이다. 펙틴은 겔 상태에서 흡착작용, 항균작용 등의 성질이 있어 식품 방부제로 사용되고 있다.

2) 식물로부터 항암제 개발

식물유래 천연 항암제 연구는 1960년대 말 미국농무성(USDA)과 미국암연구소(NCI)로부터 본격적으로 시작됐다. 이들 기관에서는 연간 2000여종 이상의 식물에 대한 항암력 검증을 해왔는데, 현재 개발됐거나 개발 중인 항암제의 대부분이 이 연구에서 유래한 것이다.

〈표 7-4〉는 각종 암에 항암효과가 있는 식물종을 나타낸 것이다. 하지만 이러한 자료는 민간에서 경험적으로 나온 결과를 요약한 만큼 효능 및 독성 유무에 대한 임상시험을 모두 거치지 않았으므로 의사의 처방 없이 사용하지 마시기를 바란다.

〈표 7-4〉 각종 암에 치료효과가 있다고 알려진 식물종

암 종류	항암식물종
식도암	마, 등대풀, 애기똥풀, 활나물, 갈퀴덩굴
위암	애기똥풀, 살구, 율무, 다래나무, 범싱아, 청미래덩굴, 두릅나무, 금잔화, 까마중, 비슬나무
유방암	자주꿩의비름, 천문동, 연잎 밑동, 주목
위장암	기와버섯, 산죽, 마타리, 인삼, 꿀풀
방광암	우엉, 짚신나물, 분홍바늘꽃, 마타리
직장암	활나물
자궁암	주목, 가중나무, 잔대, 애기똥풀, 천남성, 활나물, 큰뱀무
간암	하늘타리, 새모래덩굴
혀암	길짱구, 가시오가피, 소라쟁이
후두암	뱀딸기, 길짱구, 잔대, 제비꽃, 금잔화
폐암	하늘타리, 우엉, 너삼, 길짱구
임파육종	꽈리, 애국풀, 자귀나무껍질, 분홍바늘꽃
피부암	돌나물, 우엉, 분홍바늘꽃, 노간주나무, 활나물

〈표 7-5〉는 이미 개발된 대표적 항암제와 식물의 예를 든 것이다. 식물에서 유래한 항암제는 다수이나, 개발 성공률은 1퍼센트 미만이며, 보통 개발에 10년 이상 기간이 소요된다. 또한 암 종류가 다양하고 사람마다 기작이 다르기 때문에 항암제의 개발은 그만큼 힘든 과정이다. 향후의 항암제 연구는 인체에 해를 덜 주고도 치료가 가능한 항암제 개발에 중점이 두어질 것이며, 치료에서 벗어나 예방차원의 연구, 즉 유전자 수준의 치료에 관한 연구가 주를 이룰 것으로 예상된다.

〈표 7-5〉 개발된 식물유래 항암제와 함유식물

약용식물종	항암물질
가을크로커스(*Colchicum autumnale*)	콜히친(colchicine)
자작나무(*Betula alba*)	베출린산(betulinic aicd)
희수(*Camptotheca acuminata*)	캄포테신(camptothecin), 토포테칸(topotecan), CPT-II, 아미노캄프토테신(9-aminocamptothecin)
삼(*Cannabis sativa*)	드로나비올(dronabiol), 마리놀(marinol)
라파초나무(*Tabebuia avellaneda*)	라파콘(beta lapachone), 라파콜(lapachol)
포도필럼(*Podophyllum sativa*)	포도필로톡신(podophyllotoxin), 에토포사이드, 테니포사이드
노사포디테스(*Nothapodytes foetida*)	캄포테신, 스코포렉틴(scopolectin)
일일초(*Catharanthus roseus*)	아세틸캄포테신(acetylcamptothecin), 빈블라스틴(vinblastin), 빈크리스틴(vincristine)
태평양주목(*Taxus brevifolia*)	도세탁셀(docetaxel)
유럽주목(*Taxus baccata*)	파클리탁셀(paclitaxel)

[그림 7-2] 세계적인 항암제의 원료로서 널리 사용되고 있는 일일초(좌)와 유럽주목(우)

3) 식물로부터 위장 치료제 개발

식물로부터 위장질환 치료제의 개발은 합성약제에 비해 매우 미미한 실정이다. 그러나 식물로부터 위장질환에 관한 민간치료 정보는 많이 알려져 있어 체계적인 연구가 수행된다면 발전가능성이 무궁무진한 분야이기도 하다.

〈표 7-6〉은 위장질환 치료 식물을 나타낸 것인데, 위장 치료에 효험이 있는 식물 중 가장 연구가 많이 된 것은 감초이다. 감초뿌리 추출물이 소화성 궤양 치료에 효과가 있다고 알려진 것은 1950년대이다. 감초에서 항궤양작용을 하는 물질은 플라보노이드로서 진경작용뿐 아니라 항염증, 항궤양작용을 하는 것으로 알려졌다. 감초의 플라보노이드 성분은 진경, 항염증, 항궤양 작용을 동시에 한다. 현재 위장질환 치료제의 대부분이 여러 약들을 혼합한 복합처방제제로 사용되고 있는데, 감초 한 가지 약이 이처럼 여러 가지 효과를 겸비하고 있다. 감초 추출물은 글리시리진산 · 글리시리헤티민산 · 리퀴리틴 · 이솔리퀴리틴 등의 정류된 성분으로 사용되고 있으며, 특히 천연항생제의 역할을 하므로 경방신약의 나노펜정(해열진통제), 새한제약의 노즈콜츄정(비염약) 등에 사용되고 있다.

〈표 7-6〉 위장 치료에 효과가 있다고 알려진 식물종과 약재

가중나무, 감초, 강황, 계피나무, 고수, 귤나무, 너삼, 대황, 마전, 목향, 민들레, 박하, 배초향, 백두구, 산사나무, 산초나무, 삽주, 생강, 소두구, 소태나무, 소회향, 쓴풀, 아니스, 아출, 약쑥, 양강, 예덕나무, 오수유나무, 용담, 울금, 육두구, 익지, 정향나무, 조름나물, 질경이, 창포, 초과, 초두구, 축사, 침향, 콘두란고, 콜롬보나무, 탱자나무, 톱풀, 호프, 황벽나무, 희채화

또다른 항궤양 식물로는 질경이가 있다. 질경이에는 각종 다당류가 존재하는데 위궤양 치료에 매우 효과가 있는 것으로 알려져 있다. 이 다당류는 항염증, 상피화 촉진작용 등이 있으므로 매우 좋은 성분이라 할 수 있다.

생강은 원래 열대지방에서 자라는 다년초로 한국에서는 해안가에서 많이 재배한다. 생강은 서구의 학자들이 80년대부터 관심을 가지고 연구하기 시작하여 구토방지 및 멀미약 개발에 주력했다. 뉴욕타임스 인터넷판은 2007년 의학저널 '란셋'을 인용해 생강이 멀미약보다 멀미 억제효과가 2배 이상 뛰어나다고 보도했다. 독일 연방보건청도 생강이 구역뿐만 아니라 소화기 계통에 효과가 있음을 보고했다.

생강의 주성분은 휘발성 성분인 징기베렌(zingiberene)과 비사보렌(bisaborene)이 있으며, 비휘발성 성분으로 생강 특유의 매운 맛을 내는 쇼가올(shogaol) 및 진저롤(gingerol)이 있는데, 이 성분들은 몸의 찬 기운을 밖으로 내보내고 따뜻함을 유지시켜 준다. 특히 진저롤은 위 점막을 자극해 반사적으로 혈압을 높이며, 위액을 빨리 나오게 하고 메스꺼움을 예방한다. 또한 진저롤 성분은 진통작용을 하는 고추의 캡사이신(capsaicin)과 비슷한 효과를 가지고 있는데, 캡사이신보다 자극은 덜 하면서 진통효과는 비슷하다. 생강을 이용한 새로운 진통제 개발이 가능하다.

노루풀은 위장질환 치료가 가능한 식물 중 물질에 대한 기작이 알려진 종이다. 이 식물은 높이 60센티미터의 여러해살이풀로 이 식물에 함유돼 있는 베르게닌(bergenin)은 위장궤양을 아물게 하면서 보호하는 것으로 알려져 있으며, 예덕나무의 껍질에도 들어 있다. 황벽나무(황경피나무)의 주성분인 베르베린(berberine)도 이와 유사한 물질이다. 베르베린은 알칼로이드 성분이지만 독성이 약하고, 쓴맛이 강해서 반사적인 위액 분비를 향상시킨다. 베르베린을 사용하는 약품으로는, 일양약품의 디아로펜캡슐(정장제), 넥스팜코리아의 듀오레갭슐(정장제), 현대약품의 디엔탑캡슐(정장제), 삼익제약의 디아스탑캡슐(정장제) 등이 있다.

4) 식물로부터 간질환 치료제 개발

식물로부터 간질환 치료제의 개발은 간염백신 등 개발에 비해 매우 미비한 실정이다. 〈표 7-7〉에서는 간질환 치료에 효험이 있다고 알려진 식물들이다. 이 식물들은 본초, 입문, 동의보감 등 한방 약전에서 기록된 것이기도 하지만 이미 오랫동안 민간에서 사용된 것이기에 매우 중요한 자료이기도 하다. 따라서 물질성분이나 작용 메커니즘 등 과학적인 접근이 이루어지면 양약보다 훨씬 우수한 의약품을 탄생시킬 수 있을 것이다.

간질환 치료를 위해 가장 많이 연구된 식물은 엉겅퀴이다. 이 식물의 열매에는 간 보호물질인 실리마린(silymarin)이 1~4퍼센트 가량 들어 있다. 실리마린은 류코트리엔(leukotrien-간을 손상시키는 효소의 일종)의 생성을 방해하여 간을 치료하는 탁월한 효과를 지녔다. 이 물질은 세포벽

〈표 7-7〉 한방에서 간질환에 효험이 있다고 알려진 식물

식물종	치료효과	참고문헌
초룡단(용담초)	간습열증	동의보감
황련(깽깽이풀)	간열독해소	동의보감
세신(족두리풀)	양간	본초
결명씨(결명자씨)	간열독해소	본초
차전자(길짱구씨)	양간	본초
제자(냉이씨)	간혈류원활	입문
복분자	양간	본초
산조인(산대추씨)	양간	본초
산수유	양간	본초
사삼(더덕)	양간	본초
창이자(도꼬마리열매)	간열독해소	본초
작약(함박꽃뿌리)	양간	탕액
고삼(너삼)	양간	본초
청피(생귤껍질)	간기소통	단심
목과(모과)	양간	본초
소맥(밀)	양간	본초
구(부추)	양간	본초
이(추리)	양간	본초

[그림 7-3] 최근 간질환 치료제로 개발되고 있는 엉겅퀴와 오미자

에 작용하여 간세포를 보호하고, 단백질 합성을 촉진시키고, 손상된 간유조직을 재생시킨다. 또한 활성산소를 제거하고, 항산화 작용을 하는 것으로 알려져 있다. 실리마린은 독일에서는 만성 간염 치료제로 개발됐고, 한국에서도 '아주실리마린정' '뉴젠팜실리마린정' '신일실리마린정'이란 일반의약품으로 시판되고 있다.

오미자 또한 간 보호작용을 하는 것으로 널리 알려져 있다. 오미자 열매와 종자는 스키잔드린(schizandrin), 고미신(gomisin) 등 30여 가지의 리그난(lignan)을 함유하고 있으며 독성물질에 의한 간세포 손상을 막는다. 5가지 맛을 내는 오미자의 신맛은 구연산, 사과산 등 유기산 성분에 의한 것으로 간에 좋다. 오미자의 매운맛, 쓴맛은 리그난 성분에 의한 것으로 간기능 회복에 좋다. 또한 오미자의 짠맛은 칼슘, 칼륨 등 무기질에 의한 것으로 신장과 방광을 좋게 한다. 한편 화장품회사인 스킨푸드는 국내 최대 오미자 산지인 문경의 오미자 추출물을 사용하는 '오미자 화이트닝' 세트를 시판하고 있다. 일본의 한 제약회사(Tsumura and Co.)는 오미자의 고미신 성분을 이용한 간장 치료제를 임상시험중이다.

구기자도 간독성 해소에 효과가 있는 것으로 나타나 있다. 구기자의 잎, 열매, 지골피라 불리는 뿌리 추출액은 간 보호와 콜레스테롤 저하 등에 효과가 좋은 것으로 보고되고 있다. 구기자의 주성분인 베타인(betaine)은 비

단백 아미노산으로 구기자 잎에 0.5~1.0퍼센트 함유돼 있다. 이 물질은 혈압 안정 및 강장에 관여할 뿐만 아니라 삼투안정제로도 중요한 물질이다. 베타인을 사용하는 약품으로는, 삼진제약의 삼진제테파캡슐(간장질환용제), 드림파마의 레베탄액(간장질환용제), 바이넥스의 리드판액(간장질환용제), 영진약품공업의 리드헤파액(간장질환용제) 등이 있다.

대원제약은 서울대 약대와 공동으로 감초추출물을 이용한 간염치료제 개발에 조만간 착수할 계획이다.

5) 식물 유래 생체방어물질의 개발

식물 유래 생체방어물질 개발은 그 중요성에 비해 연구가 아직 미미한 실정이다. 생체방어 효소나 백신 개발은 대부분 미생물이나 동물세포로부터 개발돼 왔기 때문이다. 그러나 식물로부터 각종 생리활성물질 탐색 연구가 활발해지면서 본격적으로 연구되기 시작하여 최근에는 새로운 결과들이 보고되고 있다. 스트레스는 현대인에게 필수적으로 수반되는 것으로 심하면 수면장애, 정신착란, 나아가 인체저항성을 감소시켜 결국 질병을 유발한다. 스트레스 저항력 등 생체 활력을 높이는데 효과가 있다고 보고된 종은 인삼과 가시오가피나무, 사사프라스나무 등이다(표 7-8).

〈표 7-8〉 생체방어 효과가 있다고 알려진 식물

유래식물	주요 약리 성분	효과
인삼	사포닌(saponin)	강장, 항암, 면역활성
가시오가피	레우테로시데스(eleutherosides)	강장, 면역활성, 혈압안정
사르사(*Sarsparilla*)	사사포게닌(sarsapogenin)	강장, 면역활성, 감미료
사사프라스(*Sasafras*)	사프롤(safrole)	혈정, 항암, 면역활성
아쉬와간다(*Ashwagandha*)	위타노리데(withanolide)	면역증강, 신경안정
에키나세아(*Echinacea*)	당류(heteroxylan,arabinoxylan)	면역증강

인삼은 예로부터 이용돼온 약초 중의 왕이라고 할 수 있다. 인삼(Panax)은 Pan(모든)+ex(약)에서 유래했으며 만병통치약이라는 뜻을 가지고 있다. 인삼은 한국을 비롯해 중국, 일본 등 극동아시아에서 가장 많이 재배되고 있으며 약리활성 연구 또한 가장 활발하다. 인삼은 혈압을 안정시키고, 스트레스 적응성 및 각종 암세포에 생장을 억제시키고, 강장작용을 통해 몸의 신진대사에 있어 동적 평형을 가져다주기도 한다. 또한 혈당조절에 중요한 인슐린과도 유사한 효능을 보이며, 간 대사에 중요한 인터페론의 역할 및 항산화작용을 나타낸다.

이들 인체 활력을 주는 물질은 주로 인삼 사포닌인 진세노사이드(ginsenoside) 성분으로 현재까지 25종이 알려져 있으며 각각의 약리활성이 다르다. 동물 실험에서 인삼 추출물이 수명을 연장시키고 각종 스트레스에 내성을 가지며, 단백질 합성을 증가시키고 각종 면역 활성을 증가시켰다는 보고가 있다. 이 인삼 사포닌 성분은 약성이 매우 온화하고 과량투여에 의한 독성이 없을 뿐만 아니라, 용혈작용도 거의 없다. 인삼은 세계 건강기능식품 판매품목 1위 제품군으로 타 제품군에 비하여 지속적인 소비 증가를 나타내고 있다.

가시오가피는 인삼을 대체할 목적으로 구소련 학자들에 의해 연구되기 시작하여 이미 30년 전부터 약효가 알려졌다. 가시오가피에서 분리된 생리활성 물질은 엘레우테사이드(eleutheside)라는 배당체인데, 인삼 사포닌과 유사한 작용을 나타낸다. 1970년 미국에서 '시베리아 인삼'으로 상품화됐는데 처음에는 인삼과 혼동을 했으나 점차 뛰어난 강장, 적응효과 때문에 수요가 급증했다. 또한 암환자들을 대상으로 한 임상시험에서 암, 혈압, 심장병, 체중 등에서 매우 뛰어난 효능을 보였다는 연구결과들이 속속 나오고 있다. 가시오가피 건조엑스를 사용하는 약품으로는, 녹십자의 녹십자젠액(자양강장제)과 광동제약의 씨이오액(자양강장제)이 있다.

사르사(*Sarsparilla*)는 멕시코와 중미에 자생하는 식물로 테스토스테론이

[그림 7-4] 북미 지역에서 건강기능식품으로 가장 많이 제품화된 아쉬와간다

라는 스테로이드계 물질이 들어 있어 보디빌더들에게 매우 인기가 높다. 사르사의 주성분은 사사포게닌(sarsapogenin)과 스밀라게닌(smilagenin)과 같은 스테로이드 성분과 사포닌이 주를 이룬다. 사사프라스는 미국 자생 수종으로 강장제, 생체 활력 증강 수종으로 이용되고 있다. 이 수종은 예로부터 피를 맑게 하는 식물로 널리 알려져 왔다. 이러한 정혈작용은 근피에 5~9퍼센트 함유된 사프롤(safrole)이라는 방향성분에 의해 일어난다. 그러나 동물 실험결과 간암을 유발한다는 것이 밝혀져 미식품의약국(FDA)으로부터 식품첨가물이나 조미료로 사용이 금지됐고 현재에는 기능성 강장제로만 이용된다. 사프롤은 사사프라스나무뿐만 아니라 코코아와 후춧가루 등에도 소량으로 들어 있다.

아쉬와간다는 미국과 영국에서 매우 인기 있는 약초로 인체의 적응력을 높여주는 작용을 한다. 적응성 향상에 관여하는 성분은 시토인디사이드(sitoindiside)로 알려진 스테로이드 유도체와 플라보노이드의 일종인 위타노리데(withanolide)라는 성분이다. 아쉬와간다는 '인도의 인삼'으로서 인도 전역과 중동 지역에서 자라는 작은 관목이다. 이것의 뿌리는 면역기능 향상, 신경안정, 기력회복, 성기능 향상, 파킨슨병에 도움이 되는 약초이며, 스트레스와 근심을 줄여 주고, 기력이 떨어져서 수척한 사람의 원기회복에 도움이 되는 약초로 수천 년 동안 인도인들이 사용해왔다. 현재 건강기능식품으로 가장 많이 개발된 약제이기도 하다.

에키나세아는 식물 유래 면역조절작용에 관한 연구 중 가장 활발히 연구됐다. 미국 원주민들이 뿌리를 씹거나 액즙을 만들어 기침을 멈추게 하거나 목이 아픈 데 사용했다. 최근에는 면역력을 높이는 효과가 있다고 알려져 있어 이에 대한 연구가 진행되고 있다. 북미산인 이 식물은 각종 병원성 미생물의 생장을 직접적으로 억제하지는 않지만 임파구의 활성을 촉진시켜 각종 암세포나 미생물 감염에 면역작용을 한다. 식균작용을 하는 물질은 헤테로자이란(heteroxylan)이라는 고분자 다당류이며, 암세포 억제 작용을 하는 물질인 아라비노갈락탄(arabinogalactan)이라는 고분자 다당류도 가지고 있다. 이 식물의 추출물은 유럽이나 북미에서는 연고나 주사제로 이용되고 있으며, 드링크제로도 개발됐다. 독일에서는 요도염이나 호흡기 질환용 제제로 이미 승인된 바 있으며, 외상 치료에 대해서도 일부 판매를 허용하고 있다.

6) 식물유래 혈액 관련 치료제 개발

식물유래 혈액 관련 질병에 관한 연구는 다른 약리활성 연구와 마찬가지로 매우 미약하다. 〈표 7-9〉는 성분, 작용기작 등 과학적인 규명은 되지 않았지만 효능이 있다고 알려진 식물을 나타낸 것이다.

혈액 관련 연구가 가장 많이 된 식물은 마늘이다. 마늘은 이집트 파라오 시대부터 식품과 의약용으로 이용돼왔다. 마늘에 대한 각종 약리학적인

〈표 7-9〉 혈액 관련 질병에 효과가 있는 식물종

혈압강하제 및 혈관 확장에 사용되는 식물종 노란뚝갈나무, 뚝갈나무, 누리장나무, 눈빛승마, 단너삼, 두충나무, 라부목, 박새, 방울풀, 버드나무, 부채마, 산사나무, 속썩은풀, 수송나물, 새모래덩굴, 정향풀, 진교, 진달래, 철쭉나무, 아편꽃, 익모초, 왜떡쑥 **혈액질병에 쓰이는 식물종** 감자, 전동싸리, 참깨

연구는 지난 20년간 매우 활발하게 진행돼 현재 1000편 이상의 학술 논문이 발표돼 있다. 독일에서는 마늘의 연구가 매우 활발하여 마늘은 콜레스테롤강하, 혈전형성을 억제하는 것으로 보고되고 있다.

마늘에는 함유황아미노산인 알린(allin)이 들어 있는데 이 아미노산은 생마늘을 으깨거나 씹을 때 알리신(allicin)으로 바뀐다. 마늘에는 약 1퍼센트 정도의 알리신이 함유돼 있고 항생효과를 지닌다. 건조된 마늘은 정제나 캡슐로 이용하면 매우 좋으며, 이때 알리신으로 변환이 용이하도록 알칼리 완충제를 넣어 제품화하면 더욱 좋다. 마늘엑스를 이용한 순화계용약으로는 일화의 알린톤정이 있다. 마늘의 또 다른 주성분인 아조엔(ajoene)은 항혈전 효과가 있으며 항생 및 고혈압 치료에도 좋다.

마늘 건강보조식품이 동맥에 지방이 쌓이는 것을 크게 줄이는 효과가 있다는 연구결과가 나왔다. 2006년 독일 베를린약과대학의 군터 지겔(Gunter Siegel) 교수팀은 마늘 건강보조식품이 혈전을 일으키는 초기 혈판소(nanoplaques) 형성을 40퍼센트까지 줄인다는 연구결과를 미국심장협회에서 발표했다. 이것은 마늘이 동맥에 지방이 쌓이는 것을 막고 혈관의 건강을 유지하는 효과가 있음을 뜻한다. 또한 2006년 일본 하우스식품사가 약과대학의 협력을 받아 임상시험을 실시했는데, 20~50세의 건강한 남성과 여성 12명을 대상으로 마늘진액 배합 음료(100mL)를 2주 동안 마시도록 하고서 운동 부하에 따른 혈압 · 심박수 · 혈액유동성과 혈액 중의 활성산소 및 젖산의 변화를 조사했다. 그 결과, 이 음료를 마셨을 때는 안 마셨을 때와 비교해서 혈압 상승과 심박수 증가가 억제되고 혈액 유동성이 개선됐다고 발표했다. 한국에서도 다른 나라 못지않게 마늘 건강보조식품이 널리 제품화되고 있는데, 마늘진액, 마늘가루, 마늘오일, 마늘캡슐 등 다양한 형태로 시판되고 있다.

은행은 마늘과 함께 항혈전 및 말초 혈관장애 치료제 개발을 위해 가장 많이 연구되고 제품화 됐다. SK케미컬의 기넥신F, 동아제약의 써큐란, 동방제약의 징코민 등을 대표적으로 꼽을 수 있다. 은행나무는 한국에서 가장 많이 식재하고 있지만 정작 연구를 먼저 진행한 곳은 독일이며, 독일에서만 약 5백만 건의 처방이 알려져 있을 정도로 그 이용성은 실로 지대하다. 은행나무는 공급이 가장 큰 문제인데 미국에서는 1000에이커에 천만 그루의 은행나무를 식재하여 공급하고 있다. 은행잎은 푸른 잎을 따서 건조한 뒤 유럽으로 보내져 여러 단계의 공정을 거쳐 주요 성분인 플라보노이드만을 정제한다.

은행잎에는 인체활성 성분인 플라보놀(flavonol)과 플라본글리코사이드(flavone glycoside)가 다량 함유돼 있다. 이외에도 퀘세틴(quercetin), 켐페롤(kaempferol)과 같은 배당체와 루틴(rutin)도 들어 있다. 추출물에는 쓴맛이 나는 징코라이드(ginkgolide A, B, C, M)라는 성분이 함유돼 있는데 혈소판 응집작용, 식작용 및 고혈압을 방지함으로써 혈류를 개선하는 작용을 한다. 추출물 중 빌로바라이드(bilobalide)는 세스퀴테르펜계 물질로서 약 3퍼센트 가량 존재하는데 뇌순환기 이상을 방지한다. 은행잎의 약리효과는 단일 성분에 의해서라기보다는 여러 성분이 복합적으로 작용하여 나타난 결과로 볼 수 있다. 루틴과 같은 플라보노이드는 모세혈관 손상을 막을 수 있으며, 활성산소를 불활성화시켜 세포벽의 지질과산화를 방지한다. 반면 은행잎 추출물은 소화장애, 두통, 알레르기 등을 간혹 일으키기도 한다. 은행잎 제제는 유럽에서는 의약품으로 승인돼 정제, 액상 등으로 이용되고 있지만, 미국에서는 의약품으로 승인되지 않았고 식품첨가물로만 이용되는데 보통 40mg의 정제로 판매된다.

*Aesculus*속의 칠엽수와 서양칠엽수(마로니에)의 열매는 예로부터 말의 눈병치료에 쓰여서 '말밤(horse chestnut)'라는 이름이 붙었고, 고혈압과 류마치스 치료에 사용돼 왔다. 칠엽수 종자에는 에신(aescin)이라는 소염성 사포닌과 퀘세틴, 켐페롤과 같은 배당체가 들어 있다. 에신은 콜레스테롤이 포함된 세포벽을 안정화시키고, 혈행기능을 증가시켜 타박상이나 염증에 아주 잘 듣는 약으로 알려져 있다. 에신을 사용하는 국내 약품으로는, 부광약품의 리파릴정(종양치료제), 일성신약의 베노타신주사액(종양주사액), 휴온스의 에스오정(골격근이완제), 한국유니온제약의 에코시나정(골격근이완제) 등이 있다.

7) 식물유래 혈당강하제 개발

혈당이나 요당 강하효과가 알려진 식물은 다른 질병에 비해 매우 적은 편이며, 그나마 기작이나 성분 등이 확실히 구명돼 있지 못하다. 〈표 7-10〉은 혈당 및 요당 강하효과가 있다고 알려진 식물과 작용물질 나타낸 것이다.

혈당강하 효험이 있는 대표적인 식물에는 인삼이 있다. 인삼사포닌은 알록산당뇨를 일으킨 흰쥐에게서 혈당량과 간의 글리코겐 수치를 감소시킨다는 연구보고가 있으며, 이것은 인삼의 당 대사작용이 인슐린과 비슷하다는 것을 의미한다. 당뇨병 환자에게 인삼을 쓰면 혈당은 뚜렷하게 낮아지지는 않으나 갈증이 줄어들고 증상이 개선된다. 혈당이나 요당 강하작용을 하는 물질은 진세노사이드로 알려져 있다.

하늘타리는 예로부터 당뇨에 사용된 식물로서 뿌리에 다량의 사포닌을 함유하고 있어 혈당강하와 더불어 갈증해소에 효과가 있다. 하늘타리는

〈표 7-10〉 혈당강하작용을 하는 식물과 작용물질

유래식물	혈당강하 물질
인삼	진세노사이드(ginsenoside)
우엉	폴리페놀(polyphenol), 이눌린(inullin), 리그난(lignan)
생지황	레흐만닌(rhehmannin), 이리도이드(iridoid)
칡	다이드진(daidzin), 다이제인(daizein)
지모	아스포닌(asponin)
하늘타리	사포닌(saponin)
들쭉나무	네오밀티린(neomiltilin)
라즈베리	안토시아닌(antocianin), 타닌(tannin)
뾰족잎일일초(Lanceleaf Periwinkle)	아즈말리신(ajmalicin), 요힘빈(yohimbin)
페요테(Peyote)	알칼로이드(alkaloid)
아키나무(Ackee)	사이클론 프로파노이드 아미노산(cyclone propanoid amino acid), 하이포글리신 A, B(hypoglycin A, B)

중부 이남의 산기슭에 흔히 자라는 덩굴식물이다. 하늘타리 뿌리를 천화분(天花粉)이라고 하는데 칡뿌리처럼 생겼으며 하늘타리 뿌리에 들어 있는 약효성분들은 암세포에 달라붙어 암세포의 호흡을 막아서 암세포가 괴사하게 한다. 중국에서는 유선암, 식도암 등에 하늘타리 뿌리를 써서 좋은 효과를 보았다는 연구결과가 있다. 북한에서도 흰쥐의 겨드랑이 밑에 암세포를 이식하고 하늘타리 뿌리 추출물을 투여했더니 암세포가 12~45퍼센트 억제됐다는 보고가 있다. 하늘타리 열매의 주성분은 트리테르페노이드 사포닌이다. 이 성분은 복수암(腹水癌) 세포를 죽이는 작용이 있으며, 항암작용은 씨앗보다 열매껍질이 더 강하다고 한다.

우엉 또한 혈당 강하작용을 하는 것으로는 알려져 있다. 우엉의 당질은 녹말과 이눌린으로 이뤄졌는데 포도당으로 쉽게 변하지 않아 혈당을 안정시키며 필요한 영양분을 공급하는 효과가 있기 때문에 우엉은 당뇨병 환자에게 좋은 음식이다. 또한 우엉에 들어있는 이눌린 성분이 장내 콜레스테롤을 빨아들여 배설하는 작용이 있기 때문에 당뇨병의 합병증인 동맥경화 예방효과가 있다. 우엉은 칠레, 인도, 러시아 등지에서 유방암, 간암,

위궤양 등에 이용해왔다.

들쭉나무는 북한지방의 백두산 등 높은 산에 자생하는 나무로 줄기와 열매를 예로부터 당뇨병 치료에 이용돼 왔다. 혈당량을 줄이는 성분은 몰식자산 배당체인 네오밀티린이며 잎과 줄기에 많이 함유돼 있다. 들쭉나무는 세계 10대 건강 식물 중 하나로 북한 천연기념물 461호로 지정돼 있다. 효능은 각종 비타민과 유기산이 다량 함유돼 있어 동맥경화 예방 및 모세혈관을 튼튼하게 하여 혈액순환에 좋다. 2004년 북한의 조선중앙텔레비전은 들쭉이 요도감염증 예방 등에 약효가 높다고 소개했는데, 들쭉의 안토시아닌 성분은 박테리아가 방광벽에 붙어 방광염을 일으키지 못하게 하기 때문에 순수한 들쭉단물(주스)은 요도감염증을 예방하고 치료에 효과가 높다고 한다. 유럽과 북미에서 요도염, 방광염 치료와 예방을 위해 많이 마시는 크랜베리 주스와 같은 작용을 한다. 북한은 1980년대 들어 들쭉나무 단지를 본격적으로 조성해 최근에는 수만 정보 규모로 확장했으며 들쭉을 이용해 술, 음료, 젤리 등 각종 식품을 생산하고 있다.

서양 산딸기인 라즈베리(Raspberry)의 열매에는 들쭉나무와 마찬가지로 안토시안 성분이 있어 모세혈관을 강화하고 혈액순환을 원활하게 한다. 라즈베리의 잎은 차로 복용하는데, 차에는 10퍼센트에 달하는 타닌 성분이 있어서 설사를 방지하고 소염작용이 있다.

남아프리카 등지에서 약용식물로 많이 이용되는 뾰족잎일일초(Lanceleaf Periwinkle)도 혈당강하 효과가 있다. 이 식물에는 백혈병 치료제인 빈크리스틴(vincristine)의 전구물질인 카타란틴(catharantine), 진통제 원료로 쓰이는 아즈말리신(ajmalicine), 최음제인 요힘빈(yohimbine) 등이 함유돼 있다.

혈당강하에 좋은 또다른 식물로는 아키나무(*Blighia sapida*)가 있으며 영명으로는 ackee또는 akee로 부른다. 이 수종은 서아프리카 산림지대가 원산지이나 서인도제도와 브라질에서 식용으로 재배된다. 호도와 같은 모양의 구과가 열리며, 후식으로 사용하고 인도에서는 생선과 같이 먹기도 한다. 꽃은 향과 색이 좋아 화장품 원료, 열매의 구과는 태워서 비누 원료로 이용되며, 목재는 무늬가 좋아 고급 건축재로 이용된다. 이 수종은 결막염, 간질병, 수두, 위장질환, 열병 등의 치료제로 민간에서 이용돼 왔다. 혈당강하에 작용하는 물질은 사이클론 프로파노이드 아미노산, 하이포글리신 등이며, 이 물질들은 인슐린과 같은 역할을 하는 것으로 알려져 있다. 하이포글리신은 구과와 씨앗에 다량 함유돼 있으나 독성이 강하여 사용에 주의를 요한다.

환각선인장(Peyote)은 진통제, 항생제, 강장제, 강심제 등으로 이용돼 왔는데 혈당강하에 도 효과가 있는 것으로 알려져 있다. 고대 마야인들은 환각선인장의 잎인 환각제 페요틀(peyotl)을 종교와 제례 등에 사용해왔다. 환각선인장의 잎에는 8가지 정도의 알칼로이드가 존재하는 것으로 알려졌는데, 최근 연구에 의하면 이 물질들이 혈당 강하작용을 하는 것으로 알려져 있다. 그러나 이 식물은 환각식물이므로 이용에 세심한 주의가 요구된다.

[그림 7-5] 혈당강하에 좋다고 알려진 특용식물인 아키나무(ackee)와 환각선인장(peyote)

2장

국내외 약용식물자원 보전 및 육성정책

1. 미국

미주리식물원, 뉴욕식물원 등에서 식물자원의 연구를 전 세계적으로 선도하고 있으며, 이미 수백만점에 달하는 표본을 확보하고 있고, 수만 종의 수목 및 초본식물을 수집, 육성하고 있다.

스미스소니언 국립자연사박물관 산하 국립식물표본관에서는 전 세계에 분포하는 식물표본 350만 점 이상을 소장하고 있고, 대부분의 대학교에서도 표본관 시설을 운영하여 전 세계를 대상으로 식물자원 연구활동을 해왔다(예: 하버드대학 180만 점, 텍사스대학교 150만 점 등).

1990년도 미국 전 지역의 식물자원을 대상으로 연방정부 차원에서 북미식물지(Flora of North America) 편찬 사업에 착수하여 이미 3권의 식물지를 발간했다. 향후 계속해서 북미 식물자원의 세밀한 분류학적 특성을 규명하는 식물지를 완성할 계획이다. 이는 이미 1980년도부터 구상돼 오던 것으로 연방정부가 지원하는 장기사업의 하나이며, 이 외에도 미주리식물원에서는 중국화남식물원과 협력하여 세계 3위의 식물자원부국인 중국의 식물지를 영문으로 발간하는 사업을 추진하고 있다.

미국농림부 산하의 국립식물유전자원위원회에서 국가차원의 식물자원 관리를 자문하고 있으며, 주립식물유전자위원회 등 많은 하부 구조들이 조직적으로 연계돼 식물자원의 관리, 수집 및 국내 도입 등을 관리하고 있다. 이미 전국가적으로 식물유전자원정보전산망(GRIN)이 구축돼 종자은행, 공공연구기관 및 대학들이 연결돼 있다.

미국 국립암연구소는 전 세계에 퍼져있는 식물자원의 선발연구를 지속적으로 수행하여 이미 2만종 이상의 식물을 대상으로 항암작용에 대한 선발을 마쳤다. 최근 미국 국립보건원에서는 천연물연구의 중요성을 재삼 인식하여 국가적인 천연물과학연구 프로그램을 구성하고 있고, 전 세계적인 유전자 데이터베이스인 유전자은행(GenBank)를 운영하고 있다.

천연물 성분 물질 유래의 의약품과 합성의약품은 동일한 법규의 적용을 받기 때문에, 미량 천연성분 물질로서 순수분리에 고난도의 기술이 필요한 경우 의약품으로 개발하기에는 경비가 과다하여 천연물 성분 유래의 신의약품 개발에 장애요인이 돼왔다. 그럼에도 1960년대 이후 국립암연구소 주도하에 1550속 3390종의 식물로부터 11만4천개의 엑기스 제조로 항암제 개발을 위한 검색을 실시했다. 최근 이 프로그램이 다시 시작돼 열대지역의 식물 7000여종으로부터 2만3000여 시료를 모아 AIDS 바이러스에 대한 효능검색을 실시 중에 있다. 이를 통해 택솔, 빈크리스틴, 빈블라스틴 등 주요 항암신약을 개발할 수 있었고, AIDS 바이러스에 대하여 3개의 가능성 있는 화합물을 찾아내기도 했다. 주목으로부터 개발된 택솔(taxol)의 연간 매출액은 약 12억 달러로 추산된다. 최근 국립암연구소는 '천연물 항암제개발 연구기관(National Cooperative Natural Products Drug Discovery Groups, 1997～2007년)' 프로그램에 따라 많은 연구기관들을 지원했다.

- 시카고 일리노이대학 : 식물유래 항암제개발. 식물확보, 활성측정, 구조분석, 물질분리
- 웨인주립대학 : 천연물로부터 항암제 개발. 천연물질 생산 합성 및 활성 연구
- 코넬대학 : 코스타리카 지역에서 유용물질 연구
- 버지니아폴리테크닉연구소 : 열대 아프리카에서 생물 다양성 이용 연

구. 식물분류, 추출, 분리, 항암제 검색

- 아리조나대학 : 식물에서 활성물질 연구. 식물채집, 추출, 분리, 항암제 검색

2. 유럽

영국왕립식물원(Royal Botanical Gardens at Kew)은 전 세계에서 가장 오래된 식물원의 하나로써 세계 각지에 분포하는 식물자원을 수집 · 보전하여 현재 표본 600만점 이상, 그리고 3만종 이상의 식물을 보유하고 있는 세계 최대의 식물원이며, 식물자원에 대한 각종 학술문헌을 가장 많이 소장하고 있고 식물자원에 대한 연구도 병행하고 있다.

유럽국가들은 식물육종연구연합을 구성하여 영국, 서독, 프랑스, 이태리 등지에 식물자원보전센터를 설치하고 있다. 또한 노르웨이, 스웨덴, 덴마크, 핀란드 등의 북부국가들을 중심으로 노르딕유전자은행(Nordic GenBank)를 운영하여 국가간 공동망을 구성하고 있으며, 전 유럽에서 20개 이상의 종자은행이 설치 운영되고 있다.

[그림 7-6] 세계에서 가장 오래 되고 규모가 큰 영국왕립식물원(Kew Garden)

독일은 연방정부 주도하에 정부와 민간회사가 공동지원하는 'Natural Product Pool'을 1996년에 시작했으며, 천연물 성분과 유도체들을 수집, 확보하여 대단위 생리활성 물질 검색을 진행함으로써 신약 및 바이오농약 등을 개발하는 프로그램을 진행해왔다.

3. 중국

중국 또한 다양한 식물자원과 한방지식을 결합해서 독자적으로 신약연구를 진행하고 있는데 최근 많은 연구성과가 발표되고 식물유래 신약들이 속속 제품화되고 있다.

중국은 1000종 이상의 약용식물을 검색하여 개똥쑥(*Artemisia annua*)으로부터 기존의 말라리아 치료제인 키니네에 내성을 갖는 말라리아에 유효한 아르테미시닌(artemisinin)을 발견했고, 300 종류 이상의 유도체를 합성하여 말라리아 치료제인 아르테메테르(artemether)를 개발했다.

절강의학연구소와 상해약물연구소는 노인성 기억기능감퇴의 개선에 전통 민간약으로 사용돼온 약초인 천층탑(*Huperzia serratum*)으로부터 새로운 헤미테르펜 알칼로이드인 후페라진 A라는 성분이 치매 치료에 높은 활성이 있음을 확인했고 현재 대량생산돼 판매되고 있다. 이 성분은 한국에도 자생하는 뱀톱(*Lycopodium serrata*)에서도 얻을 수 있다. 후페라진 A는 혈전을 쉽게 통과할 수 있기 때문에 기억력 회복에 효과가 있다.

북경약물연구소에서는 오미자로부터 스키잔드린(schizandrin), 돌나물로부터 사멘토신(sarmentosin)을 분리하여 간염 치료제로 개발중이다. 또한 하늘타리에서 분리한 에이즈바이러스 감염억제 성분인 트리코산틴(trichosanthin)으로 에이즈 치료제를 임상시험중이다.

북경의과대학과 미국의 제약회사의 공동연구로 약용식물인 해풍등(*Piper futokadsura*)에서 혈소판 응집인자(PAF) 수용체 길항작용을 가지는 카주레논(kadsurenone)을 분리하여 혈전 · 심장마비 · 뇌졸중 치료제로 개발중이다. 이 성분은 한국에 자생하는 바람등칡(*Piper kadzura*, 후추등)에서도 얻을 수 있다. 또한 돌나물(*Sedum sarmentosum*)로부터 배당체 사르멘토신(sarmentosin)를 분리해서 간염 치료제로 개발중이다.

4. 일본

일본은 국립유전자원센터를 중심으로 체계적인 생물유전자원의 국가적인 수집, 확보, 보전, 생명공학을 이용한 기능개발연구를 총괄하고 있다. 이미 1960년대부터 생물자원조사 연구를 국가적으로 지원하여 인도네시아, 말레이시아 등 아시아 식물자원 부국에 대한 조사와 연구를 지속적으로 수행하고 있으며, 인도, 네팔, 티베트, 중국 등지에 전문가를 파견하여 식물자원 수집, 분류 및 개발에 대한 연구를 활발히 전개하고 있다. 또한 1990년에는 의약품산업 진흥기금을 설치했고, 1991년 휴먼사이언스진흥재단을 발족했으며, 1992년 'Pharma Dream' 계획을 시작해서 적극적으로 연구개발에 투자를 하고 있다.

- 태국식물 *Croton sublyratus*로부터 항궤양성작용 성분인 플루노톨(Plunotol)을 개발하여 현재 임상시험중이다.
- 콩과식물인 *Sophora substrata*로부터 항궤양성분 소파르딘(sophardin)을 합성하여 위궤양 치료제인 소팔콘(Sophalcone)을 개발해 시판하고 있다. 한국에 자생하는 도둑놈의지팡이(*Sophora flavescenes*)도 같은 속의 식물이다.

• 복어 중독에도 효과가 있는 남천(*Nandiana domestica*)의 난테노사이드(nantenoside)가 주성분인 알레르기 치료제인 트란시라스트(Transilast)를 개발했다.

5. 국내 동향

한국에는 풍부한 약용식물자원과 중국이나 일본에 뒤지지 않는 전통의 약품에 대한 풍부한 정보가 있음에도 불구하고, 투자와 인식부족으로 이러한 정보를 이용한 신약이나 천연물의 이용 개발에 충분히 활용하지 못하고 있다. 최근에는 전통약물로부터 신약을 개발하고자 하는 인식이 확산돼 집중적인 노력을 하고 있으나 대부분의 천연물성분 및 생리활성 연구가 지속적, 조직적, 효율적, 체계적으로 이루어지지 못하고 산업화로 연계되지 못하고 있다. 시판중인 관련 식물유래 제품들도 소비자들의 높은 관심에 비해 진액이나 캡슐 등 전통적인 단순기법으로 제조돼 기능과 효과가 강화된 바이오신약 등으로 개발되지 못하고 건강보조식품에 머물고 있다. 이렇다 보니 비싼 로열티를 주고 외국에서 식물유래 의약품 원료를 수입해 제조 판매하는 악순환이 계속되고 있다.

국내에서는 식물자원의 조사 및 보전에 대한 정부차원의 대대적인 사업이 아직 실현되지 않고 있다. 하지만 환경부의 자연생태계 조사의 일환으로 지역적 식물상 조사 및 표본 수집이 이루어지고 있다. 또한 생물다양성협의회에서는 국내 학자들을 중심으로 국내 생물자원 연구의 현황, 보전, 지속적인 이용 등에 관한 국가적 전략을 수립하기 위한 기초 조사 연구의 일환으로 '한국의 생물다양성 2000'을 발간하여 국가적 정책대안을 제시한 바 있다. 생물다양성 보전 및 이용에 관한 연구는 과학기술처 지원으로

'G7 신기능 생물소재 기술개발사업' 및 '생명공학 기술개발사업'으로 일부 부분적으로 수행됐다.

물질 특허제와 함께 천연물 과학 분야에 대한 관심이 높아져 한국과학기술연구원, 한국화학연구소, 생명과학연구소 등에서 천연물 성분 연구에 관심을 보이고 있다. 최근 과학기술부 선도기술개발사업, 보건복지부 보건기술연구사업 등에서 연구비의 일부가 지원되고 있다. 특히 과학기술부에서는 '자생식물이용개발사업단'을 통해 국내 자생식물을 대상으로 기능성 식의약품 개발에 연간 100억원 정도를 지원하고 있다.

수목자원이 전체 차지하는 비중이 상당함에도 불구하고 수목자원을 대상으로 하는 천연물 개발 연구지원 프로그램은 없다. 현재 임업 분야의 천연물에 대하여는 유일하게 농촌진흥청 '바이오그린 21' 사업의 일환으로 임업연구단의 기획과제의 하나로 연간 1억 정도의 연구비가 지원되고 있다.

지난 2000년 '천연물신약연구개발 촉진법'이 제정된 이후, 2004년부터 천연물신약 임상시험계획승인이 꾸준히 늘고 있으며, 상담 건수는 2004년 26건에서 2009년에는 135건으로 6배 이상 증가했다. 이에 따라 1~2년 내 다수의 천연물신약 허가신청이 이루어질 전망이다. 또한 보건복지부는 충북 오송생명과학단지 내에 천연물신약개발센터를 건립할 예정이다.

Part 08

유전자재조합 농산물

1장

유전자재조합 농산물이란

1. GMO의 정의

GMO(Genetically Modified Organism)란 생물의 유전자 중 유용한 유전자만을 취하여 다른 생물체의 유전자와 결합시키는 등의 유전자 재조합 기술을 활용하여 재배 육성된 농 · 축 · 수산물 등의 생물체를 말한다. 유럽연합(EU)는 자연교배나 자연결합으로는 생성될 수 없는 방법으로 변형된 유전자를 가지고 있는 농산물로, 미국농무성(USDA)은 염색체 변형뿐만 아니라 이종교배의 기술로 만들어진 농산물을 GMO로 정의하고 있다. GM 작물은 GMO 중에서 인간이 재배하는 작물을 말하며, 미생물일 경우 GM 미생물이라고 부른다. GM 식품은 GMO를 원료로 하여 제조 · 가공한 식품 또는 식품첨가물을 말한다.

한국의 '농산물품질관리법'에서는 GM 농산물을 '유전자변형농산물'로, '식품위생법'에서는 GM 식품을 '유전자 재조합식품'으로 부르며 유전자재조합기술을 활용하여 재배 · 육성된 농 · 축 · 수산물 등을 원료로 하여 제조 · 가공한 식품으로 정의한다. GMO를 반대하는 시민단체에서는 GM 식품의 유해성을 강조하기 위해 '유전자조작식품'으로 흔히 부른다.

한편 유엔환경보호기구(UNEP) 등에서는 "살아있는 유전자변형 생물"이란 의미로 LMO(Living Modified Organism)라는 용어를 사용되고 있다. GMO의 국가간 이동에 따르는 환경안전성을 고려해서 수생 및 해양 어패류 등은 GMO 보다는 '살아있는 GMO' 즉 LMO로 표기하고 있다. LMO는 살아 있음(Living)을 강조하는 용어로서 그 자체 생물이 생식, 번식이 가능한 것을 말하고, GMO는 가공식품 등 생식이나 번식이 가능하지 않은 식품(예: 통조림 상태의 GM옥수수)을 포함하는 포괄적인 용어로 정의한다.

21세기의 인류의 가장 중요한 당면과제는 식량, 에너지, 환경문제 해결일 것이다. GMO는 공교롭게도 이 문제들에 직접적으로 연결되어 있다. GM 식량작물의 대량생산, 콩·옥수수 등 바이오에너지용 GM 작물 재배, 가뭄 및 척박지 적응 GM 작물 재배, 내병충성 작물 개발, 당뇨예방·치매예방·항암 등 기능성물질 함유작물 개발, 무농약 재배를 실현할 수 있는 내병충성 작물 개발, 의료용 단백질 생산 등에 이르기까지 무한한 가능성을 가지고 있다.

이처럼 GMO가 미래 바이오산업의 중요한 부문을 차지하고 있지만 시민단체를 중심으로 한 GM 작물에 대한 비판과 반발도 만만치 않고, 소비자들의 막연한 불안감 또한 GM 작물의 개발과 이용에 걸림돌로 작용하고 있다. 하지만 이와 같은 논쟁과는 별개로 세계 각국의 정부기관, 대학, 연구소 등에서는 국책과제로서 GMO의 연구를 활발히 진행하고 있다.

미국의 대형 다국적 기업들은 가뭄저항성 옥수수를 개발하여 상업화하는 등 주요 유전자 특허권을 확보하기 위해 치열한 경쟁을 벌이고 있고, 중국은 해충저항성 면화 등 6개 작물에 대해 재배 승인했고, 2008년부터는 미래 식량 확보를 위한 국가전략으로 GMO의 독자적 개발을 선언하고 향후 35억 달러 투자를 시작했다. 일본과 유럽 등 식량 수입국들은 식량 방어적 차원에서 GMO에 대한 광범위한 연구를 쌓아가고 있다.

2. GM 작물 재배 및 생산 동향

미국의 GM 농작물 재배 진흥기구 ISAAA의 2009년 자료에 따르면, 2008년 GM 농작물은 전 세계 경지면적의 약 8퍼센트에 해당하며, 면적으로는 한반도의 5배인 125만km^2로 국가별로는 미국의 재배면적이 전체 GM농산물 재배면적의 50퍼센트를 점유하고 있으며, 아르헨티나(17퍼센트), 브라질(13퍼센트), 캐나다(6퍼센트), 인도(6퍼센트), 중국(3퍼센트), 파라과이(2퍼센트)등 7개국이 전체 재배면적의 97퍼센트를 점유하고 있다.

남아프리카공화국, 필리핀, 호주, 스페인, 멕시코에서도 GM 농작물이 재배됐으며, 아프리카 이집트(해충저항성 GM 옥수수), 부르키나파소(GM 면화)가 재배를 시작했다. 한국, 영국, 독일, 프랑스 등은 GMO 상업적 생산은 하지 않지만 고기능성 GM 작물들을 시험재배중이다.

농작물 가운데 특히 4대 GM 작물인 콩, 면화, 옥수수, 유채의 재배 비율

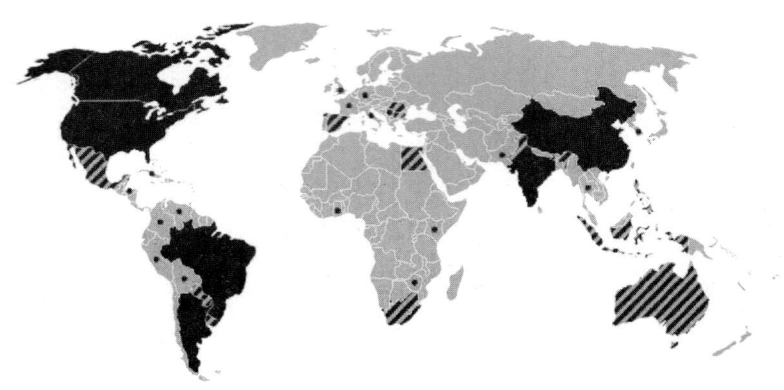

[그림 8-1] 세계 GMO 생산국 및 시험재배국가 (ISAAA, 2008)

■ 는 미국, 캐나다, 브라질, 아르헨티나, 인도, 중국이 전세계 GMO의 95%를 생산
//// 는 파라과이, 호주, 인도네시아, 스페인 등 기타 GMO 생산국으로 소량을 생산
• 는 한국, 영국, 독일, 프랑스, 이태리 등 GMO 시험재배중인 국가

이 높다. 콩의 경우 전체의 64퍼센트가 GM 품종이고, 면화는 43퍼센트, 옥수수는 24퍼센트, 유채는 20퍼센트이다. 1996년 대비 2006년의 재배면적은 무려 60배 증가했으며, ISAAA는 앞으로 8년 뒤에는 GM 농작물을 재배하는 농지면적이 전체의 20퍼센트에 달할 것이라고 전망했다.

특성별 GM 재배면적을 보면, 제초제저항성 6690만 헥타르(68퍼센트), 해충저항성 1900만 헥타르(19퍼센트), 제초제저항성과 해충저항성 1310만 헥타르(13퍼센트)이다. GM 재배농가 수는 매년 급증하고 있으며 2008년 현재 25개국 1330만 명이었다.

한편 에이지바이오스(AGBIOS)의 자료에 따르면, 2009년 현재 상품화된 GM 작물은 21개 작물 181개 품종이 포함된다. 이 가운데 옥수수가 44개 품종으로 가장 많고, 그 다음으로 유채(2종) 25, 면화 22, 감자 20, 대두 12, 카네이션 11, 쌀 9, 토마토 8, 밀 7, 담배 5, 사탕무 3, 치커리 3, 알팔파 2, 파파야 2, 호박 2, 메론 2, 아마, 편두, 해바라기, 양잔디(Bent grass) 각 1개 품종이다.

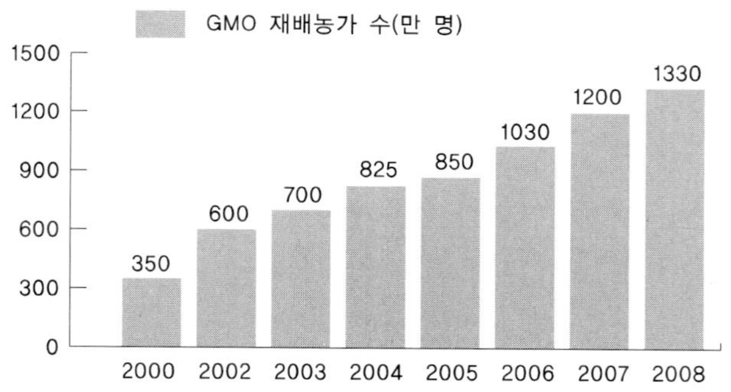

[그림 8-2] GMO 재배농가수 (ISAAA, 2009)

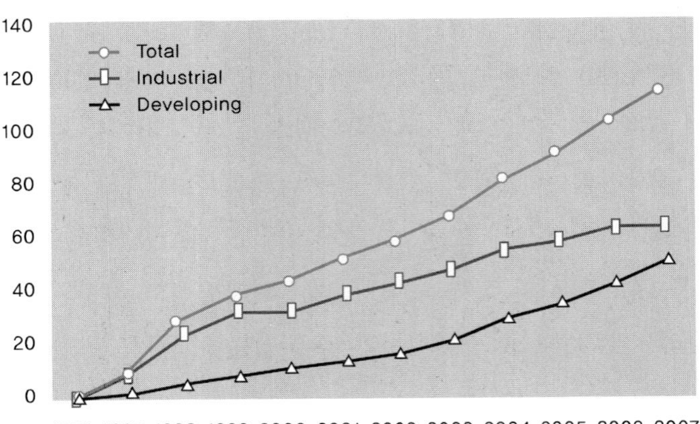

[그림 8-3] 1996~2007년 산업국 및 개발도상국의 바이오작물의 재배면적 변화 (단위: 백만 ha) (Clive James, 2008)

대표적인 GMO 개발기업으로는 Monsanto, AgrEvo, Syngenta, DuPont, DeKalb, Delta & Pine land(이상 미국), PGS(벨기에), Florigene(호주) 등이 있다.

GM 농산물의 향후 시장규모에 대해서는 조사 기관별로 전망과 예측이 서로 다르지만, 장기적으로 볼 때 GM 농산물 분야가 바이오산업에 있어서 바이오의약품을 누르고 거대시장을 형성하리라는 점에 대해서는 대체로 의견이 일치하고 있다. 세계적인 제약기업인 아스트라제네카(2000)는 GM 농산물 및 GM 식품의 시장이 2020년에는 약 750억 달러의 거대시장을 형성할 것으로 예상했다. 일본의 미쓰비시연구소(2000) 또한 세계 GM 농산물과 GM 식품의 시장규모가 2020년에는 각각 1590억 달러, 1375억 달러에 달할 것으로 전망하여 아스트라제네카에 비해 2배 이상의 증가 예상치를 내놓았다.

3. GM 농산물 유통 현황

GM 농산물은 세계 곡물 유통량의 20퍼센트를 점하고 있는데, 현재 전 세계적으로 유통되고 있는 GM 식품은 옥수수, 콩, 감자 등 약 50여 개 품목이고, 국내에서 유통중인 GM 식품도 39개 품목에 달한다. 현재 한국의 식량자급률은 27.4퍼센트로서 70퍼센트 이상의 식량을 외국에 의존하며 살아가고 있다. 이 가운데 사료용 옥수수 전량, 콩기름 등 가공용 콩 전량은 GM 작물이다.

유전자재조합 농산물은 지구의 식량자급과 식량 및 식품산업에 지대한 역할을 하고 있다. 대표적 GM 농산물 국가인 미국의 경우 2007년도 재배한 콩의 91퍼센트, 옥수수의 74퍼센트가 GM 농산물이었다. 한국은 쌀을 제외하면 식량자급률은 콩 10퍼센트, 옥수수는 1퍼센트 미만인 실정에서 GMO 수입을 선택하지 않으면 아예 식량자급이 불가능할 정도다. 2007년도 한국의 곡류 자급률은 27.4퍼센트인 반면 미국, 영국, 캐나다, 프랑스, 독일 등은 100퍼센트 이상이다. 쌀 역시 2014년 시장개방을 앞두고 있는데다, 한·미 자유무역협정(FTA)의 비준으로 낙관적이지만은 않다. 세계 곡물시장은 현재 몬산토의 협력기업인 카길을 포함해서 미국, 아르헨티나, 프랑스, 스위스 기업들이 점유하고 있다(그림 8-4). 한국도 식량자급률을 높임과 동시에, 중국처럼 GM 작물에 대한 연구와 생산을 통해 식량주권을 되찾고 미래의 식량전쟁에 대비해야 한다.

국내 GM 농산물 수입은 1998년부터 시작하여 2005년 기준으로 콩, 옥수수, 카놀라 등을 포함하여 약 1조원 규모가 되었으며, 이것들을 이용해서 만든 가공식품은 된장, 간장 등 39품목에 이른다.

2001년 7월 GM 식품에 대한 소비자의 알권리 및 선택권 보장을 위해 GM 식품에 대한 표시제가 실시되면서, 농산물에 대해서는 농산물품질관리법에 의해, 가공식품에 대해서는 식품위생법에 의한 유전자재조합식품

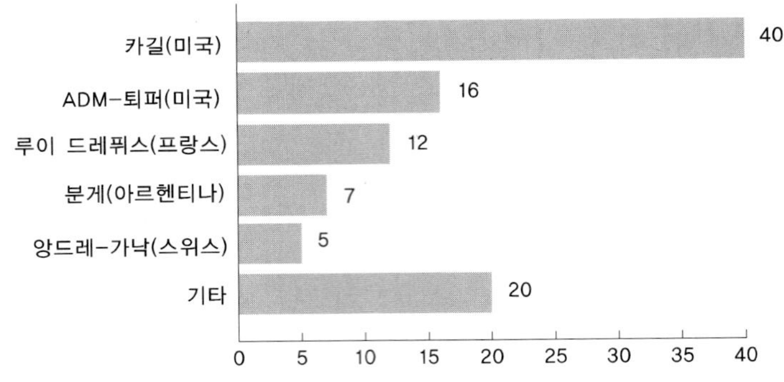

[그림 8-4] 5대 곡물메이저 세계시장 점유율(%)

※자료: 민주노동당 강기갑 의원실(2004)

등의 표시기준에 의해 관리가 되고 있다.

국내에 수입되는 가공용 GM 농산물은 살아 있는 LMO가 아니다. 또한 nonGM 상태로 수입되는 경우도 3퍼센트의 비의도적인 혼입을 인정해주고 있기 때문에 100퍼센트 nonGM 농산물이 아니다. 한편 식품용도로 수입되는 GM의 경우 식품위생법에 의한 안전성평가를 거쳐 수입됐으나, LMO법 시행 이후에는 식품위생법 이외에도 LMO법의 적용을 받도록 규정되어 있어 안전성평가시 정부부처 간 협의 과정을 거쳐 안전성평가가 완료된 품목에 한해 수입이 가능하도록 하고 있어 매우 까다로운 편이다. 즉, LMO가 아닌 GMO(가공식품 등)는 식품위생법의 적용만 받지만, 식품용 LMO는 식품위생법뿐 아니라 새로 발효된 LMO법도 적용받게 되어 사실상 수입통관이 쉽지 않다.

2008년 4월 현재 기준으로 국내에서 상업화 승인되어 재배 및 생산되는 GM 농산물은 없고, 일부 GM 작물에 대해 연구·시험재배만 하고 있다. 현재 한국에서 수입이 승인된 GM 작물은 콩(대두), 옥수수, 감자, 면화, 유채, 알팔파 등으로서 콩과 옥수수의 경우 가공식품은 거의 GM 식품이라고 봐도 좋다. 농수산물유통공사는 콩을 수입해 국내 두부와 두유, 장류업체에 공급하고 있다. 국제곡물 가격급등의 여파로 두부와 메주의 원료인 대두(콩) 수입이 차질을 빚고 있어 우리도 GM 콩의 개발과 재배확대가 시급하다. 국산콩은 수입콩에 비해 5배가량 비싸서 산업용으로는 곤란하고 개별적으로 해외에서 콩을 수입하면 500퍼센트 가까운 관세를 물어야 해 가격경쟁력을 상실하게 된다.

미국과 아르헨티나에서는 거의 10년 가까이, 한국에서는 공식적으로는 2001년부터 모든 국민이 GM 작물과 식품을 먹어왔다. 물론 GM 표기의무화 이전의 GM 작물을 포함하면 한국도 GM 작물의 식용역사가 꽤 길다. 유럽에서 옥수수를 가장 많이 재배하는 스페인산 옥수수의 40퍼센트 이상이 GM 옥수수다. 지금까지 GMO는 국가에서 안전성을 평가한 뒤 수입·승인되고 있으며 이들 식품에 의해 안전성 문제가 발생됐다고 공식적으로 보고된 바는 없다.

GMO의 가장 대표적인 품목인 콩과 옥수수에 대해 필요량의 대부분을 수입해서 사용하고 있다. 수입한 GMO는 가축의 사료로 대부분 사용하나 식품의 재료로도 많이 사용한다. GMO 표시가 의무화된 2001년 이후 GM 표시 대두(콩)를 매년 100만 톤 정도 수입하고 있다. GM 콩은 두부·된장·고추장·두유·식용유 등에 자주 쓰인다. GM 옥수수는 전분과 물엿·과당·포도당 등의 전분당 제조에 광범위하게 쓰이고 있어 과자와 음료수, 빙과류 제조와 요리 등에 많이 함유되지만 GMO 표시에서는 자유롭기 때문에 대부분의 국민들이 소량이지만 매일 GM 식품을 먹고 있는 셈이다(표 8-1). 사실상 가공식품에서 GM 농산물을 제외하는 것이 원료수급면이나 기술적으로 더 어렵다. 이외에도 GM 옥수수는 시어리얼·콘칩·과자·빵 등 가공식품에 주로 사용하고 있는데, 원료 중 3퍼센트 이하의 GM 농산물은 현행법상 표시의무가 없어 다량으로 소비됐다.

사료를 제외한 식용 및 가공용 콩, 옥수수, 감자의 주요 수입국은 〈표 8-2〉와 같다. 콩은 미국에서 주로 수입하고 있으며, 중국의 비중이 20 퍼

〈표 8-1〉 원료 GM 작물과 GM 함유식품

원료 GM 작물	GM 함유식품
콩(소비량의 절반은 GMO)	장류(간장, 된장, 고추장, 쌈장 등), 두부류(두부, 유부 등), 콩나물, 식용유, 콩기름(라면 포함), 마가린, 쇼트닝, 콩가루 함유 과자, 스낵, 빵류, 콩 통조림, 콩단백 함유식품, 두유, 대두버터, 마요네즈, 스파게티, 마카로니, 각종 향신료, 소시지, 베이컨, 커피크림
옥수수(소비량의 1/4은 GMO)	옥수수 통조림(콘샐러드), 콘스낵, 팝콘, 옥수수유, 아침식사용 시리얼, 물엿 및 물엿 함유 가공식품(과자류 등), 옥수수전분 함유 가공식품(과자류, 빵류, 맥주, 콜라, 사이다, 스프, 당면, 팥앙금 등)
토마토(소비량의 1% 내외는 GMO)	케첩, 토마토 쥬스, 각종소스(스파게티, 파스타, 피자용)
감자(소비량의 10% 정도는 GMO)	스낵류, 감자튀김(미국 및 호주산 수입감자)
면실, 면화(소비량의 30%는 GMO)	식용 면실유(땅콩버터, 스낵류, 참치 통조림 등)
유채(소비량의 절반은 GMO)	카놀라유(샐러드 드레싱, 과자류, 마가린 등)
치커리	커피 대용 치커리차
기타	이유식(콩, 옥수수 함유), 채소치즈(GM 효소 사용)

〈표 8-2〉 식용 콩, 옥수수, 신선감자의 수입량

품목	용도	원산지	2001(%)		2003(%)		2005(%)	
			수량(톤)	%	수량(톤)	%	수량(톤)	%
콩	식용+가공용	미국	220,768	82	229,944	81	241,884	72
		중국	46,872	17	51,984	18	77,951	23
		캐나다	160	〈1	0	0	560	〈1
		러시아	38	〈1	0	0	0	0
		브라질	0	0	0	0	15,906	5
		기타	23	〈1	2,567	1	449	〈1
		계	267,861	100	284,495		336,750	100
옥수수	팝콘+가공용	미국	816,473	37	27,166	1	80,223	4
		브라질	824,691	38	701,917	33	297,906	16
		중국	220,165	10	1,382,909	65	1,511,896	80
		아르헨	265,910	12	1,515	〈1	286	〈1
		기타	63,272	3	12,453	〈1	578	〈1
		계	2,190,511		2,125,960		1,890,889	0
신선감자	내수용+가공용	미국	160	2	6,324	35	5,757	31
		호주	7,882	98	11,523	65	12,620	69
		기타	9	〈1	0	0	0	0
		계	8,051	100	17,847	100	18,377	100

※자료: 관세청(2006)

센트 이상으로 점차 높아지고 있다. 옥수수의 경우는, 2001년까지는 미국과 브라질에서 주로 수입했으나 2003년 이후 중국이 60퍼센트를 점유하고 2005년에는 무려 80퍼센트를 차지하고 있다. 신선감자의 경우는, 호주가 7할을, 미국이 3할을 점하고 있다. 한국은 중국으로부터의 콩, 밀, 옥수수 등 곡물수입이 증가하고 있는 데 반해, 중국정부는 최근 자국내 농산물 가격 상승이 과다수출에 기인한 것으로 보고 관세 인상 등을 통한 수출억제정책을 대폭 강화하고 있다.

2008년 10월 식품의약품안전청의 '가공식품 중 유전자재조합 성분 함유 실태조사' 자료에 따르면, 전국에 유통되고 있는 콩, 옥수수 또는 콩 및 옥수수가 주 원재료의 5대 원료로 포함되는 식품을 수거하여 검사한 결과 총 568건 중 65건(11.4퍼센트)의 제품에서 유전자재조합 성분이 검출된 것으로 밝혀졌다.

식품 유형별로는 식육가공제품 40.3퍼센트, 건강기능식품 33.3퍼센트, 두부 17.9퍼센트, 특수용도식품 16.2퍼센트, 과자 13.2퍼센트, 음료수 4.1퍼센트 순으로 나타났다.

568건의 가공식품 중 104건(18.3퍼센트)이 현행 검사를 통해서는 유전

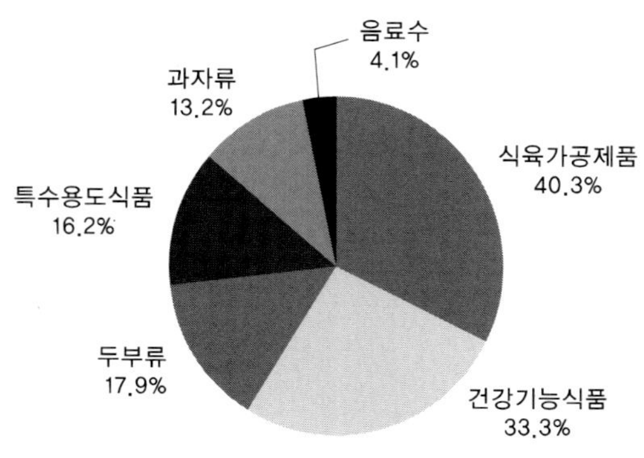

[그림 8-5] 식품유형별 GMO 함유제품 비율(%)

※자료 : 식품의약청안전청(2008)

자재조합 여부를 확인할 수 없는 것으로 드러났다. 또한 유전자재조합식품 중 고온의 제조과정과 발효에 의해서 생산되는 식품, 추출액으로 콩이나 옥수수 원재료가 미량으로 들어있는 식품, 전분과 같이 DNA의 추출이 어려운 식품도 유전자재조합 함유 여부를 확인하기 사실상 어렵다.

정부는 지난달 초 '유전자재조합식품의 표시기준 개정안 입안 예고'를 통해 GMO 식품 표시제를 강화하겠다고 밝혔다. 정부가 추진하는 GMO 식품 표시 기준 개정안의 핵심은 일부 품목에 한정했던 GMO 식품 표시를 모든 식품으로 확대하자는 것이다. 또 GMO 원료를 사용하더라도 완제품 상태에서 검사가 불가능해 과거 대상에서 제외됐던 간장, 식용유 등도 앞으로는 GMO 표시를 해야 한다. 정부는 다만 이들 식품에 대해 개정안 고시 후 3년간의 유예기간을 두기로 했다.

물론 미국은 100퍼센트 GMO로 만든 식품에 대해서도 표시하지 않고 먹어왔다. 왜냐 하면 안전성을 승인 받은 GMO는 현대과학의 모든 최신 기법을 이용하여 FDA가 검증했고 위해성을 평가해서 문제가 없으며 일반 작물과 같다고 결론 내렸기 때문이다.

2장

유전자재조합기술 개발 역사와 현재

1. 제1세대 생산성 향상

인류의 농경과 축산의 역사는 품종개량의 역사라고 해도 될 만큼, 인류는 교잡과 선발육종을 통해 DNA의 개량을 도모해 왔다. 오늘날에도 품종개량과 DNA 변형 및 고기능성 작물의 생산은 농업작물 연구의 핵심을 이루고 있다. 사실상 우리가 먹는 모든 농산물은 품종개량된 것으로 자연상태의 고유 유전자를 가진 종은 거의 없다. 유전자재조합작물의 연구는

〈표 8-3〉 전통육종과 분자육종의 비교

구분	전통육종	분자육종
관련 유전자 수	많은 유전자의 재조합	단일 또는 소수 유전자의 재조합
목적	교배가능 비목적 유전자의 대량 수용	목적 유전자를 선정하고 상세한 정보 분석 후 도입
유전자변형	무작위 돌연변이	선발표지유전자와 함께 도입, 정확한 예상 가능
형질발현	여러 유전자의 복합성 결과	삽입 유전자의 특성 발현
유전자원	한계가 있음	한계가 없음
육종기간	약 10년	약 5~7년
연구경력	수백년	약 25년

※자료: 산업자원부, 바이오안전성백서(2007)

〈표 8-4〉 GM 농산물의 특성별 세대 구분

세대	특성	사례	이해당사자
1세대	영농기술 및 생산성 향상이 목적	제초제내성 콩, 해충저항성 옥수수, 바이러스저항성 감자 등	생산자에게 이로움
2세대	품질개선, 가공 특성 향상 및 가공 비용 절감	지방산 조성 변화 콩 또는 과숙억제 과일 등	유통 및 가공업자, 또는 소비자에게 이로움
3세대	농산물의 부가가치 향상 기능 부여	항암제 함유 약용식물, 콜레라백신 감자/바나나 등	소비자에게 이로움

※자료: 산업자원부, 바이오안전성백서(2007)

1970년대 유전자재조합 기술의 등장과 함께 급진전을 이루게 되며, 1980년대부터 가시적인 성과가 나타나기 시작했다. 1983년에는 페튜니아와 담배에 성공적으로 적용된 데 이어, 1986년에는 제초제 내성 감자와 콩, 1990년에는 제초제 내성 옥수수 등으로 적용범위를 넓혀갔다.

GMO의 상업적 생산은 미국 칼진(Calgene, 1997년 몬산토에 합병됨)사에 의해 1994년부터 시작됐다. 칼진사는 1988년부터 토마토를 무르지 않게 하기 위해 어류의 유전자를 결합시킨 과숙 억제 토마토의 개발을 시작했다. 1993년 미국 식품의약국(FDA)의 승인을 얻었고 1994년 시판에 들어간 이 토마토(상품명 Flavr Savr™)는 세포막 분해효소인 폴리칼락투로나제를 제거하여 토마토의 숙성 속도를 억제하여 출하 뒤에도 5일 정도 더 오래 단단함을 유지할 수 있는 특성을 지녔다. 이에 따라 싱싱한 토마토를 더 멀리 더 쉽게 운송할 수 있는 가능성을 열어줌으로써 당시로서는 획기적인 제품으로 받아들여졌다. 그러나 가격과 맛에서 소비자의 외면

[그림 8-6] 최초의 바이오식품임을 자랑하는 Flavr Savr의 광고 사진

을 받아 큰 성공을 거두지는 못했다.

이후 1996년 미국 몬산토의 라운드업 레디(Roundup Ready™)라는 제초제 내성 GM콩이 개발됐으며, 제초제 내성 옥수수, 면화, 벼 등이 개발되거나 개발 중이다. 몬산토 GM콩은 GM 농산물 최초의 히트 제품으로서 가격은 다소 비싸지만 수확량이 많아서 폭발적인 판매신장을 가져왔다. 이어서 몬산토는 바이오독소 유전자가 삽입된 토마토, 담배, 옥수수, 면화, 감자 등의 해충저항성 품종을 개발했으며, 1996년부터 미국 몬산토가 개발한 볼가드(Bollgard)라는 해충저항성 면화가 상용화됐다. 다국적 제약기업 바이엘의 자회사인 바이엘 크롭사이언스(Bayer CropScience) 또한 해충저항성 면화의 특허를 가지고 있는데 2012년 트윈링크(TwinLink™) 제품을 시판할 예정이다.

중국 또한 일찍부터 GM 작물을 연구해왔는데, 1992년 바이러스저항성 담배를, 1994년에는 바이러스저항성 토마토를 개발했으며, 이후 호박·감자·파파야 등의 바이러스저항성 GM 농산물을 개발·생산해왔다.

2. 제2세대 부가가치 증진

2세대 GM 농산물은 소비자의 요구 충족을 위하여 영양성이나 기능성을 강화한 특성을 가지고 있다. 2000년 스위스연방기술연구소(ETH)의 잉고 포트리쿠스(Ingo Potrykus)와 독일 프라이부르크대학의 피터 베이어(Peter Beyer)는 베타카로틴 성분이 보강된 일명 황금쌀(Gloden Rice)을 개발했는데 쌀을 주식으로 하는 국가들에서 비타민 A 결핍증을 획기적으로 줄일 수 있는 제품이다. 2005년에는 베타카로틴의 함유량을 25배까지 늘린 '황금쌀2'가 개발됐다. 베타카로틴은 몸속에서 비타민 A로 바뀌는데, 정미한

쌀에는 비타민 A가 없다. 유니세프에 따르면 한해 1~5살짜리 어린이 50만 명이 비타민 A 결핍증을 보이는데 심할 경우 시력을 잃거나 사망하기도 한다. 이 연구는 록펠러 재단의 지원을 받아 이뤄져 황금쌀은 인도와 중국 등에 무료로 배포되고 있다. 록펠러 재단은 지원의 조건으로 연구결과에 대한 특허권을 개발도상국에는 출원하지 않도록 하고 있기 때문이다. 비타민 A와 철분의 함량을 대폭 증대시켜 세계 영양결핍 아동들의 건강과 시각을 향상시킬 것으로 기대되는 황금쌀의 개발로 '제1회 금호국제과학상'을 수상하기도 했다.

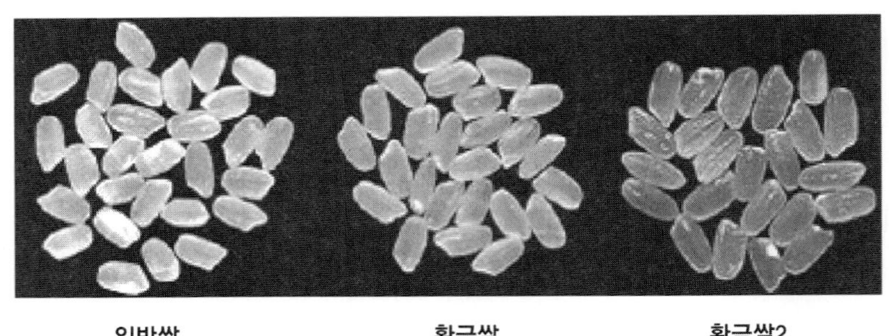

[그림 8-7] 포트리쿠스와 베이어가 개발한 베타카로틴강화 황금쌀

이 외에도 각국의 여러 연구소에서 무니코틴 담배, 라우린산 강화 유채, 올레인산 강화 콩, 전분 강화 감자 등 기능성 GM 작물에 대한 연구개발이 활발히 진행되고 있다.

타이어로 유명한 금호그룹 금호생명과학연구소에서는 열대고무나무에서 천연고무를 생합성할 수 있는 유전자를 분리 · 재조합하여 온대성 고무나무에서 천연고무를 생산할 수 있는 연구를 진행중이다. 천연고무 세계 수요량은 연간 600만 톤이며, 이 가운데 30만 톤이 국내로 수입되고 있다.

3. 유전자재조합 농산물에서 유용물질 생산

제3세대는 고부가가치를 갖는 백신 등의 의약품 용도나 대체 에너지 생산 등의 목적을 가진 GM 농산물이 연구되고 있다. GM미생물로 고부가가치 의료용 단백질을 대량으로 생산할 수 있으며, 기존에는 돼지 췌장을 통해 소량 생산되던 인슐린이 대장균에 관련 유전자를 도입·발현시킴으로써 대량으로 생산할 수 있게 되었다. 미국은 지난 10년간 500여종의 GMO를 개발했으며, 콩, 옥수수, 감자, 토마토, 호박, 유채 등 15개 작물이 시판되고 있다.

GMO 개발에 적용되는 기술을 이용하면 탁솔(taxol)과 같은 항암제, 카로틴 같은 항산화 영양제 등의 대량생산이 가능해진다. 식물은 화학적 합성이 아주 까다로운 약제물질 등을 천연 상태에서 합성하고 있기 때문이다.

4. 주요 GM 농산물 개발 동향

1) 벼

미국과 중국을 중심으로 해충저항성 뿐 아니라, 비타민 A·E, 철분·아연 등의 기능성 원소 첨가 벼, 감마오리자놀 성분이 풍부한 쌀이 개발됐다. 감마오리자놀은 포유류의 소뇌에 존재하는 신경 전달 물질로 주로 쌀눈에 미량 함유되어 있지만 발아 과정에서 3배 이상 증대된다. 감마오리자놀은 두통·신경쇠약·신경성위장병·숙면 등에 효과가 있으며, 고혈압 저하, 신장기능 활성화, 비만 방지 등의 작용이 보고되어 있다.

이외에도 알레르기 치료용 백신 함유 벼, 낟알 부착력 증대를 통한 생산성 증대 벼, 완전 침수에도 살아남을 수 있는 벼, 광합성 효율증대 벼, 내건성 및 내염성 벼, 바이러스 내성 벼 등이 개발 및 재배되고 있다.

중국은 식량안보에 필요한 요구량을 충족시키기 위해서 경작 가능한 농지의 75퍼센트에 해당하는 염전 또는 고염분 토양에 잘 자라는 내염성 벼에 중점을 두고 있다. 이 GM 벼는 산동성의 동부 해안에서 재배됐으며, 2007년 길림성은 27만 헥타르의 염전을 논으로 바꾸고 내염성 GM 벼를 재배했다. 미국 아카디아 바이오사이언시스(Arcadia Biosciences) 연구소와 중국 닝샤(寧夏)후이족자치구 정부는 농민들이 염화토양에서 재배할 수 있는 다양한 품종의 벼를 개발하기로 협약을 체결했다.

2) 콩

알레르기 단백질 제거 콩, 오메가-3 지방산 다량 함유 콩, 돼지 장염 방지용 사료 콩 등의 연구가 진행되고 있다.

3) 옥수수

철분 축적 옥수수, 아밀라아제 효소 함유 옥수수, 뉴캐슬병(가금류) 백신 생산 옥수수, 가뭄저항성 옥수수 등의 연구 개발이 이루어지고 있다.

4) 밀

아밀로오스 변형 밀, 단백질, 아연 · 철분 함량 강화 밀, 열저항성 효소 함유 밀, 반점병 저항성 밀, 개화시기 조절 밀, 헤센파리(Hessian fly) 저항성 밀, 내염성 밀 등에 대한 연구가 이루어지고 있다.

5) 감자

4가지 병원균에 저항성을 갖는 복합저항성 감자, 산업용 단백질 생산 감자, 상처 및 싹 트는 것에 저항성을 갖는 감자, 아크릴아마이드(감자조리가공 중 생성되는 발암성 물질) 생성 억제 및 향미 증가 감자 등이 개발되고 있다.

6) 포도

플라바논(폴리페놀) 대량 합성 품종, 뿌리혹선충 저항성 품종 등에 대한 개발이 이루어지고 있다.

7) 토마토

인터루킨-2(신장암, 흑색종, 에이즈 치료) 생산 토마토, 라이코펜, 비타민 C, 비타민 E 함량을 높인 토마토, 모양, 색, 질 등을 개선한 토마토, 조류독감 백신 생산 토마토 등이 연구중이다. 또 추운 환경에서도 자라는 토마토, 에이즈 및 B형간염 백신 생산 토마토, 가뭄저항성 강화 토마토, 플라보노이드 다량 함유 토마토 등 다양한 기능성을 가진 토마토에 대한 연구가 활발히 이루어지고 있다.

5. 국내 농산물의 형질전환 연구 사례

한국은 현재 GM 농산물이 상품화되고 있지 않다. 1980년대 중반 농촌진흥청이 연구개발을 시작하여 농업과학기술원을 위시해서 국공립 연구소, 대학, 기업에서 GM 농산물을 개발하고 있다. 대학은 서울대, 포항공대, 경상대 등 18여 개 대학에서 제초제 저항성 및 각종 병해 저항성 유전자를 벼, 토마토, 고추 등에 형질전환을 실시 중에 있으며, 생명공학연구소, 한국인삼연초연구원, 녹십자, 금호생명공학연구소에서는 백신 생산 유전자를 감자, 고추 등에 형질 전환하여 실용화하려고 연구하고 있다.

농촌진흥청에 따르면 2006년 12월 기준 18개 농산물 45 품목에 대해 GM 농산물 국내 개발이 진행되고 있다. 이 가운데 안전성평가 단계에 있는 제초제 저항성 벼 · 고추 · 들깨, 바이러스저항성 감자 등 4종의 농산물은 3～4년 안에 실용화가 가능할 것으로 보인다.

〈표 8-5〉 국내에서 연구 중인 GM 농산물의 특성별 구분

특성	농산물
제초제 저항성	벼, 고추, 감자, 배추, 양배추, 오이, 들깨, 마늘, 수박, 콩
병해충 저항성	벼, 고추, 밀, 배추, 감자, 양배추
생산성 향상	광합성 효율 증진 벼
환경재해 저항성	내건성 벼, 내염 · 내건 · 내열성 감자
품질 향상	지방산 개선 들깨
특수기능	백신 생산 토마토, 혈압 강하 · 비타민 E 강화 들깨, 상추
부가가치 향상	화색 전환 나리, 조기 개화 국화, 개화 조절 고추, 사과

※자료: 한국생명공학연구원, 바이오안전성백서(2007)

〈표 8-6〉 GM 농작물 개발 현황 (2006년 12월 기준)

구분	개발단계	개발 특성
농산물 (18농산물 45종)	유전자 도입단계	카테킨 생산 상추 등 22종
	기능 검정단계	비타민 E 강화 들깨, 철분강화 감자 등 19종
	안전성 평가단계	제초제 저항성 벼·고추·들깨, 바이러스 저항성 감자 등 4종

※자료: 한국생명공학연구원, 바이오안전성백서(2007)

6. 국가별 GMO 표시 및 관리 현황

1) 한국

한국에서 개발되거나 외국에서 수입되는 유전자재조합체에 대한 안전성평가는 해당 분야별로 각 부처에서 나누어 관리한다. 인체위해성은 보건복지가족부가 담당하며, 식품으로서의 안전성은 식품의약품안전청에서 관리한다.

환경 안전성에 대한 평가는 여러 부처에서 분야별로 나누어 관리하고 있으며, 농업환경에 대한 안전성은 농림수산식품부, 자연환경에 대한 안전성은 환경부, 산업적 이용에 대한 안전성은 지식경제부, 수서생물의 환경 안전성은 국립수산과학원에서 담당하고 있다.

소비자에게 올바른 구매정보를 제공하고 소비자의 알권리 보장을 위해 2000년 4월 '유전자변형농산물 표시요령'이 제정됐다. 2007년 7월 3일 개정된 유전자변형농산물 표시요령(농림부고시 제2005-60호)에 따르면 식품의약품안전청장이 식용으로 수입 또는 생산을 인정하여 고시한 전 품목에 대하여, 제품의 주 표시면에 "유전자재조합식품" 또는 "유전자재조합

○○포함식품"으로 표시하거나, 제품에 사용된 유전자재조합 원재료명 바로 옆에 "유전자재조합" 또는 "유전자재조합된 ○○"으로 표시해야 한다.

또한 유전자재조합이 아닌 농산물을 구분하여 생산 · 유통한 경우에도 비의도적으로 유전자재조합농산물이 혼입될 수 있는 점을 고려하여 유전자재조합 농산물이 3퍼센트 이하로 포함된 경우에는 통상적으로 표시를 하지 않는다. 식품용 LMO는 식품위생법 뿐 아니라 새로 발효된 'LMO법'에 적용을 받는다.

2) 미국 · 캐나다

GM식품이 그 영양성분 또는 알레르기 유발 등 기존의 식품과 다른 경우에 한해 이를 표시토록 규정했고 그 외에는 자발적 표시를 권장한다.

미국은 GMO의 안전성평가와 관련한 특별한 규정이 없으나, 일반적인 규정으로 농무부에서는 GMO의 환경방출에 따른 안전성업무를, 환경보호청(EPA)에서는 농약 성분을 가진 GMO의 안전성업무를 담당하며, 식품의약청(FDA)에서는 유전자재조합식품 및 사료의 안전성을 검토한다.

GMO 표시제를 근본적으로 반대하는 입장이라서 별도의 표시규정은 없으나, 식품의약품안전청(FDA)에서 실질적 동등성 개념을 적용하여, GM식품이 기존의 식품과 구성성분 · 함량이나 알레르기 반응 등이 현저하게 다를 경우에만 특별한 표시가 필요하다는 입장이다.

3) EU

콩, 옥수수를 원료로 한 식품에 대해 유전자재조합 콩 · 옥수수로 생산됐다는 문구를 의무 표시한다.

EU의 GMO 유통지침에 의하여 “살아 있는 GMO”(LMO)를 EU내에서 유통시키려면 사전에 환경 및 인체 안전성평가를 거쳐야 한다. 현재 6작물 14종(콩 1, 옥수수 4, 유채 4, 담배 1, 치커리 1, 카네이션 3)을 승인했다. 또한 1998년부터 GMO 표시 규정에 따라 최종 소비자에게 판매되는 유전자재조합농산물을 원료로 한 식품의 표시를 의무화했으며, 비의도적 혼입율의 허용치는 0.9퍼센트로서 매우 낮다.

4) 일본

농림수산성에서는 임의규정으로 GMO의 환경 · 사료 안전성평가, 후생노동성에서는 의무규정으로 식품으로서의 안전성평가를 실시한다.

농림수산성은 2001년부터 GM 농산물과 식품에 대한 표시제를 시행하고 있다. 표시 대상품목은 일반 소비자에게 판매되는 신선식품 및 가공식품 중 후생성이 안전성을 확인하여 승인한 GMO로서 농산물은 콩, 옥수수, 감자, 유채, 면화, 알팔파 등 6개 품목이며, 가공식품은 콩, 옥수수, 감자, 알팔파를 원료로 한 가공식품으로서 31개 품목이다. 비의도적 혼입율의 허용치는 5퍼센트로서 한국보다 높은 수치이다.

5) 중국

농업유전자변형생물표지관리 방법에 따라 유전자변형 콩, 옥수수, 유채, 면화, 토마토의 표시를 의무화하여 2002년부터 시행하고 있다. 대상품목은 5개 품목 17종으로서 대두, 옥수수, 유채, 면화종자, 토마토(해당품목

종자포함)와, 대두, 옥수수, 유채 토마토 가공식품 등이 포함된다. GMO의 경우는 "유전자변형00"로 표시하며, GMO 성분을 함유한 가공품이지만 최종 상품에는 검출되지 않은 상품의 경우에는 "본 제품은 유전자변형00으로 가공됐으나 본 상품에는 이미 유전자변형 성분이 포함되지 않았음" 등으로 표시한다.

6) 기타 국가

호주 · 뉴질랜드, 브라질 등은 2001년 12월부터 표시제를 시행중이며, 이집트, 홍콩, 필리핀, 인도네시아, 말레이시아 등도 표시제를 도입하는 단계이다.

〈표 8-7〉 각국의 GMO 표시 대상품목과 비의도적 혼입률

국가명	GMO 표시 대상품목	비의도적 혼입률
브라질	재배 · 수입 승인된 모든 품목 및 이를 원료로 하는 제품	1%
EU	재배 · 수입 승인된 모든 품목 및 이를 원료로 하는 제품	0.9%
러시아	재배 · 수입 승인된 모든 품목 및 이를 원료로 하는 제품	0.9%
일본	신선식품 및 가공식품 중 후생성이 안전성을 승인한 제품	5%
중국	대두, 옥수수, 유채, 면화, 토마토 및 이를 원료로 하는 제품	없음
한국	콩, 옥수수, 콩나물, 감자와 이를 원료로 한 제품	3%
호주/뉴질랜드	재배 혹은 수입 승인된 모든 품목	1%

Part 09

바이오에너지

1장 바이오에너지의 정의

1. 바이오에너지란

바이오에너지(bioenergy)는 바이오매스 자원에서 만들어지는 다양한 연료로서 액체 연료로는 에탄올, 메탄올, 바이오디젤이 있으며, 기체 연료로는 수소와 메탄이 있다.

바이오에너지의 대상이 되는 주요 바이오매스 자원으로는 사탕수수·고구마·옥수수 등의 초본식물, 포플러·버드나무·아까시나무 등의 목본식물, 대두(콩)·유채·자트로파 등 유류작물, 그리고 해조류·조류(藻類)·광합성세균 등이 있다. 이외에 유기계폐기물, 농산폐기물, 임산폐기물, 축산폐기물, 산업폐기물, 도시쓰레기, 폐식용유 등의 직접 또는 변환하여 연료화가 가능한 폐기물이 있다. 이처럼 곡물, 전분, 유지, 분뇨 등 유기체에서 추출한 연료로 석유, 석탄 등 화석연료의 대체자원으로 활용되며, 원료 바이오매스에 따라 바이오에탄올, 바이오디젤, 바이오가스로 구분할 수 있다(표 9-1).

인류의 에너지원 확보는 어느 한 국가의 범위를 넘어 전 세계적으로 에너지 안보라는 문제를 안고 있다. 현재 가장 많이 사용되고 있는 화석연료는 매장량의 한정과 함께 특정 지역에 매장이 편중되어 있어 수급 불안정이라는 문제점을 내포하고 있다. 현재까지 개발된 대체 에너지에는 수

〈표 9-1〉 바이오에너지 종류와 특성

구분	원료 및 특징
바이오에탄올	사탕수수, 옥수수, 고구마, 카사바 등 당질과 전분으로 생산, 휘발유에 일정 비율 혼합하며 대체연료로 사용 가능
바이오디젤	동·식물성 유지 원료로 생산, 주로 자동차 경유에 첨가하거나 자체를 차량 연료로 사용, 대기오염과 지구온난화를 유발하는 경유의 대체연료로 사용 가능
바이오가스	가축분뇨나 음식쓰레기 등 유기성 폐기물을 자원화하여 생산하며 환경오염 방지 및 오염 처리비용 절감 등의 장점 있으나 생산·공급 기술이 경제성과 실용성면에서 미흡. 지역냉난방과 발전연료로 사용 가능
선디젤	선디젤은 나무조각, 생물쓰레기, 보릿짚, 톱밥 등 바이오매스를 고온에서 처리, 가스를 분리해 액화 과정을 거쳐 이른바 '태양 연료(Sun fuel)'를 만든다. 선디젤의 가장 큰 장점은 기존 모터를 사용할 수 있는 점이다.

력, 풍력, 태양열, 조력, 파력, 지열, 해양온도차 에너지 등 여러 가지가 있다. 하지만 이것도 차량과 일반 에너지원으로 사용하기에는 한계가 있다.

식물바이오매스를 원료로 하는 바이오에너지는 성장 가능성이 높고, 현재의 인프라를 그대로 활용할 수 있는 차세대 지속가능 대체 에너지로 인정받고 있다. 바이오에너지는 물과 온도 조건만 맞으면 지구 어느 곳에서나 얻을 수 있으며 적은 자본으로도 개발이 가능하다. 또한 화석연료나 원자력과는 달리 친환경적이고 안전하다. 바이오매스는 저장이 가능한 에너지원이며, 열원으로의 이용뿐만 아니라 화학제품 생산을 위한 기반 원료로 쓰일 수 있기 때문에 기존의 화석자원을 대체하면서 자연으로부터 무한 재생산이 가능하다는 점에서 관심이 집중되고 있다.

이러한 바이오매스를 에너지원으로 이용할 경우, 특히 수송용 연료 분야에 있어서는 기존의 가솔린과 경유를 바이오에탄올과 바이오디젤로 각각 대체할 수 있다. 따라서 다른 에너지원과는 달리 실질적으로 석유를 대체할 수 있는 대체 연료로서의 연구 가치가 증대되고 있는 것이다.

바이오에너지는 재생이 가능하고, 지구온난화에 대해서 우수한 효과가 있으며, 개발도상국과 선진공업국 모두에서 쉽게 얻을 수 있는 에너지원으로 생산이 가능하다는 점에서 지구환경 및 남북문제의 해결을 위한 대안으로 높이 평가되고 있다.

바이오연료(Biofuel)란 바이오매스 원료로부터 전기 생산에 사용되는 직접연소 고체연료나 수송용에 사용되는 액체연료, 그리고 미생물처리에 의해 발생하는 가스연료를 주로 의미하며, 알코올, 에스테르, 에테르, 바이오매스로부터 나오는 기타 화학약품 등의 부산물도 포함하는 개념이다.

지금까지 개발된 타 신·재생에너지와는 달리 바이오연료는 바이오매스를 직접 변환하여 승용차, 트럭, 버스, 항공기, 기차 등의 수송용 차량에 사용되는 액체 상태의 연료를 제조할 수 있다. 현재 개발돼 사용되는 두 가지 중요한 액체 바이오연료로는 탄수화물로부터 만들어지는 바이오에탄올(bioethanol)과 지방이나 기름으로 만들어지는 바이오디젤(biodiesel)이 있다. 알코올인 에탄올은 전분, 당분, 또는 셀룰로오스계 섬유소와 같이 탄수화물의 함량이 높은 바이오매스를 미생물로 발효시켜 만든다. 에탄올은 차량의 일산화탄소와 스모그를 유발하는 배기가스를 감소시키기 위하여 주로 연료첨가제로 사용되며, 가솔린과 에탄올 혼합물로 작동되는 '플렉스카(flexible-fuel vehicle; FFV)'가 시판되고 있다.

바이오디젤은 식물성 유지, 동물성 지방, 또는 폐식용유를 화학촉매 하에서 알코올과 반응시켜 제조한다. 차량 배기가스를 감축하기 위하여 첨가제로 사용되거나 디젤엔진의 재생 대체연료로 사용된다.

또다른 액체 바이오연료로는 메탄올과 개질 가솔린이 있다. 나무 알코올이라 불리는 메탄올은 현재 천연가스로부터 주로 생산되고 있지만, 바이오매스로부터도 생산될 수 있다. 바이오매스를 메탄올로 변환하는 방법에는 여러 가지가 있으며, 가장 선호하는 방법으로는 가스화 방법이 있다. 가스화 방법은 바이오매스를 고온에서 증발시킨 뒤, 고온가스로부터 불순물을 제거하고 촉매를 통과시켜 메탄올로 변환시키는 방법이다. 바이오매스로부터 생산되는 대부분의 개질 가솔린은 MTBE(methyl tertiary butyl ether) 또는 ETBE(ethyl tertiary butyl ether)와 같은 성분들로 주로 공해를 저감하는 연료 첨가제로 이용돼왔으나, 발암성 문제로 각국에서 규제하고 있다.

2. 바이오에너지 개발배경

바이오매스라는 용어가 보편화된 것은 1970년대에 들어서면서부터이다. 당시 '오일쇼크'에 의해 석유를 대체에너지로써 바이오매스로부터의 에너지 생산에 관한 기술개발이 미국을 중심으로 활발히 행해졌으나, 원유 가격이 안정됨으로써 이에 대한 연구개발 의욕도 저하됐다. 그러나 최근 지구온난화 대책으로서 바이오에너지가 또다시 주목을 끌고 있는 것이다. 19세기에 들어서는 석탄을, 20세기에 들어서면서부터는 석유와 천연가스 같은 화석연료를 사용해 왔다. 현재의 추세라면 석유고갈이 예상되는 2020년경에는 현재와 같은 인류의 석유 의존도는 불가능할 것으로 예상된다. 이러한 관점에서, 재생 가능한 에너지가 다시 주목을 받고 있으며, 바이오매스 자원은 인류의 생존에 공헌할 높은 잠재력을 가지고 있다.

최근 미국 에너지정보국이 발간한 '국제 에너지 전망 2007'에 따르면 세계 에너지 소비량이 2004년부터 2030년까지 57퍼센트 증가할 것으로 전망되고 있다.

특히 비 경제협력개발기구(OECD) 회원국의 평균 에너지 수요는 같은 기간 95퍼센트 증가할 것으로 예측되고 있다. 여기에 연평균 경제성장률이 10퍼센트 이상에 달하는 중국의 에너지 수요는 엄청날 것으로 보인다.

2000년대 초반 이후 고유가와 BRICs(브라질, 러시아, 인도, 중국) 국가들의 경제성장에 따른 석유소비 증가와 미국과 이라크 전쟁 등으로 인해 대체에너지의 중요성이 부각됐다.

최근 석유의 공급량이 수요를 충족치 못하는 수급 불안과 미래의 석유자원 고갈 위기의식이 대두했다. 산유국들의 감산과 이슬람국가와 서구국가의 이념적 · 종교적 갈등은 향후 에너지관리에 대한 보다 확고한 연료비축의 필요성을 인식시켰다.

화석연료 사용에 의한 대기오염, 온실가스 등은 기후와 자연생태계에 변화를 초래, 생존을 위협할 뿐만 아니라 세계경제에도 악영향을 미친다는 국제적 공감대가 형성됐다. 스웨덴은 2020년까지 0퍼센트의 석유화학에너지 의존 목표를 설정한 바 있다.

미국은 2007년 1월 23일 대통령 국정연설에서 2017년까지 10년간 휘발유 소비를 20퍼센트 감축함과 동시에 바이오에너지 공급 증대를 천명했다. 미국에서 1999년 연료첨가제인 MTBE(Methyl Tertiary Butyl Ether)가 지하수 오염 발암물질로 판명된 후 각국 정부의 규제로 새로운 첨가제로서 에탄올 수요가 증가했고, 여러 지역에 에탄올 제조공장이 신설됐다. 또한 미국 중서부 지역의 경제 활성화를 위해 옥수수 농가에 대한 보조금 지급과 에탄올 사용 정유업체에 세제혜택을 주는 정책을 시행하여 바이오에너지에 대한 생산이 증가했다.

2장
원료별 바이오에너지의 생산과 보급 현황

1. 바이오에탄올

바이오에탄올은 곡물로 술을 만드는 것과 같은 발효 과정을 거쳐 에탄올을 생산한다. 에탄올은 옥수수와 같은 녹말 작물에 의하여 현재 가장 널리 이용되고 있는 바이오연료이다. 차량에서 일산화탄소와 스모그를 일으키는 공해물질들을 줄이는 연료 첨가제로도 널리 사용되고 있다. 가솔린차량에 혼합연료로 널리 채택되고 있으며 현재 바이오에너지 가운데 생산량 및 사용량이 가장 많다.

미국의 경우, 기존 가솔린/에탄올 혼합연료로 소비되는 양은 연간 15억 갤런 이상으로 차량 성능을 향상시키고 대기오염을 감소시키기 위하여 점차 그 소비량이 증가하고 있는 추세이다.

알코올의 한 종류인 에탄올은 전분(녹말) 농작물을 당분으로 변환하고, 당분을 다시 에탄올로 발효한 후 맥주 양조 과정과 유사한 방법으로 증류하여 제조한다. 에탄올의 제조 원료인 녹말과 당분은 인간의 식량자원으로서 '식량자원의 연료화에 따른 인류 윤리적 문제'와 '국제 곡물가의 상승 초래'라는 국제적 이슈를 낳았다.

이러한 전분계 바이오에탄올 원료의 문제점을 극복하고, 보다 효율적인 에탄올 생산을 위하여 목질계 바이오매스(cellulosic biomass)가 2세대 바이오에탄올 원료로서 주목을 받고 있다. 즉 기존의 원료였던 옥수수, 감자, 고구마와 같은 전분계 농작물 대신에 셀룰로오스 섬유소를 기반으로 한 원료로부터 에탄올을 생산하는 연구에 박차가 가해지고 있다. 이외에도 3세대 원료인 해조류 등도 에탄올 생산을 위한 연구의 대상이 되고 있으며, 세계 각국이 각국의 특성에 맞고, 대량 공급이 가능한 새로운 바이오매스 원료를 찾는 데 많은 노력을 경주하고 있다.

1) 바이오에탄올의 종류와 생산량

현재 바이오에탄올의 원료는 크게 당질계(사탕수수, 사탕무 등), 전분질계(옥수수, 감자, 고구마 등), 목질계(간벌재, 폐목재, 볏짚 등)로 나눌 수 있다. 당질계의 원료를 비교적 간단한 전처리 과정 후 이어지는 발효공정을 통해 곧바로 바이오에탄올로 전환이 가능하며 비교적 저렴하게 수송용 에탄올을 제조할 수 있다. 하지만 이 경우 브라질처럼 대면적에 사탕수수를 재배할 수 있는 경우에만 적용할 수 있어 당질계 수송용 바이오에탄올 생산은 한국을 포함해 대부분의 온대국가에서는 맞지 않다. 옥수수, 고구마 등과 같은 전분질계 바이오매스 또한 효소당화에 의해 발효 가능한 포도당으로 전환이 수월하고 이후 과정은 당질계 에탄올 생산 방법과 동일하다.

한국농촌경제연구원(2007)에 따르면, 전 세계 바이오에탄올 생산량은 2000년 200억 리터에서 2006년 390억 리터로 급증했으며, 2012년 650억 리터로 전망된다. 2006년 미국에서 185억 리터(옥수수), 브라질에서 178억 리터(사탕수수)를 제조하여 세계 생산량의 95퍼센트를 이 두 나라에서 생산했다. 한편 브라질은 세계 에탄올 수출시장에서 45퍼센트로 1위를 차지하고 있으며, 2008~2009년 브라질의 에탄올 생산량은 257억 리터이며, 2020년에는 640억 리터까지 늘어날 전망이다. 미국과 브라질은 양국 간

협력을 통해 생산을 대폭 늘리고 세계적 제품화를 주도하여 수요 확대에 노력하고 있다. 미국의 바이오에탄올 연간 생산량은 수송용 가솔린 소비량(3881억 리터)의 4퍼센트이며, 2012년에는 7퍼센트에 도달할 전망이다.

미국정부는 현재 브라질산 에탄올에 대해 리터당 0.14달러 정도의 수입관세를 부과하고 있으며, 자국 내 옥수수를 이용한 에탄올 생산업체에 대해서는 별도의 보조금을 지급하고 있다. 바이오에탄올의 제조원가는 브라질이 가장 저렴하며 수출 여력도 있다. 미국의 제조원가는 브라질보다 30퍼센트 높지만 세제지원에 의해 국내 유통 인센티브를 유지하고 있다. 브라질정부는 그동안 미국정부의 에탄올 수입관세 부과와 미국 내 업체에 대한 보조금 지급을 보호무역주의 정책의 하나로 간주하면서 수입관세 인하를 강력하게 요구해 왔다.

브라질에서는 최근 에탄올의 환경보호 효과를 강조하는 보고서가 잇따라 나오고 있으며, 브라질정부는 오는 2020년까지 연평균 5퍼센트 경제성장을 전제로 탄산가스 배출량을 36.1~38.9퍼센트 줄인다는 목표를 설정했다.

특히 사탕수수에서 뽑아내는 브라질의 에탄올은 높은 경제성과 생산성을 갖춰 다른 원료에서 뽑는 미국의 바이오에탄올과 독일의 바이오디젤보다 비교우위에 있다. 미국은 옥수수 1헥타르에서 3000리터의 에탄올을 생산하지만 브라질은 사탕수수 1헥타르에서 7500리터의 에탄올을 생산할 수 있으며, 콩을 이용한 바이오디젤 생산량 1헥타르당 600리터보다도 훨씬 높다. 사탕수수의 생산성이 높기 때문에 브라질의 에탄올 생산비용은 미국의 1/2, 유럽연합의 1/3에 불과하다.

바이오에탄올은 석유가격이 배럴당 35달러까지 떨어져도 경제성을 가질 수 있지만 다른 대체에너지들은 최소한 석유가격 80달러 이상에서 경제성을 확보할 수 있다. 또한 가솔린차가 경유차보다 점유율이 높아서 바이오에탄올이 바이오디젤보다는 수요가 많다. 한국의 경우, 2008년 4월 현재 가솔린차 비율은 49.2퍼센트(818만1485대)인 반면 경유차는 37.0퍼센트(615만2031대)로서 가솔린차의 비율이 훨씬 높다.

〈표 9-2〉 주요 국가의 바이오에탄올 생산 및 상용화 현황

국가	사용방식	지원 및 상용화 현황
미국	E85, E10, E7	세계1위, 옥수수 원료 DOE 주도로 연구 및 생산활발 정부의 세금감면 제도시행 중 2017년까지 수송용 연료의 20퍼센트 대체 예정
브라질	E100, E20	세계2위, 사탕수수 원료 Proalcohol 프로그램, 정부의 우대정책 차량 판매대수 50% 에탄올겸용자동차(FFV)
중국	E10, E5	세계3위, 옥수수 원료 최근 식량작물의 바이오에탄올화 세금감면 철회
일본	E10, E3	2030년까지 바이오에탄올 10퍼센트 혼합(E10)연료로 교체 휘발유용 신차는 모두 E10연료를 쓰도록 관계법령 정비
유럽	E5	2030년까지 수송용 연료의 20% 대체 예정
한국	-	바이오에탄올 실증평가 완료(2008)

※자료: Global Bioenergy Partnership(2008)

2) 세계 각국의 바이오에탄올 생산 및 보급

(1) 미국

미국이 생산하고 있는 바이오에탄올의 원료는 대부분 옥수수이다. 옥수수를 이용한 바이오에탄올의 전 세계 생산량은 2007년에 약 198.5억 리터로서 미국이 185.5억 리터를 생산하고, 중국이 그 다음을 차지하고 있다. 미국은 오일쇼크 직후인 1978년에 에너지세법(Energy Tax Act)을 제정하여 에탄올 10퍼센트 이내를 함유하는 가솔린(E10, gasohol)에 대해 갤런

당 4센트의 연방세 감세혜택을 주어 보급을 확대하고 있다. 미국은 넓은 경작지에 GM 옥수수를 대규모로 재배해서 차량용 바이오에탄올을 대량으로 생산하여 미래의 에너지 수요에 대비하고 있다. 이를 위해 미국은 연구·개발에 1조5000억원을 투자하고 향후 10년간 석유 의존도를 20퍼센트 낮추기 위해 현재 바이오에탄올 생산량 185억 리터를 1295억 리터로 확대할 계획이다(Worldwatch Institute, 2006).

미국, 브라질, 유럽연합의 바이오에탄올 생산을 비교하면(표 9-3), 생산량은 미국이 다소 앞서지만 대부분 내수용으로 사용하고 있고 브라질은 상당량을 수출하고 있다. 경작면적으로 보면, 미국은 옥수수를 위주로 브라질의 사탕수수에 비해 5배 넓은 토지를 사용하고 있지만 생산량은 큰 차이가 없어서 사탕수수의 생산성이 훨씬 높음을 알 수 있다. 미국의 옥수수 바이오에탄올은 여러 가지 측면에서 브라질의 사탕수수 바이오에탄올에 비해 열세하지만 자국 옥수수 농가를 지원하고 유사시를 대비해 더 많은 에너지를 확보하는 전략적인 측면이 강하다. 그래서 대부분 브라질산인 외국산 바이오에탄올에 대해 무려 46퍼센트의 수입관세를 부과하고

〈표 9-3〉 브라질, 미국, EU의 바이오에탄올 생산 개황

구분	브라질	미국	유럽연합
에탄올 공장(개수)	357	97	32
생산원료	사탕수수	옥수수	곡물, 사탕무, 감자
경작면적(백만 헥타르)	6.4	31.6	곡물:51.5 사탕무:2.2
에탄올 생산(백만 리터)	17,411	18,547	902
생산설(리터/헥타르)	6,800	3,000	곡물:3,125 사탕무:7,250
에탄올/화석연료 비중	40%	3.8%	0.6%
수입(백만 리터)	-	2,850	250
수출(백만 리터)	3,028	-	-
생산비용(리터당)	22센트	40센트	50~75센트
수입관세	0%	46%	39~63%

※자료: ICONE, The German Marshall Fund of the United States(2007)

있다. 바이오디젤 최대 생산국인 유럽연합의 경우는 상대적으로 바이오에탄올의 생산기반은 매우 취약하다. 따라서 유럽은 기존의 일반 차량에 비해 유해가스 배출량을 줄인 하이브리드카와 바이오디젤 중심으로 자동차 시장이 변화하고 있다.

(2) 브라질

브라질의 경우 주로 당질계인 사탕수수로부터 바이오에탄올을 생산하고 있으며, 2006년 전 세계 당질계 바이오에탄올 생산량 약 178리터를 생산할 정도로 당질계 에탄올의 대부분을 생산하고 있다. 브라질은 전체 에너지 소비의 16퍼센트를 바이오에탄올이 담당하고 있으며, 현재 다양한 형태의 에탄올 혼합 가솔린을 수송용으로 보급하고 있다. 2002년부터 바이오에탄올의 차량연료 혼합비율을 25퍼센트로 인상하고 전략적 비축 의무화, 생산자 저리자금 융자, 판매자 세금감면 등 다양한 지원정책을 수립했으며, 2004년에는 휘발유 차량 연료의 30퍼센트를 대체했다.

[그림 9-1] 브라질에서는 주유소에서 자유롭게 에탄올과 휘발유를 선택할 수 있다.

현재 브라질의 사탕수수 경작지는 전체 경작지의 1퍼센트인 640만 헥타르에 불과하다. 경작가능 농지 중 1/4(9700만 헥타르)에 사탕수수를 재배 경작할 경우 연간 에탄올 생산은 사우디아라비아의 석유 생산능력과 맞먹는 7000억 리터에 달할 것으로 추정된다(Hukai 2006).

브라질의 자가용 운전자들은 에탄올(리터당 1200원)과 휘발유(리터당 1700원)를 원하는 비율로 자유자재로 섞어 주유할 수 있다. 시내에서는 가격이 저렴한 에탄올 위주로 넣고, 고속 주행 때는 열효율이 높은 휘발유를 더 많이 넣으면 된다. 이것은 에탄올과 가솔린의 함량이 변화해도 운행이 가능한 에탄올겸용 플렉스카(Flexible Fuel Vehicle, FFV)의 보급 때문에 가능해졌는데, 각 연료의 비율을 엔진에 알려주는 센서가 연료탱크에 장착돼 있고 엔진은 이 신호를 받아 상황에 맞게 엔진을 돌린다. 2003년부터 에탄올겸용 자동차가 판매되기 시작하여, 2008년 말 현재 브라질에서 생산된 자동차의 85퍼센트가 FFV였다.

브라질 농업기술연구원(Embrapa)은 2008년 사탕수수로 만든 알코올을 가솔린 대신 연료로 사용했을 때 이산화탄소 배출량을 최대 73퍼센트까지 줄일 수 있다는 연구결과를 발표한 바 있다. 브라질의 바이오에탄올용 사탕수수재배지는 브라질의 전체 경작지 중 미미한 비율이고 아마존 산림벌채와는 무관하며, 식량을 사용하는 것도 아니라서 옥수수를 사용한 바이오에탄올 제조에 비해서는 비난을 덜 받고 있다.

(3) 독일

독일은 바이오디젤의 세계 최대생산국이나 바이오에탄올도 병행 생산 · 보급하고 있다. 최근 세계 굴지의 신재생에너지 전문기업인 에푸론(Epuron)과 맨페로스탈(MAN Ferrostaal), 그리고 농업협동조합인 아그라비스 라이파이젠(Agravis Raiffeisen)과 공동으로 바이오에탄올 생산시설을 공동으로 건설중이다. 또한 독일의 폭스바겐사는 2010년부터 모든 엔진에 바이오에탄올을 사용할 수 있는 기술을 도입할 계획이다. 독일정부는 바이오에탄올 혼합의무 규정으로 바이오에탄올 사용량을 매년 상향 조정하고 있다.

(4) 중국

중국정부는 옥수수를 원료로 한 바이오에탄올 연료 개발에 대한 지원을 이미 중단한 상태임에도 불구하고, 바이오연료에 대한 생산과 보급은 늘어나고 있다. 국가에서 지정한 헤이룽장(黑龍江) 화룬조우징(華潤酒精), 허난(河南) 티엔꾸안(天冠) 등 4개 지정업체의 바이오에탄올 연료 생산능력이 184만 톤에 달했다. 중국은 2007년 중국 국제 옥수수 산업박람회를 개최한 바 있으며, 흑룡강, 길림, 하남, 하북, 산동, 요녕, 강소, 호북, 안휘 등 9개의 성은 2006년부터 10퍼센트 에탄올(E10)의 혼합사용 의무화를 실시하고 있으며, 나머지 지역에도 혼합사용 의무화를 단계적으로 확대할 계획이다. 광시(廣西) 좡족자치구에서는 모든 주유소에서 '에탄올 혼합 가솔린'만 공급하고 있다.

2006년 중국 원유 소비량은 3.23억 톤으로 국내 생산 원유 1.83억 톤과 순수입 원유 1.39억 톤 거기에 순수입 경유 수량을 합하면, 석유의 대외의존도는 45퍼센트에 달하며, 2020년에는 국내 자체생산 석유 2.0억 톤으로 석유부족량이 2.5억 톤으로 대외의존도는 55퍼센트로 더 높아질 수 있다. 이에 따라 바이오에너지 개발 및 보급이 신속히 요구되고 있다.

중국 사회과학원이 발표한 '2007년 중국능원발전(中國能源發展)' 보고서에 의하면, 사탕옥수수(sorghum)와 카사바(cassava) 등 비식료품을 원료로 하는 에탄올 생산가능량은 2010년 5000만 톤이 될 전망이다. 사탕옥수수는 신장 및 내몽고 등지에서 대규모로 재배될 예정이며, 농가소득은 1헥타르당 15,000위안으로 옥수수보다 6000위안 많아 농가의 평판이 아주 좋다. 13억의 인구를 안고 경제성장을 계속하여야 하는 중국에 있어서는 식량과 바이오연료의 양립은 최우선 과제가 아닐 수 없다.

3) 제2세대 바이오에탄올

현재 상용화된 바이오에탄올 생산기술은 모두 식량자원인 당질 및 전분질 바이오매스를 원료로 사용함으로 인해 인류의 식량수급 및 가격과 매우 밀접한 관계를 갖는다. 세계 3위 바이오에탄올 생산국 중국은 소비자물가 불안정 때문에 옥수수, 소맥, 대두 등 곡물계 바이오에탄올에 대해서는 제한정책을 취하고 있다. 그러므로 장기적으로 볼 때, 이러한 문제를 극복하기 위해 보다 값싸고 원료 수급에 문제가 적은 제2세대 바이오매스라고 불리는 목질계 바이오매스를 원료로 사용하는 기술이 미국을 중심으로 개발 중에 있다. 하지만 목질계 바이오매스는 공정상 반드시 수반되어야 하는 리그닌 제거 전처리공정으로 인한 공정비 상승과 함께 목질계 셀룰로오스 기질의 특징인 견고한 수소결합 결정구조로 인해 당화수율이 낮아 현재로서는 경제성이 낮다. 2009년 산림청 국립산림과학원 분자생물연구팀은 자생 진균류인 백색부후균에서 목질계 바이오에탄올 상용화 장애의 하나인 리그닌을 분해하는 락카아제(laccase) 유전자를 분리하여 이 효소의 활성을 높일 수 있게 형질전환체(GMO)를 개발했다.

유럽 · 미국 · 중국 등에서 최근 개발에 열을 올리고 있는 '제2세대' 바이오에탄올은 볏짚, 밀짚, 버드나무, 옥수숫대, 당분을 짜낸 사탕수수 깍지, 커피찌꺼기 등 지구에서 가장 풍부한 유기물인 식물섬유(셀룰로오스)를 원료로 사용하므로 곡물가격 앙등 등의 문제를 일으키지 않는다.

세계 최초의 제2세대 에탄올 시험공장은 코펜하겐 근교 덴마크공대에 있다. 연간 1천만 리터 규모의 시범공장을 운영한 뒤 2010년부터 상업생산에 들어갈 예정이다. 생산단가가 리터당 0.31달러로 휘발유보다 저렴해 경제성이 있다. 공정은 전처리와 발효 과정으로 나뉜다. 전처리는 원료를 물에 불려 잘게 썬 뒤 고온·고압 상태에서 산소를 가해 잘 분해되지 않는 리그닌 구조를 깨뜨려 다당류가 빠져나오게 하는 과정이다. 여기서 나온 포도당과 목당을 발효하여 에탄올로 만든다. 원료의 54퍼센트가 에탄올로 바뀌는 높은 효율을 보인다. 부산물로 수소와 메탄가스, 그리고 땔감용 목질이 나오며, 공정에서 나온 폐수는 전량 재이용된다.

2. 바이오디젤

바이오디젤은 기존 디젤엔진에 그대로 사용할 수 있는 연료로 석유 디젤과 똑같은 성분으로 되어 있다. 바이오디젤은 유기적으로 추출된 기름이, 에틸에스테르 또는 메틸에스테르 형성 촉매제로 인해 알코올(에탄올이나 메탄올)과 화합되는 과정을 통해 생성된다. 이 바이오매스에서 추출된 에틸에스테르와 메틸에스테르는 기존의 디젤연료와 혼합되거나 100퍼센트 바이오디젤인 순수 연료로 사용될 수 있다. 바이오디젤은 대두(콩), 카놀라(유채)유, 팜유, 자트로파유, 피마자유, 동물의 지방질, 폐식용유 등으로 만들어진다. 차량의 배기가스를 줄이는 디젤 첨가제로 사용되거나 그 자체로 차량연료로 사용될 수 있다.

바이오디젤은 석유디젤과 유사하게 작동하며, 낮은 제조단가와 배기가스 배출량을 큰 장점으로 보여주고 있다. 순수한 바이오디젤은 추운 기후에서 특별한 취급이 요구되나, 대부분의 최신형 트럭에는 추가 조치 없이 곧바로 차량에 사용할 수 있다. 혼합 수준은 연료의 가격과 원하는 장점에 의존하게 되지만 일반적으로 바이오디젤은 석유디젤과 혼합하여 사용하며 혼합비율은 나라에 따라 다르다.

바이오디젤 사용에 대한 관심이 증가하고 있는 분야는 유해한 디젤 배기가스에 노출된 산업체, 학교, 공항 주변을 포함하여 배기가스가 감축되지 않으면 결국 가동이 제한될 화력발전소와 대량 운송수단인 기차 등이다.

최근 고유가시대가 지속되면서 에너지원 다양화, 석유 위기 대응, 환경보호 및 농업정책 측면에서 바이오디젤의 보급 필요성이 제기됐다. 유럽, 미국 등 선진국에서도 1990년대 초반부터 바이오디젤을 보급하기 시작하는 등 대체에너지로서 국제적 관심이 높아졌다.

바이오디젤 사용은 일산화탄소(CO), 황화합물(SO^x), 미세먼지(PM) 등 배출가스를 저감시켜 대기 환경개선에 기여한다(표 9-4). 또한 원료작물의 재배를 통한 이산화탄소 저감으로 지구 환경보호와 폐식용유 재활용에 따른 수질오염 방지 등의 효과가 있다. 경유의 황 함량 규제에 따른 기계적 윤활성 저하 문제점을 바이오디젤을 혼합함으로써 해결 가능한 장점이 있다.

〈표 9-4〉 바이오에탄올과 바이오디젤의 장단점 비교

구분	바이오에탄올	바이오디젤
장점	• 첨가제로 사용하여 석유소비 감소 • 독성물질과 CO^2 배출 감소	• 폐식용유, 폐목재 등 폐자원 활용 • 유해오염물질 배출 감소(단, NO^x 제외) • 폐기시 토양 및 지하수 오염 저감
단점	• 낮은 에너지 효율 • 수분에 취약 • 장기간 저장시 금속과 생화학반응 유발 • 겨울철 등 낮은 온도에 취약 • 폐기시 토양 및 지하수 오염 심각	• 일반 디젤에 비해 높은 제조비용 • 일반 디젤에 비해 낮은 연비 • 동절기에 응고 • 장기간 저장시 산화하여 부품 손상 발생 • NO^x 배출 증가

1) 세계 생산 및 보급 현황

바이오디젤은 바이오에탄올 생산량의 약 1/10 정도로 적은 편이나 계속 생산 및 보급이 증가하고 있다. 바이오디젤 보급정책은 현재의 경제성 관점이 아닌 장기적인 시각에서 수송용 에너지원의 대안 모색을 위해 접근 중이며, 자국의 바이오디젤 보급 여건을 종합적으로 고려하여 각국 실정에 맞게 보급을 추진하고 있다.

EU는 바이오디젤 위주로 2005년 390만 톤(바이오디젤 318만 톤, 바이오에탄올 72만 톤)의 바이오연료를 생산하여 자동차용 연료의 2퍼센트를 바이오연료로 대체했으며, 2010년 5.75퍼센트, 2020년 20퍼센트 그 비율을 상향조정할 계획이다. EU는 바이오디젤 생산에 가장 적극적이며, 세계 총생산의 88퍼센트를 차지하며 독일이 생산량이 가장 많다. 독일의 바이오디젤 소비량은 독일 전체 차량 경유 소비량의 2퍼센트를 넘는다.

독일, 프랑스 등은 농업지원정책을 통해 자국산 카놀라유로 바이오디젤을 생산하여 일반차량에는 BD5를, 특정차량, 버스, 공공차량 등에 한해 BD20의 형태로 보급하고 있다. EU의 바이오디젤 생산단가는 경유보다 높지만 광유세를 면제하는 우대정책을 시행하여 인센티브를 주고 있다. 네덜란드의 쉘(Shell)사는 독일의 코렌(Choren)사에 공동 투자하여 기존엔진에 사용할 수 있는 차세대 바이오디젤인 '선 디젤'을 상용화 중이며, 세계 최대 곡물메이저인 카길은 2006년 독일 남서부 마인쯔(Mainz)에 20만 톤 규모의 바이오디젤 생산시설을 건설했다.

코렌사는 아직까지는 원료가 충분하지만 장차 대규모 플랜트 건설과 생산량 확대에 대비하고 있다. 코렌사는 2008년에 슈베트시 인근에 미루나무, 포플라 등 22종의 속성수 묘목 35만 그루를 식재했으며 3년 후부터 벌채가 가능하다. 이 계획이 순조롭게 진행되면 2012년에는 슈베트시에 있는 '선 디젤' 생산시설에 약 100만 톤의 목질 바이오매스 원료를 공급할 수 있다. 조림지는 20년에 걸쳐 돌려베기(輪伐) 가능하며 안정적 목재생산이 가능하며, 비료 사용량도 유채에 비해 훨씬 감소되어 환경적으로도 우수하다.

바이오디젤을 보급 중인 나라들(독일, 프랑스, 아르헨티나 등)은 대부분 바이오디젤의 보급 촉진을 위해 바이오디젤에 대한 조세를 감면하고 있다. 세제지원 사례를 보면, 독일은 광유세 면세(0.38유로/리터), 프랑스는 내국세 42퍼센트 감면(0.25유로/리터), 아르헨티나는 15년간(2006~2021년) 특별소비세 및 소득세를 면제한다. 최근 유럽의 많은 국가들은 식수원으로 이용되는 강에서 운행하는 배들은 바이오디젤을 권장하고 있다. 바이오디젤은 기름유출 등으로 강이 오염되더라도 미생물 분해가 용이하기 때문이다.

미국은 바이오에탄올을 더 많이 생산하고 있지만, 미국 일부 주(미네소타, 워싱턴)와 브라질은 바이오디젤 2퍼센트 의무화로 바이오디젤을 보급하고 있다. 미국에서는 1998년 미의회와 환경보호청(EPA)에서 바이오디젤을 차량연료로 승인했고, 2001년 미국 대통령이 바이오디젤의 공급확대를 공식적으로 천명했다.

중국과 말레이시아에서는 에너지원의 다양화를 위해 바이오디젤 생산 및 보급정책을 추진하고 있다. 중국은 세계 3위의 에탄올 생산국이나, 앞으로 바이오디젤도 2010년 200만 톤에서 2020년 1200만 톤을 생산할 계획이다(Worldwatch Institute, 2006). 2001년부터 바이오디젤을 생산하기 시작해서 현재 전국에 있는 생산업체는 수십 개에 달한다. 중국의 바이오디젤 기술력은 선진국 수준에 근접해 있다. 오스트리아 바이오룩스(Biolux Biofuel)사는 2006년 10월 중국 장쑤(江蘇)성 난통(南通)시에 1억5000만 달러를 투자해서 바이오디젤 30만 톤 규모의 공장을 착공했으며, 카놀라유를 원료로 사용한다. 중국은 일부 지역에 BD10을 보급중이며, 일본은 BD5 도입을 제도화했다.

덴마크의 대표적인 바이오기업 노보자임은 바이오디젤 생산에 필요한 바이오촉매(제품명 노보자임435)를 상용화해서 현재 판매하고 있다. 기존 화학적 공법은 알칼리 촉매를 사용해 고온으로 반응시키므로 세척작업 때 폐수가 발생하고 부산물인 글리세린의 순도가 낮은 단점이 있었다. 현재 한국에서도 아직 상용화 단계는 아니지만 '노보자임435'보다 훨씬 저렴한 바이오촉매를 개발중이다.

브라질은 독일에 이어 세계 2위의 바이오디젤 생산국으로 떠오르고 있으며, 2008년부터 바이오디젤 사용을 의무화했다. 브라질산 바이오디젤의 60~70퍼센트는 콩기름, 나머지는 동물성기름과 피마자, 해바라기 등에서 생산되고 있다. 브라질은 특히 헥타르당 생산량면에서 콩보다 경쟁력이 높은 것으로 평가되고 있는 피마자와 해바라기 등 식물의 재배 규모를 크게 늘릴 방침이다.

브라질 석유 천연가스 바이오에너지 관리국(ANP)은 2008년 1월 1일 전국 3만 5천 개 주유소를 통해 'B2 디젤' 판매를 시작했다. 브라질은 'B2 디젤' 판매를 통해 연간 4억 1천만 달러의 디젤연료 수입비용을 절감하고 디젤연료 수입 의존도를 5퍼센트대로 낮추었다. 브라질 내 바이오디젤 생산공장은 현재 49개에 이르고 있으며, 연간 생산능력은 25억 리터 수준이다.

바이오디젤 사용 확대는 지구온난화의 주범인 탄산가스 배출량을 줄이는 것은 물론 농촌 지역의 고용창출과 소득수준 개선에 큰 효과를 줄 것으로 기대된다. 브라질 바이오디젤 산업의 고용 규모는 60여만 명 정도다. 브라질 농민인권단체인 '토지 없는 농민운동(MST)'은 2007년 정부의 재정지원 아래 상파울루 주 서부 폰탈 지역에 바이오디젤 생산시설을 건설하여 떠돌이 농민들이 정착할 수 있는 새로운 농지개혁 방안을 제시한 바 있다.

〈표 9-5〉 국가별 바이오디젤 사용방식과 사용처

국가	사용방식	사용처
미국	경유 80% + 바이오디젤 20%	관공서차량 대형트럭 공공버스
프랑스	경유 70% + 바이오디젤 30% 경유 97% + 바이오디젤 3%	도심버스 관공서차량 일반 경유차량
독일	100% 바이오디젤 경유 95% + 바이오디젤 5%	대도시 버스 일반 경유차량
이탈리아	100% 바이오디젤 경유 70% + 바이오디젤 30%	대도시 난방연료 대도시 버스

2) 한국의 바이오디젤 보급 현황

한국은 바이오디젤 시범보급사업(2002~2005년) 결과를 바탕으로 2006년 7월부터 아시아 최초로 바이오디젤의 상용화를 시작했으며, 연간 최소 9만kl(자동차용 경유의 0.5퍼센트)의 바이오디젤을 보급중이다. BD5는 모든 정유사와 주유소를 통하여 일반 경유차량에 보급 중이며, BD20은 시범사업기간 중 품질문제가 발생하여 자체관리가 가능한 일부 사업장(지자체 등)의 버스, 트럭 등에 제한적으로 보급하고 있다. 공급은 수도권과 전북지역 내의 지정주유소(97개소)를 통하여 일반 소비자나 버스 및 관용차량을 대상으로 실시하고 있다.

산업자원부는 바이오디젤 혼합비율을 5퍼센트 이내에서 자율 조정하도록 결정했고, 정유사들은 2006년 7월부터 바이오디젤을 0.5퍼센트 섞은 혼합경유 BD0.5만을 만들어 시판해왔다. 정부도 현재 한시적으로 BD0.5까지만 세금을 면제를 해주고 있어 BD5의 보급은 정부의 미온적 태도와 정유사들의 비협조로 사실상 답보 상태이다.

국회, 언론, 환경단체 등에서는 정부의 바이오디젤 보급정책에 대해 소극적이라 비판하며 환경개선 등을 위해 보다 적극적으로 바이오디젤 혼합비율을 높일 것을 요구하고 있다.

〈표 9-6〉 바이오디젤의 종류와 혼합비율

구분	혼합비율	사용차량
BD5	바이오디젤이 5% 이하로 기존경유와 혼합한 경유	일반차량
BD20	바이오디젤 20%와 기존경유 80%를 혼합한 경유대체연료	버스, 공공차량
BD100	바이오디젤 원액으로 BD5와 BD20 제조시 혼합 원료	바이오디젤 원액

한국은 바이오디젤 원료의 수입 의존도가 높아 수급 및 가격이 불안정하고, 바이오디젤 혼합비율도 너무 낮아 환경개선 효과도 없다. 바이오디젤 원료는 수입 대두유가 77퍼센트이고, 국내 회수 폐식용유가 23퍼센트를 차지하고 있다.

현재 중소 바이오디젤 업체가 난립하고 있고, 정유사는 혼합설비투자에 유보적인 실정이다. 따라서 정부가 확고한 의지를 가지고 보급 목표의 제시 등 바이오디젤 중장기 로드맵 마련이 필요하다. 산자부는 BD5의 혼합비율 목표를 매년 0.5퍼센트씩 높여 2012년까지 3퍼센트로 설정하여 추진하며 중장기적으로 5퍼센트를 지향하고 있다. 또한 산자부는 2007년 팜유, 자트로파유 등 원료의 다양화 및 향후 혼합비율 증가에 대비한 품질·기술적 수용가능성 여부 등 실증시험을 한 바 있다. 바이오디젤의 보급 촉진과 가격경쟁력 확보 등을 위하여 BD5와 BD20에 혼합되는 바이오디젤에 대해서 면세와 지원을 확대해야 한다. 또한 바이오디젤의 생산기술에 대한 연구개발 지원으로 공정의 효율화, 생산성 향상 등을 통해 가격경쟁력을 높여야 한다.

국내에서 생산한 바이오디젤을 일부 수출하고 있는데, SK케미칼은 2009년 싱가포르에 소재한 트라피규라사와 연간 약 4800만 US달러의 바이오디젤 장기 공급계약을 체결했다. 트라피규라사에 공급되는 SK케미칼의 바이오디젤은 미주 및 아시아 지역으로 판매될 예정이다. 특히 미주 지역은 전 세계 바이오디젤 시장 중 품질기준이 가장 까다로운 곳으로 이번 계약체결과 미주 시장 진출로 SK케미칼 바이오디젤의 품질을 알리는 계기가 됐다.

3) 바이오디젤 원료별 장단점 비교

〈표 9-7〉 바이오디젤 원료별 장단점

바이오디젤 원료	장점	단점
자트로파	• 비식용으로 곡물가격과 상관없이 가격 안정 • 30년 이상 수확가능하고 병충해 없고 황무지에서도 잘 자라 재배 용이	• 해외농장 등 토지확보가 쉽지 않고 단위면적당 수확량이 낮아 재배면적이 넓어야 함
팜	• 현존 최고 경제성 가진 바이오디젤연료	• 식용유 소비가 늘면서 가격상승 부담
유채	• 단위면적당 생산성 탁월 • 국가보조금 합법적 제공이 가능해 농민들 부가수익 위해 경작지 확대 가능	• 일 년에 한번 재배하는 작물로 수급 어려움 • 보조금 삭감 때는 경작지 급감 우려
대두	• 바이오디젤 에너지로 전환 용이	• 곡물가 상승으로 경제성 떨어짐 • 대규모 경작 가능한 미국 외에는 생산성 낮아 수급 어려움

(1) 자트로파

자트로파라는 이름은 학명(*Jatropha curcas*)에서 온 것으로, 영어명은 과거에 설사약, 구토제로 많이 사용되어 Physic nut, Purging nut, 원산지인 중남미 바베이도스의 이름을 따서 Barbados nut이라고 부른다. 한자명으로는 유남자(油藍子), 청동목(青桐木), 마풍수(麻疯树)라고 부른다. 같은 대극과로서 바이오디젤 제조가 가능한 식물로는 피마자(*Ricinus communis*)가 있으며 아주까리라고도 부른다.

자트로파는 대극과의 관목 또는 소교목으로서 중남미가 원산지이며 전세계 열대 지역에 재배 또는 반야생 상태로 널리 분포한다. 잎의 길이는 10～20cm 긴 잎자루를 가졌다. 잎을 자르면 독성이 있는 유액이 나온다. 암수 한 그루로서 암꽃과 수꽃이 있으며, 꽃은 황록색이고 작다. 열매는 지름 4cm 정도의 편구형이며 삭과이고 흑갈색의 편평한 장타원형 종자가 2개 들어 있다. 종자는 15～20mm이며, 종자에는 31～37퍼센트의 다량의 기름을 함유한다. 19세기 후반까지 가로등 기름으로 사용됐다. 또한 비누용, 도료, 윤활유, 구토제, 설사제, 살충제로 사용됐으며 재는 비료로 이용된다. 열대지방에서는 야생짐승방지용 생울타리로 재배되고 어린잎은 독이 없어 야채로도 식용을 한다.

앞으로 바이오디젤 추세는 재배지와 원료의 입수성을 고려할 때, 남북아메리카는 대두유, 유럽은 카놀라유, 아시아태평양 지역은 자트로파를 사용할 것이다. 자트로파는 잎에 독성을 가져 병충해를 입지 않으며, 건조척박한 토양, 심지어 모래 · 자갈땅 및 염분이 있는 땅에서도 손쉽게 재배할 수 있고 성장이 빠르다. 바이오디젤 업계에서는 유가가 1배럴당 40달러 수준을 유지할 경우 자트로파가 경제성을 지닌 유력한 바이오연료 작물이 될 것이라고 본다.

열매 수확은 2년생 때부터 시작하여 40년 동안 수확이 가능하다. 종자에서 추출하는 기름은 바이오디젤 원료로 쓰이고, 잎 · 나무껍질은 의약용으로 사용이 가능하다. 바이오디젤 원료로서 자트로파의 장점은 식용작물 재배 지역 이외의 남는 땅에서 자라는 '잡초'이기에 별도의 토지가 필요하지 않고, 물과 비료에 크게 신경 쓰지 않아도 되며, 옥수수나 사탕수수 등 바이오에탄올 생산에 쓰이는 다른 작물보다 단위면적당 수확량이 많다. 또한 자트로파로 만든 바이오연료의 생산비용은 다른 작물에 비해 가장 낮으며, 비식용작물이므로 세계 곡물가격에 영향을 미치지 않고 농약을 과도하게 사용하지 않아 환경에도 유익하다. 오히려 식량생산이 불가능한, 쓸모없는 척박지에 녹색식물을 재배함으로써 이산화탄소 저감에도 도움이 된다. 자트로파는 생명력이 매우 강하기 때문에 농민들이 집 마당에 심거나 황폐한 산이나 비탈에도 재배할 수 있다. 가장 큰 장점은 자트로파 재배지는 농경지 및 식량과 충돌이 없기 때문에 오히려 농민들의 소득을 높일 수 있는 점이다. 아프리카는 전체 50퍼센트 이상의 지역이 자트로파가 자랄 수 있는 기후로서 연료사정이 나쁜 아프리카인들에게 소중한 에너지원이 될 수 있다.

최근 글로벌 메이저 석유회사인 영국 BP 등이 자트로파농장 확보에 적극적으로 참여하고 있고, 인도, 중국, 필리핀, 말레이시아 등에서는 자트로파를 대규모로 재배하고 있다. 영국의 롤스로이스와 일본의 미쓰이상사 등도 인도와 아프리카, 아시아, 남미, 태평양 연안 지역 등에 자트로파농장을 조성하고 있다.

현재 자트로파에 대한 재배면적 및 생산량 증가를 감안할 때 자트로파가 2010년까지 바이오디젤 시장의 15퍼센트 이상을 차지할 것으로 보이며, 다른 바이오디젤 원료가격이 상승하고 있으므로 이 수치는 더욱 증가할 것이다.

국내에서도 영농조합법인 (주)해조협(해남조경수생산협회)과 (주)코리아팜스 등 중소업체는 물론, SK네트웍스, 이건산업 등 대기업까지 해외 자트로파농장 확보에 나서고 있다. SK네트웍스는 경제성 확보를 위해 베트남에서 자트로파농장을 경기도 산림면적의 절반인 20만 헥타르를 확보해서 바이오디젤 연료를 생산·공급할 수 있는 일관체제를 구축할 계획이다.

한국의 기업인들도 라오스와 캄보디아에서 대규모 자트로파농장을 운영하고 있다. 현지기업인 코라오는 라오스 전역에 걸쳐 토지 23만 헥타르(제주도 면적 1.4배)를 임차해 자트로파를 경작하고 있으며 2010년부터 본격적인 대량생산을 앞두고 있다. 사업성을 인정해 국내 군인공제회, 지방행정공제회, 굿모닝신한증권 등에서도 350억원을 투자했다. 코라오는 자트로파 매출 목표를 2010년 150억원, 2012년부터는 1000억원으로 잡고 있다. 코라오는 유가가 배럴당 43달러 이상이면 수익성이 있다고 본다. 2008년 12월 유가가 33달러로 급락한 일이 있었지만 현재는 80달러를 유지하고 있기 때문에 경제성이 높다. 수익성 외에도 탄소배출을 억제하는 글로벌 친환경정책이 자트로파 재배사업에 장점으로 작용하고 있다.

그동안 석유에너지를 대체할 바이오에너지원으로 각광 받던 옥수수나 팜유, 대두유 등은 최근 가격이 2배 가까이 치솟아 사실상 경제성이 없다. 실제 바이오디젤 연료를 만드는 국내 기업들의 경우 주연료인 대두유가 2008년 말 톤당 900달러에서 2009년 6월 1600달러까지 뛰어올라 적자를 면치 못하고 있다. 앞으로도 중국과 인도, 브라질 등 거대 신흥개발국가들의 식용유 소비가 급격하게 늘어남에 따라 주원료인 옥수수나 팜유, 대두유 등을 공급 받기가 더욱 어려워질 것으로 예상된다.

이에 비해 자트로파는 사막이나 황무지에서도 자랄만큼 자생력이 강하고 비료나 물을 줄 필요가 없는 등 탁월한 재배 조건을 갖췄다. 이 같은 이유로 세계적인 투자회사 골드만삭스는 2008년 자트로파를 '바이오디젤 연료를 만들 최상의 식물'로 지정하기도 했다.

하지만 자트로파가 석유를 대체할 바이오디젤 연료로 탄생하려면 적지 않은 난관을 뚫어야 한다. 가장 큰 문제는 자트로파를 재배할 토지의 확보가 쉽지 않다. 아프리카나 동남아시아 각국 정부가 해외자본 유치를 위해 자트로파농장 개발을 추진하고 있지만, 현지 농민들이 팜유 등 식용작물 재배를 선호해 농장 확보가 쉽지 않은 상황이다. 또 그루당 수확량이 적어 수확량을 늘리는 기술이 시급하고, 자트로파유(油) 생산 이후의 산화방지 및 저장탱크 등의 설비투자도 부족해 당장 경제성을 확보하기가 쉽지 않다. 또한 캄보디아와 인도네시아에서는 외국인에게는 토지소유권이 인정되지 않음에도 자트로파농장 분양 등 부동산투자가 과열되어 문제가 되고 있다.

말레이시아에서는 팜 식용유 소비가 늘면서 바이오디젤 연료로써 팜유를 구하기 어렵게 되자 자트로파에 대해서도 관심을 갖고 있다. 말레이시아정부는 아직은 작은 면적이지만 1500헥타르의 부지에 자트로파를 시험재배하고 있으며, 사바 주 코타 마루두(Kota Marudu)에 자트로파 농장을 개발하기 위한 프로젝트를 진행중이다. 척박지에 자트로파를 재배하는 것은 환경적으로 좋은 방법이 될 수 있지만, 자트로파 재배가 열대림의 벌채를 가져온다면 이 식물의 가장 큰 장점을 사장하는 것이 될 것이다.

중국 광시(广西)에서도 구릉이나 비탈에서 자트로파를 재배하고 있다. 자트로파 바이오디젤의 생산원가가 일반 디젤유보다 낮기 때문에 현지의 많은 기업들이 대규모로 자트로파를 재배하기 시작했다. 대표적인 기업은 광시즈롄(广西智联) 재생에너지회사로서 '100만 묘 바이오디젤 산림바이오매스 건설공정'을 가동했으며, 난닝(南宁), 바이써(百色), 허츠(河池) 등 지역에서 본격적으로 자트로파를 재배하기 시작했다. 현재까지 이미 500여 개 육묘기지와 30만 묘 재배기지를 조성했다.

(2) 팜유

말레이시아에서는 '바이오연료정책(Biofuel Policy)'이 2006년 3월 21일에 발표됐으며, 이 정책은 말레이시아의 화석연료 의존율을 줄이고 바이오연료의 사용을 증가시켜 팜오일의 가격을 안정시키는 데 목적이 있다.

팜유로부터 생산되는 바이오디젤이 비용과 지속가능성면에서 현재까지는 가장 우수하다. 연간 헥타르당 5톤의 팜유가 생산되는 것을 감안할 때 팜유 바이오디젤이 기타 바이오디젤 원료보다 가격 우위를 점하고 있다. 세계 팜유 시장을 장악하려는 말레이시아 회사들은 적극적으로 인도네시아 팜농장들을 인수하고 있다. 인도네시아에서는 외국인이 토지를 타인명의로 소유하여 투자하는 것은 금지되어 있음에도 현재 말레이시아 자본이 소유한 인도네시아 팜 농장면적은 전체의 30퍼센트에 이른다. 중국 또한 인 인도네시아 1위 팜유생산기업인 시나마스 그룹에 5억 달러를 투자했다.

말레이시아는 전 세계 팜 오일 생산의 40퍼센트를 점유하는 주요 생산국으로서 팜 오일 5퍼센트와 경유를 혼합해서 바이오디젤을 생산하고 있다. 한국의 (주)에코솔루션은 말레이시아 사바주에 글로벌 바이오디젤(Global Bio-Diesel)이라는 현지 생산공장을 가지고 있다. 말레이시아는 경유를 사용하는 대중교통, 군용트럭, 공장용으로 바이오디젤 연료를 시범적으로 사용하고 있다. 인도네시아는 2010년까지 전체 연료의 10퍼센트를 바이오연료로 대체하기 위해 약 1조원을 투입할 계획이다. 필리핀은 정부 관용차에 대해 BD1을 의무화했다.

팜 원유가격은 2006년 메트릭 톤당 약 591달러에서 최근 1000달러 이상으로 급증해 일부 팜유 바이오디젤화 프로젝트는 연기된 상황이다. 게다가 팜유는 대두유 다음의 세계 2대 식용유로서 수요가 높기 때문에 바이오디젤 원료로서 장기간 공급계약을 맺는 데 한계가 있다. 팜유는 고온에 강하며 기름의 산화가 더뎌 장기 보존이 요구되는 라면이나 포테이토칩과 같은 스낵에 널리 이용된다. 라면과 스낵 관련 시장점유율 1위인 (주)농심이 국내에서 가장 많은 팜유를 수입하고 있다.

말레이시아는 자국의 팜농장이 환경적으로 지속가능한 재배(Roundtable on Sustainable Palm Oil) 방식을 따르고 있다고 주장하지만 팜유에 대한 수요증가는 또다른 팜농장의 개설로 이어질 수밖에 없고 열대림의 축소는 불가피하다.

현재까지 팜유는 단위면적당 기름 생산량이 가장 많아 경제성이 가장 높은 바이오디젤 원료로 평가받고 있다. 하지만 중국과 인도가 경제적으로 도약하면서 대량으로 팜유를 소비하고 있고 한편으로는 식용유 시장과의 경쟁으로 인해 원료확보가 쉽지 않을 수도 있기 때문에 국제 가격이 지속적으로 상승할 위험이 있다. 또한 본격적인 수확까지는 5년 이상 걸려서 직접 팜농장을 조성한다고 할 경우 초기 비용이 과다하게 들어간다.

(3) 카놀라

유채기름을 흔히 카놀라(canola oil)라고 하는데, Canada+Oil에서 유래된 말로 캐나다에서 나온 기름이란 뜻이다. 현재 먹고 있는 카놀라유는 캐나다에서 개발한 GM 유채로부터 나온다. 유채기름을 뜻하는 '채종유(菜種油)'는 동맥경화와 심장질환을 일으키는 지방산인 에루카산을 함유해 윤활유, 호롱불 용도로만 생산됐고, 식용 및 바이오디젤 원료로 사용하는 카놀라와는 다르다. 에루카산을 가진 국내산 유채기름을 식용으로 할 경우 인체에 위험하므로 주의를 요한다. 에루카산을 유전자재조합으로 제거한 카놀라는 오메가-3를 포함해서 불포화지방산이 풍부하고 콜레스테롤이 전혀 없어 미국 FDA는 2006년 카놀라유의 심장병 예방효능을 공식인정했다. 천연 항산화제인 토코페롤도 미량 들어 있다. 카놀라유는 고급 식용유로 깔끔한 맛을 내는 튀김용, 야채의 맛을 돋우는 샐러드드레싱과 마요네즈, 특히 스파게티나 피자에 많이 사용된다. GMO의 경우, 주로 단백질을 조합하는 것이기 때문에 지방이 주성분인 식용유는 인체에 전혀 영향이 없다.

대두유는 전 세계 연간 2억 톤으로 생산량이 가장 많고, 그 다음이 팜유, 해바라기유이며, 카놀라는 연간 생산량이 3800만 톤으로 4위를 차지하고 있다. 전 세계 바이오디젤 생산량의 80퍼센트 이상이 카놀라로부터 만들어진다. 독일은 세계 최대의 바이오디젤 생산국으로 카놀라유를 원료로 쓴다. 1995~2004년의 카놀라유 생산량은 중국(28퍼센트), 캐나다(18퍼센트), 인도(14퍼센트), 독일(10퍼센트), 프랑스(9퍼센트)였으며, 한국과 페루 등도 유채 생산량을 높인다는 계획을 가지고 있다.

한국에서 재배되는 유채는 주로 대전 이남지방에서만 재배되고 있으나 최근에는 내한성 품종의 개발로 중부지방에서도 유채 재배가 가능해 생산성과 경제성을 높이는 데 도움이 되고 있다. 유채는 9월에 파종하여 봄~여름 사이 재배되는 식물로서 한국에서는 유채밭이 관광산업과 식용, 가축사료, 나아가 바이오디젤까지 여러 방면으로 활용 가능해 유망작물로 인식되고 있다.

국가보조금을 합법적으로 제공할 수 있기 때문에 농민들도 부가적인 수익을 얻을 수가 있는 장점이 있다. 유럽에서는 농업 부문의 에너지 생산기능 증진을 위해 유채 등 휴경지 에너지작물 경작 지원정책을 추진하고 있고, 한국에서도 시범사업을 통해 유채 재배농가에 보조금을 지급하고 있다. 하지만 유채는 1년에 한번 재배하는 작물이기 때문에 수확의 계절성이 문제가 되고 수확물을 보관하는 비용도 만만치 않게 든다. 이로 인해

[그림 9-2] 세계 최대의 카놀라 생산국인 중국의 카놀라 재배지

유럽의 회사들은 점차 열대지방의 유지작물 생산으로 눈을 돌리고 있는 상황이다. WTO 농업 협상에서 농업 부분 보조금을 삭감할 경우 경제성도 줄어들 것이고 부가가치가 낮은 편이나, 환경적인 측면에서 여러 장점이 있다.

겨울철 유휴지 30만 헥타르에 유채를 재배하면 국내 수송용 경유의 3.2퍼센트에 해당하는 48만 톤의 바이오디젤을 생산할 수 있다. 이 경우 농가는 4000억원 이상의 부가수익을 얻을 수 있으며, 국가 경제적으로는 원유와 사료에서 각각 2000여억원과 600여억원의 수입대체효과가 있을 것으로 추정된다. 환경측면에서도 약 270만 톤의 석유를 사용할 때 발생하는 이산화탄소의 양을 줄일 수 있다. 겨울철 유휴지에 유채를 심으면 토양유실방지효과는 물론 교토의정서의 국내이행 사전대책, 농가소득원 개발, 환경오염문제 해결 등 일석삼조의 효과를 나타낼 수 있다.

농림부에서는 농가소득 증대와 국산 원료 확보를 위해 2007~2009년 전남(보성 장흥), 전북(부안), 제주를 중심으로 1500헥타르의 농지에 '바이오디젤용 유채시범사업'을 실시하고, 유채 생산기반 조성을 위해 유채소득이 쌀보리 재배시의 소득과 거의 동일한 수준의 보조금(170만원/헥타르)

[그림 9-3] 농업진흥청 농업공학연구소가 개발한 유채 수확용 콤바인

를 지원했다. 이것은 맥주보리 농가의 400만원/헥타르보다는 훨씬 낮은 수준이다. 현재 경관보전직불제를 실시하면서 유채를 키우는 일부 농가에 보조금을 지급하고 있으나, 30만 헥타르 전부에 보조금을 준다면 매년 5100억원의 보조금이 나가야 한다는 계산이 나오므로 경제성면에서는 큰 실효가 없다.

〈표 9-8〉 시범사업 기간 중 국내산 유채유 공급계획

연도	2007	2008	2009	2010
재배면적 (천 헥타르)	1.5	1.5	1.5	-
유채유 (천 kl)	-	2.4	2.4	2.4

※자료: 농림부(2009)

(4) 해조류

'녹색탄환(green bullet)'으로 불리는 해조류(Algae)는 화석연료에 대한 의존성 감소, 기후온난화에 대한 대응 및 미래 동력원으로써 청정 바이오 에너지 자원의 최고의 희망으로 간주되고 있다. 이 때문에 환경보호단체인 그린피스도 '흥미로운 변화'라고 긍정적으로 평가했으며, 세계자연보호연맹(IUCN)의 최근의 '탄소배출기술' 설문조사에서도 해조류 바이오연료는 가장 높은 지지율을 얻기도 했다.

해조류는 지구상에서 빛 에너지를 흡수하여 바이오연료로 전환하는 가장 효율적인 유기체이다. 해조류는 단위시간 및 면적당 육지식물 대비 5~10배 이상의 바이오에너지 분자를 생산할 수 있다. 해조류는 옥수수와 콩 등 에너지 곡물보다 100배 이상의 기름을 생산한다. 반면 연료를 정제하는데 드는 제조원가가 원유의 3배에 달한다는 것이 상용화의 단점이자 극복해야 할 과제로 지적되고 있다.

지속가능성 관점에서, 식량자원을 사용하지 않기 때문에 해조류는 옥수수나 대두와 같은 다른 바이오연료보다 유리하다. 해조류는 염수를 이용하여 불모의 사막지대에서 키울 수 있고, 산소를 방출하고 이산화탄소를 생장에 사용하며, 산업 오염원으로 배출되는 이산화탄소를 직접 흡입하는 것도 가능하다. 더욱이 해조류는 버려지는 폐수내 자양분을 먹이로 할 수도 있다. 또다른 매력은 해조류 수확 후 남는 풍부한 단백질은 동물먹이로 전환될 수 있다는 점이다. 해조류는 하루에 2배로 복제될 만큼 빠르게 성장하므로, 다른 어떤 자원보다 단위 면적당 많은 바이오연료를 생산할 수 있다.

지금의 여러 가지 작물을 기반으로 하는 바이오연료의 문제점이 들어나고 경제성도 답보상태에 들어가면서 해조류 바이오연료 산업이 10년 이내에 활성화될 것이다. 세계적인 석유업체 쉘(Shell)이 해조류를 활용한 바이오연료 개발에 들어갔다. 쉘은 HR바이오페트롤리엄과 손잡고 합작회사를 세웠다. 이 회사는 하와이 빅아일랜드(Big Island) 섬에 생산시설을 세울 예정이다.

또한 샌프란시스코 실리콘밸리 인근에 2003년에 창업한 솔라자임(Solazyme)은 해조류를 이용해 '솔라디젤'이라는 대체 연료를 개발했고 경유 판매에 대한 승인도 받았다. 이 경유는 미국시험재료협회(ASTM)의 기준을 만족하며 바로 디젤자동차에 사용할 수 있고 오염물질의 발생량이 아주 적다.

조류에서 추출하는 방식은 기술적으로 원유를 변환해 플라스틱과 연료를 만드는 것과 유사하다. 반면 곡물의 경우 1헥타르 당 0.2톤의 바이오에탄올을 얻을 수 있는 반면 해조류는 50~140톤을 만들 수 있어 효율면에서는 훨씬 높다.

미국 캘리포니아의 사파이어 에너지(Sapphire Energy)는 해조류에서 91 옥탄가의 가솔린을 추출하는데 성공했다. 이 기업의 가솔린은 별도의 조정 없이 곧바로 기존 엔진에 사용할 수 있으며 오염물질의 발생량도 적다. 사파이어 에너지는 에탄올이나 바이오디젤과는 전혀 다른 해조류 가솔린이다. 사파이어 에너지의 가솔린은 747 여객기에 시범적으로 쓰여 대서양 횡단에 성공하기도 했다.

2009년 한국생산기술연구원은 지식경제부와 함께 우뭇가사리 등의 홍조류로부터 바이오연료 생산의 조기 상용화를 위한 시험생산(Pilot Plant, 4000리터/1일) 사업을 추진하고 있으며, 국토해양부에서는 향후 10년간 바이오에너지 확보를 위하여 해양에서 미세조류 및 해조류를 대량으로 배양하는 기술개발사업을 준비 중에 있다. 농림수산식품부는 2009년 해조류 바이오매스 조성에 3653억원을 투입해서 2013년까지 산림녹화 산업에 준하는 3만5000헥타르의 대규모 바다숲을 조성한다는 계획이다.

농림수산식품부는 또한 '해조류 바이오매스의 그린에너지화 및 통합적 활용'을 위한 기반 구축 연구를 지원해 왔다. 2010년 5월 건조한 다시마에서 자동차의 청정연료로 쓸 수 있는 혼합 알코올, 석유 대체연료로 쓸 수 있는 바이오오일 등을 추출하는 기술이 국내 연구팀에 의해 개발됐다. 해조류에서 혼합 알코올이나 바이오오일을 추출하는 원천기술을 확보한 것은 세계 최초이며 청정연료와 고부가가치 소재를 동시에 생산하는 통합 공정 기술을 사용하고 있다. 연구팀은 건조 다시마 1톤을 용매 추출해 부가가치가 높은 유용 성분인 후코잔틴과 폴리페놀 추출물 5kg을 회수했고, 남은 고형물 975kg을 미생물로 무산소 발효시켜 혼합유기산 233kg을 생산했다.

유기산은 분리정제하면 화학 원료로 쓸 수도 있고, 간단히 화학적 처리를 하면 에탄올과 프로판올, 부탄올 등이 주성분인 혼합 알코올로 전환돼 자동차의 청정연료로 쓸 수 있다. 혼합유기산 233kg을 혼합 알코올로 전환하면 그 양은 143kg이다. 혼합유기산을 얻은 뒤 남은 슬러지 230kg을 급속열분해시켜 바이오디젤로 전환할 수 있는 바이오오일 81kg을 얻었다.

농림수산식품부는 해조류를 가까운 바다에서 양식하는 것에서 벗어나면 바다에서 대량생산하는 기술개발에도 적극 투자할 예정이다. 앞으로 상용화를 위해서는 해조류를 싼값에 대량생산할 수 있는 기술을 확보하고, 바이오오일을 뽑아내는 수율을 높이는 것이 과제이다.

(5) 폐식용유, 커피 찌꺼기 등 생활폐기물

자원순환사회연대에 따르면(2009), 국내에서 생산되는 식용유는 2006년 기준 약 82만 톤이며, 이 가운데 20퍼센트인 약 16만4천 톤이 가정에서 소비되는 것으로 추정된다. 음식점의 폐식용유는 재활용업체 등에서 거둬가는 것과 달리, 가정에선 사용량의 절반(약 8만2000톤)이 그냥 버려지고 있으며 일부 아파트에서만 폐식용유가 수거된다. 각 지자체는 거의 전량 수입에 의존하는, 가정에서 쓰고 남은 폐식용유의 수거함을 설치·관리하는 체제를 시급히 마련해서 바이오디젤의 원료로 활용하는 정책이 필요하다.

환경부에서는 바이오디젤 원료 확보, 자원 재활용 및 수질오염 방지 등을 위해서 국내 폐식용유 수거율을 높이기 위한 방안을 마련 중이다. 2009년 개정된 환경부의 '재활용가능 자원의 분리수거 등에 관한 지침'에는 기초단체장이 폐식용유 수거함을 따로 설치하고 주기적으로 관리하도록 규정돼 있다. 그러나 자원순환사회연대가 2009년 7월 전국 232개 기초지자체 가운데 76개를 대상으로 폐식용유 분리수거 여부를 조사한 결과, 서울 강동구 등 4군데만 따로 수거하고 있었다.

커피 찌꺼기에는 15퍼센트 정도의 기름이 포함되어 있는데, 이것은 다른 바이오디젤 원료보다는 약간 낮은 수치이다. 하지만 매년 세계 커피 생산자는 72조kg의 커피를 생산하기 때문에 값싼 고형 커피 폐기물의 다량 공급이 가능하다. 또한 커피 바이오디젤 생산은 다른 원료보다 더욱 안정적이다. 커

[그림 9-4] 커피 찌꺼기에서 추출된 바이오디젤

피 찌꺼기 내 기름을 100퍼센트 바이오디젤로 전환할 수 있고, 추출된 기름과 바이오디젤은 분해를 늦추는 산화 방지제를 함유하고 있으므로 한 달 이상 안정된 상태를 보임으로써 산업적으로 이용하는 것이 가능하다.

게다가 기름을 추출하고 남은 찌꺼기조차도 비료나 연료용 펠릿(pellet)으로 사용될 수 있다. 커피 찌꺼기를 전량 회수한다고 할 때, 전 세계적 커피 소모량 기준으로 3억4000만 갤런의 바이오디젤이 커피 찌꺼기로부터 생산될 수 있다.

3. 바이오가스

독일은 화석연료 자원고갈에 대비하고 환경문제를 해결하기 위해 오래전부터 다양한 분야의 재생가능에너지를 개발해왔다. 독일은 바이오매스를 이용한 바이오가스 분야에서 세계 최고의 기술력을 보유하고 있다.

바이오가스는 에너지 문제를 안정적이고 지속적으로 해결할 수 있으며 가축분뇨와 쓰레기 등 환경오염 물질을 재생가능에너지로 환원시키는 환경친화적인 연료로서 에너지와 환경문제를 동시에 해결할 수 있는 방안으로 주목받고 있다. 다른 바이오에너지가 정부보조 없이는 적자를 면하지 못 하지만 바이오가스만은 매우 높은 수익률을 올리고 있다.

또한 태양광이나 풍력, 그리고 바이오연료 산업이 대규모 장치산업인 반면, 바이오가스 산업은 소규모 투자가 가능하다. 이에 따라 바이오가스 산업은 대기업 뿐 아니라 중소기업, 지방자치단체, 축산조합, 심지어는 개인 농가도 참여할 수 있다.

독일 전역에는 3천700여 개의 크고 작은 바이오가스 생산시설이 가동되고 있다. 독일 농촌 지역 대부분은 소규모 바이오가스 시설이 들어서 있으며 기업적인 바이오가스 생산설비가 각 주에 골고루 분포돼 있다.

옛 동독 지역인 브란덴부르크주 루카우(Luckau)에 있는 슈라덴바이오가스는 1995년 설립된 중급 규모의 바이오가스 생산업체로서 지난 13년 동안 꾸준한 기술개발을 통해 기술력을 축적해왔으며 공장도 3개로 확장했다.

슈라덴바이오가스는 연간 21만 톤의 가축분뇨 및 쓰레기를 처리하면서 3만8천m^3의 바이오가스를 생산한다. 또한 바이오가스를 발전에 이용해 74MW의 전기를 생산한다. 지난해 매출액은 약 700만 유로(약 112억원), 순이익은 140만 유로(약 22억4천만원)에 달했다. 모든 시설이 자동화돼 있기 때문에 이 모든 시설과 생산을 관리하는 직원은 연구원 6명을 포함해 전부 54명뿐이다. 바이오가스 생산시설에 대한 초기 투자가 이뤄진 이후에는 생산원료를 저렴하고 안정적으로 공급받을 수 있으며 인건비도 많이 들어가지 않아 높은 수익을 낼 수 있다. 생산된 전기는 전력회사에 판매할 수 있으며 바이오가스를 생산하고 남은 부산물은 액상비료로 활용된다. 바이오가스 산업은 정부로부터 보조금을 받지 않는다. 다만 바이오가스로 전력을 생산할 경우 일정한 가격 이상으로 전기를 팔수 있도록 법적인 보장을 받고 있다. 바이오가스는 2009년 독일 전체 전력 생산량의 4퍼센트를 차지할 정도로 성장했다.

독일은 바이오가스 기술을 수출하는 데 주력하고 있다. 독일은 전 세계 바이오가스 설비 산업의 70퍼센트를 차지하고 있으며 한국에도 적극적으로 진출하고 있다.

2009년 6월 경기도는 독일의 바이오가스플랜트 전문업체인 엔비오(Envio)사의 한국법인인 엔비오코리아(주)와 1억 달러 규모의 양해각서(MOU)를 체결했고, 독일 가축분뇨 자원화 전문기업 하제(HAASE)로부터 바이오가스 생산기술을 들여오기로 합의했다. 포천시 또한 엔비오코리아(주)와 100억원을 들여 축산분뇨와 음식물쓰레기 등 하루 280톤의 유기성 폐기물을 처리할 수 있는 바이오가스 플랜트를 건설하기로 양해각서(MOU)를 체결했다. 이 밖에 다른 지방자치단체들도 독일의 바이오가스 기술 도입에 관심을 보이고 있다.

중국 또한 독자 기술로 개발한 대규모 '작물 줄기 바이오매스 가스화 프로젝트'의 성공적인 시험을 마치고 중국 전역의 12성에서 실용화를 앞두고 있다. 중국 농무부는 작물 줄기 자원에 대한 전체적 평가를 시작했고, 이를 바탕으로 작물 줄기 자원에 대한 데이터베이스를 완성할 예정이다. 베이징대학 화학기술부가 개발한 가스화기술로 현재 산둥에서 375가구에서 사용할 수 있는 하루 400m^{3}의 메탄을 생산하고 있다. 작물 줄기의 가스화는 혐기성 조건하에서 미생물 발효를 통하여 작물 줄기를 바이오가스로 전환하는데 목적을 두고 있다.

중국의 작물 줄기의 생산량은 연간 7억 톤에 이를 정도로 막대한 양이다. 쌀 · 밀 · 옥수수 등 많은 곡물 줄기와 과일 · 야채에서 나온 폐기물들이 모두 이 공정에 사용될 수 있다. 따라서 이러한 작물 줄기의 완전한 활용을 통해 자원을 아끼고, 환경오염을 보호하며, 농민들의 수입을 증대시킬 수 있다. 이와 함께 축산을 통해 바이오가스를 생산할 수 없는 농가에게 작물 줄기 가스 원료를 제공할 수 있다. 아직은 실험 단계지만 실용화될 경우 독일에 이어 바이오가스 대량 생산국의 위치를 점할 수 있을 것이다.

최근 한국에서도 한진해운이 전북 부안군에 대규모 돼지 분뇨 재처리사업을 진행하고 있다. 이 회사는 수질오염의 주범 중 하나인 돼지 분뇨를 정화하는 동시에 연료용 메탄가스를 뽑아내는 바이오에너지 사업에 진출했다. 전북 부안군의 돼지 분뇨 재처리시설은 매일 돼지 8700마리가 배설하는 분뇨 50톤을 공급받는다.

분뇨를 외부공기와 완전히 차단된 특수용기를 통해 메탄가스와 2급수 수질의 물로 변환시키는 첨단설비를 사용하므로 냄새가 전혀 나지 않는다. 보통 가축 분뇨 처리장은 액비로 만들기 위한 숙성 과정에서 엄청난 악취를 발생시켜 주변 민원이 끊이질 않는다. 하지만 한진해운의 재처리 시설은 냄새를 없앤 것은 물론 중간 공정에서 생기는 퇴비를 주변 농가에 무료로 제공하고 있다.

돼지 농가와 돼지분뇨처리시설은 분뇨 파이프로 연결돼 있으며 '원심 분리기'가 빠른 회전운동을 하면서 1차로 분뇨를 수분과 건더기로 나누며 걸러진 건더기는 따로 보관해뒀다 주민들에게 퇴비로 무료로 나눠준다. 나머지 수분은 산소가 완전히 제거된 채 미생물이 든 길이 6m의 '혐기 발효조'로 투입된다. 35~40일간 미생물 발효 과정을 거치면 연료로 사용할 수 있는 메탄가스를 포집할 수 있다.

이 시설은 하루에 메탄가스 700Nm^{3}를 만들어 약 3645Mcal(전기로 4238kW에 해당)의 열을 생산하고 있다. 이는 매일 116가구에 난방열을 공급할 수 있는 수준이다. 한진해운은 메탄가스로 보일러를 돌려 발효조를 거친 수분을 2급수 수준으로 증류한다. 또 재처리시설 옆에 세워진 '비료 건조동'으로 열을 보내 각종 음식 폐기물을 말려 비료 원료를 생산한다. 말린 비료 원료는 비료업체에 돈을 받고 팔아 추가 수익을 올릴 수 있다.

세계적인 해운사인 한진해운이 가축분뇨 재처리사업에 나선 건 2012년 국내에 도입되는 '탄소배출권 거래제'를 대비하려는 포석이다. 해운기업은

[그림 9-5] 한진해운이 전북 부안에 세운 돼지분뇨 재처리장으로 연료용 메탄가스를 생산한다.

운송 과정에서 다량의 이산화탄소를 배출한다. 미리 탄소배출권을 확보하지 못하면 탄소배출 상한제에 따라 앞으로 영업에 큰 타격을 받을 수밖에 없다.

2009년에 발표된 '녹색성장5개년계획'에 따르면 정부는 2020년까지 축산 분뇨를 에너지화하는 저탄소 녹색마을을 전국에 600곳을 세울 계획이다. 이에 따라 앞으로 바이오에너지 사업자는 정부와 지자체로부터 각종 지원금을 받아 사업을 추진할 수 있다.

한진해운 재처리시설은 여러 지자체들의 투자문의가 잇따르고 있다. 대우건설과 (주)유니슨 등도 경기도와 충청남도에서 각각 돼지분뇨를 이용한 바이오에너지 사업에 착수한 상태다.

경남 양산시는 축산분뇨에서 나오는 바이오가스를 이용한 열병합발전시설을 설치했으며, 태양광발전을 이용한 그린빌리지 조성, 풍력을 이용한 가로등 설치 등 신 · 재생에너지 사업에 적극적으로 나서고 있다.

4. 우드펠릿

지구상에 축적된 바이오에너지의 90퍼센트 이상이 산림에 존재하는 목질 바이오매스이다. 한국은 국토의 64퍼센트가 산림으로서 산림 바이오에너지는 친환경 대체에너지원 확보에 있어서 매우 중요하다.

식물체는 성장할 때 공기 중의 이산화탄소를 자기 몸에 축적하여 몸체를 키워나가므로 식물체가 연소되어 이산화탄소로 변환되더라도 화석연료 연소처럼 추가적인 이산화탄소를 대기 중에 방출하는 것이 아닌 '탄소중립' 자원이다.

[그림 9-6] 펠릿과 펠릿보일러

1) 우드펠릿의 장점

우드펠릿(wood pellet)은 톱밥을 분쇄해 원기둥 모양으로 압축한 연료이다. 기름이나 가스처럼 연료를 저장해 난방 필요시에 수동이 아닌, 정량 자동으로 연료가 공급되어 온도가 조절된다. 필요시마다 나무를 투입해야 하고 온도조절이 힘든 일반 화목보일러의 단점을 개선한 제품이다.

펠릿은 장작이나 목재칩에 비해 밀도는 높고 크기가 작으며 연소율 95퍼센트로 재가 거의 없고 천연비료로 사용 가능하다. 우드펠릿 2kg(700원)을 온열연료로 사용할 경우 경유 1리터(1850원)와 같은 열효율을 발생하므로, 경유보일러 난방보다 약 30~50퍼센트의 에너지 절감 효과가 있는 우수한 연료이다.

펠릿연료의 길이는 최대 3.8cm이며, 굵기는 6~8mm 정도로 숲가꾸기 산물, 임업 폐기물, 솎아낸 리기다소나무 벌채목 등을 톱밥으로 분쇄해 고온압축처리 공정을 거쳐 만들어진다.

탄소배출량이 일반 목재연료에 비해 약 1/27, 경유의 1/12로 친환경적인 제품이며 기후변화에 따른 지구온난화에도 크게 일조한다. 질소산화물(NO^x)이나 황산화물(SO^x)을 거의 배출하지 않는 청정연료이다.

[그림 9-7] SK케미칼이 '자원순환형 녹색 사업장'의 일환으로
울산공장에 설치한 '에코그린보일러'.
연료로 재활용 우드칩을 사용한다.

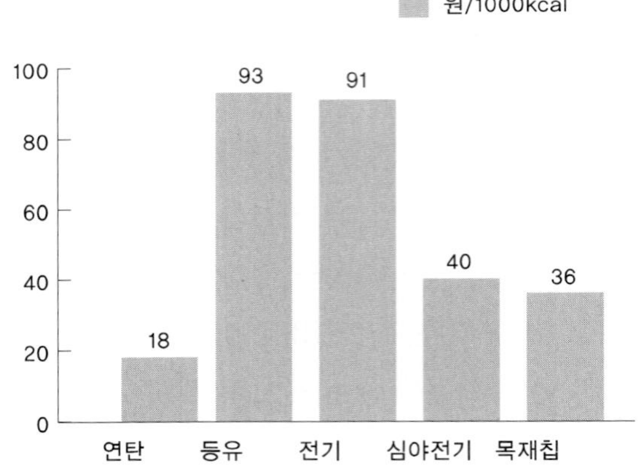

[그림 9-8] 난방설비별 단위열량 생산비용 비교

※자료: 농림부, 환경친화적 임업의 활성화를 위한 열에너지 생산과 공급(2005)

2) 우드펠릿의 보급

목재펠릿의 이용이 가장 활발한 곳은 북유럽이며 최근에는 기타 유럽 지역과 북미 지역 등에서도 관련 산업이 급속히 확산되고 있다.

2007년 국제에너지기구(IEA) 보고서에 따르면, 전 세계에서 2007년 생산된 목재펠릿은 1010만 톤이며, 이 중 60퍼센트 이상이 유럽에서 생산됐고, 그 다음이 캐나다(16퍼센트), 미국(14퍼센트), 기타 국가(10퍼센트)가 차지하고 있다. 목재펠릿 소비량은 스웨덴이 170만 톤, 미국과 네덜란드가 각각 140만 톤씩으로 가장 많다.

유럽의 펠릿 제조공장의 수는 500여 개 이상으로 알려져 있다. 일본의 경우에도 2002년 6개소에 불과하던 펠릿공장 수가 2008년에는 50개소 이상으로 증가했다. 스웨덴의 한 보고서에 의하면 자국내 가정용 연료의 종류별 열 생산단가를 비교해 본 결과 펠릿보일러에 의한 생산단가는 다른 연료보다 저렴한 것으로 나타났다.

캐나다 펠릿협회의 2008년 자료에 따르면, 캐나다의 경우 펠릿수출이 2007년에는 70만 톤으로 급격히 늘어났으며 그 중 80퍼센트 가량은 유럽과 미국으로 수출됐다(캐나다 펠릿협회, 2008). 독일, 오스트리아, 이탈리아, 프랑스에서는 중앙집중식 난방산업과 가정난로로 사용된다. 스웨덴, 덴마크, 핀란드 등에서 목재펠릿은 전력생산에 사용한다. 네덜란드와 벨기에서는 화력발전소에서 목재펠릿 5~10퍼센트와 석탄을 혼합하는 혼소방식을 채택하고 있다. 북유럽 지역, 미국, 호주 등에 150여 개의 발전소에서 혼소방식을 사용하고 있다. 세계 전기 생산량의 40퍼센트가 석탄화력발전소이기 때문에 바이오매스를 혼합하면 화석연료 연소에 의한 이산화탄소 발생량을 현저히 줄일 수 있다. 국내의 동해 화력발전소에서도 우드펠릿을 석탄과 함께 쓰는 혼소시험을 하고 있다. 하지만 신재생에너지의 의무할당제(RPS)가 도입되지 않고서는 우드펠릿은 발전용으로서는 경제성이 없다. 국내 화력발전소에서 연료로 쓰는 석탄은 톤당 65~70달러 수준인데 수입되는 우드펠릿 가격은 150~200달러이기 때문이다. 경사가 심하고 임도(林道)가 빈약한데다 인건비가 비싼 국내에서 숲가꾸기를 통해 발생한 목재 바이오매스로 우드펠릿을 만들면 공급가격은 이보다 더 올라간다.

스웨덴·독일·덴마크·네덜란드 등 유럽연합(EU) 선진국들은 '의무할당제'를 시행하는 것은 물론 화석연료에 탄소세를 물리고 신재생에너지원과 사용자에게 부가가치세 감면, 초기 설치비지원, 우드펠릿보일러 구입자에 대한 보조금지원 등을 시행하고 있다.

한국정부는 2012년부터 13개 주요 발전사업자에게 발전량의 일정 비율(2012년 2~2.5퍼센트, 2022년 10퍼센트 예정)을 우드펠릿·태양광·풍력 등 신재생에너지로 공급하도록 의무화하는 신재생에너지 의무할당(RPS) 제도를 도입할 방침이다.

유럽의 펠릿보일러 보급 현황을 보면, 스웨덴의 개별 가정에 보급된 펠릿보일러는 12만대이다(The Swedish Fuel Pellets Industry, 2008). 그리고 국제에너지기구 보고서(2007)에 의하면, 독일의 펠릿보일러 보급대 수는 2007년에는 7만대로 대폭 늘어났으며, 오스트리아는 2006년에 보급대 수가 1만대를 넘었다. 미국의 경우에는 2006년 한 해에 설치된 펠릿보일러가 15만대에 이를 만큼 관련 펠릿산업이 성장했다.

한국의 경우, 지금까지 국내 펠릿보일러 시장은 보일러 자체의 기술적인 문제점과 대부분 수입에 의존하고 있는 펠릿연료의 공급에 문제점이 있어 시장 활성화가 이루어지지 않았다. 현재 많은 업체에서 보일러를 생산하고 있고 지자체에서도 지원사업을 벌이고 있어 앞으로 펠릿보일러의 설치는 증가할 전망이다.

보일러설비는 기종의 선택보다는 설비업자로부터의 기술 및 사용법 전수, A/S 보장이 가장 중요하다. 이런 면에서 대기업의 우드펠릿 시장의 참여는 시장의 안정과 활성화를 가져올 것이다. 귀뚜라미보일러(주)와 SK건설(주)은 사업제휴계약을 체결했고, SK건설(주)은 연료의 안정적 확보를 위해 전라남도와 투자협정을 체결했다.

펠릿보일러의 제품 가격은 귀뚜라미 제품의 경우 400만원대의 고가였으나, 국가보조금으로 제품 가격의 50~70퍼센트를 지자체별로 지원할 계획이여서 소비자들의 부담을 덜어 보급이 확대될 전망이다. 충청남도에서 유일하게 펠릿보일러를 보급한 금산군의 경우, 보일러 5대가 지원됐으며 총사업비 2200만원 가운데 국고 1100만원, 지방비 900만원, 도비 300만원, 시군비 600만원, 자비는 200만원에 불과했다.

아직은 우드펠릿보일러에 대한 일반인들의 인식이 부족하므로 시범보급이 필요하다. 산림청은 펠릿생산설비 지원정책을 시행하고 있다. 충북 청원군은 2009년 지원 대상 지자체로 선정됐으며 일부 지자체에서 적극적으로 유치하고 있다. 전라남도는 시설하우스·자연휴양림 등에 펠릿보일러를 공급할 계획이고, 강원도는 현재 우드펠릿보일러 50대를 정선·영월·태백에 위치한 사회복지시설 및 공공시설에 시범적으로 설치를 완료하여 가동 중에 있다.

3) 우드펠릿 전망

사업추진 체계는, 지자체는 숲가꾸기 산물수집단 운영, 펠릿보일러를 지원하며, 산림조합은 펠릿 생산시설 설비 및 유통을 담당하며, 산업체 및 대학연구소는 목질바이오매스 이용 연구 및 기술지원을 하는 것이 바람직하다. 이와 함께 녹색 일자리 사업으로서 숲가꾸기 산물수집단을 구성하고 수집을 확대하여 펠릿원료를 지속적으로 공급해야 한다. 숲가꾸기 부산물을 활용한 친환경 재생에너지의 사용으로 농·산촌 지역주민의 연료비용 절감에 크게 기여할 수 있다.

지식경제부는 신재생에너지설비 설치의무화 및 의무할당제를 확대시행하고 있다. 향후 건축연면적 3000m^2 이상의 신축건물에 대하여 신재생에너지 설비를 의무화하고, 신재생에너지 의무할당제는 에너지사업자가 총공급량의 일정비율을 신재생에너지로 공급하도록 의무화하고 있어 펠릿의 보급은 늘어날 전망이다.

산림청은 국내 목재펠릿 산업 육성을 위해 오는 2012년까지 전국에 걸쳐 27개에서 45개까지 목재펠릿 생산공장을 짓는다. 이를 위해 시간당 2톤 생산규모를 기준으로 공장 하나에 35억원이 지원되며, 이를 통해 목재펠릿 생산량을 2009년 현재 1만 톤에서 38만7000톤까지 끌어올릴 계획이다. 시설원예 경유 난방의 20퍼센트를 오는 2012년까지 목재펠릿으로 대체하고, 농산촌 주택 3만 9000호에 펠릿보일러를 공급한다. 나아가 2020년까지는 시설원예 경유 난방의 50퍼센트까지 대체하며, 펠릿보일러 보급은 14만3000대까지 늘리게 된다.

산림청은 또한 산림바이오매스 활용시설을 지원하며, 펠릿생산설비 지원정책에 따라 2008년도 산림조합중앙회 목재유통센터에 펠릿제조시설을 향후 10년간 10개소로 확대할 계획이다.

이와 함께 해외 연료림의 확보와 펠릿 제조로 안정적으로 펠릿을 공급하는 방법도 생각해볼 수 있으며 최근 산림청은 해외조림사업을 진행하고 있다. 국내기업인 솔라파크는 인도네시아 자바 중부 지역의 많은 제재소에서 나오는 다량의 톱밥을 거의 무상으로 수거해 우드펠릿을 생산하고 있다. 펠릿공장 반경 30km 안에 2000개가 넘는 중소 제재소들이 밀집해 있어 우드펠릿의 원료가 되는 톱밥을 안정적으로 공급 받을 수 있다. 우드펠릿을 대량생산하려면 원료를 안정적으로 확보해야 하는데 인도네시아에서 속성수로 널리 심고 있는 알바시아(*Albizia falcata*) 연료림을 활용하는 것도 아주 좋은 방법이다. 알바시아는 콩과수목으로 아까시나무보다

[그림 9-9] 인도네시아에서 속성수로 조림하고 있는 알바시아

20배가량 빨리 자라는데 묘목을 심은 지 1년 만에 20m, 2년 만에 30～40m 정도로 높이자람을 하고, 10년 정도 키우면 흉고직경 35cm까지 자란다. 가지나 잎이 무성하지 않아 숲 속에서 커피, 차, 타피오카 등을 재배할 수 있다. 목재는 가구 내부용재, 합판, 펄프재, 송판재 등으로 쓰인다.

〈표 9-9〉 우드펠릿 및 펠릿보일러 생산 및 제조업체

우드펠릿 공급업체	펠릿수입 및 생산
1 산림조합중앙회	자체생산(여주군, 시간당 2톤)
2 SK임업부문	자체생산(화순군, 시간당 2톤)
3 건조기술	자체생산(군산시, 시간당 2톤)
4 에벤에셀	러시아 수입
5 에스엘	캐나다 · 일본 · 러시아 · 중국 외 수입
6 엔우드	러시아 현지생산
7 에프엔디	캐나다 수입
8 솔라파크	인도네시아 현지생산
펠릿보일러 개발제조업체	**개발내역**
1 국민보일러(청주시)	개발/보일러
2 의성바이오텍(마산시)	개발/보일러
3 보우엔지니어링(이천시)	개발/보일러
4 일도바이오테크(고양시)	개발/보일러(국내 최초)
5 현대에너지개발(아산시)	개발/보일러
6 건조기술(광주광역시)	개발/보일러
7 씨티엘(시흥시)	개발/보일러
8 상천(부천시)	개발/보일러, 온풍기
9 동방환경기연(인천시)	개발/보일러
10 선우인더스트리(경기 광주시)	개발/보일러, 온풍기
펠릿보일러 수입업체	**보일러 브랜드**
1 알지	Deutschland
2 빈더코리아	sterreich
3 단선코리	Canada
4 인퓨텍	Italiano

3장
바이오에너지의 문제점

바이오에너지가 화석연료가 주는 지구환경 악화에 대처하기 위한 거스를 수 없는 대안이지만 바이오에너지가 가져오는 사회경제적인 문제점, 곡물가격 앙등 및 바이오에너지의 불안정한 수급이라는 문제점도 가지고 있다. 물론 이것은 화석연료가 주는 위험성에 비하면 미미하며 반드시 극복해야 할 과제이다.

1. 곡물가격 상승

최근 곡물 수급 부족이 심화되는 추세인데, 가뭄과 엘니뇨 등 고온현상으로 세계 곡물작황이 저조했고, WTO체제에서 각국이 농업보조금을 중단하여 재배면적이 감소했다. 최근 7년간 곡물 부족사태가 6회나 발생했다. 옥수수, 대두 등의 주요 곡물은 재고 부족과 동시에 시장가격이 상승하면 경작지 확대와 연작에 의하여 토양 황폐화 및 자연생태계 파괴를 초래할 수 있다.

또한 세계 인구는 기하급수적으로 증가하고 있으며, 이것은 식량, 축산물 소비 증가로 이어지고 곡물수요의 폭발적 증가를 가져왔다. 국제유가 상승으로 인한 바이오연료의 생산 증가는 옥수수, 대두 등 원료곡물에 대한 수요 증가를 가져왔고, 이것은 다시 곡물가격 상승으로 이어지는 악순환을 가져왔다. 바이오연료로 사용되는 곡물의 양은 몇 퍼센트에 불과해서 곡물가격 폭등이 바이오연료 하나의 문제는 아니지만 가난한 나라들의 굶주리는 어린이를 먹일 수 있는 옥수수가 자동차연료로 변신하는 데 대한 윤리적 비난에는 일리가 있다.

최근 중국의 급속한 산업화, 고수익 작물 재배 확산에 의한 곡물 경작면적 축소, 염화토양의 증가 등 생산성 정체와 재배환경 악화는 세계 곡물가격의 증가를 초래했다. 미국은 세계 옥수수 생산량의 40퍼센트 이상을 차지하며, 중국의 수출량이 줄어들수록 점유율이 상승하나 생산량은 오히려 감소했다. 미국이 소비하는 옥수수 가운데 68퍼센트가 사료용으로서 수요는 계속 증가하고 있으며, 동시에 미국이 옥수수를 원료로 1년에 170억 리터의 바이오에탄올 생산하면서 옥수수 가격 상승에 큰 기여를 했다. 이렇게 되자 각국은 곡물 수입량을 늘렸고 곡물가격 상승세가 가중됐다. 이것은 한국의 옥수수 수급에도 영향을 사료값의 상승을 가져왔다. 바이오에탄올 주원료인 옥수수는 바이오디젤 주원료인 대두 수급과 가격변동이 서로 연계되며 옥수수, 대두, 소맥은 한국 배합사료의 3대 원료곡물로 바이오연료 생산 증가는 축산업에도 큰 영향을 끼친다. 옥수수 가격 상승으로 영화관의 팝콘 가격 역시 1년 사이에 20퍼센트 올랐다. 농업(agriculture)과 물가상승(inflation)의 합성어로 농산물 가격이 상승해 물가가 오르는 현상을 뜻하는 '애그플레이션(agflation)'이라는 신조어도 등장했다.

국제 곡물가격 급등의 여파로 두부와 메주의 원료인 대두의 수입이 차질을 빚으면서 2007년 국내에서도 두부, 된장 시장에 수급파동이 일어났다. 콩을 수입해 국내 두부와 두유, 장류업체에 공급하는 농수산물유통공사는 콩 수입 차질을 이유로 해당 업체들에게 구매실적의 절반만 배급하는 사태가 벌어졌다. 농수산물유통공사가 공급물량을 줄일 경우 국산콩을 구매하든지, 개별적으로 해외에서 콩을 수입해야 한다. 하지만 국산콩은

5배 이상 비싸고 개별적으로 콩을 수입하면 500퍼센트에 가까운 관세를 물어야 하므로 상품의 가격경쟁력을 상실한다. 결국 이것은 고스란히 상품의 가격에 반영되어 가계에 부담이 된다.

이와 같은 이유로 해서 옥수수, 대두, 팜 등 인간의 식량자원도 되는 바이오에너지 원료에 의존할 경우, 수급의 불안정을 초래하고 안정된 생산을 어렵게 만들 수도 있다. 곡물가격 급등이 기후로 인한 흉작 공급쇼크인 경우 가격회복 속도는 빠르지만 바이오연료 붐에 의한 가격폭등은 수요쇼크이므로 높은 가격이 오랫동안 지속되는 경향이 있다.

브라질 사탕수수는 열대 지역이라는 지역적 한계성이 있으나 세계 식량생산에 피해를 줄 수 있다는 것이다. 그러나 브라질에서 이와 같은 우려가 현실화할 가능성은 거의 없다. 3억4000만 헥타르의 경작 가능한 농토 중 겨우 9000만 헥타르만 사탕수수 생산이 가능하다. 그나마 이 중 700만 헥타르에서만 실제 사탕수수를 생산하고 있으며 생산량의 절반은 설탕을 만드는 데 쓴다. 사탕수수를 기반으로 하는 에탄올 생산은 브라질이 경작할 수 있는 토지의 단 1퍼센트를 차지한다. 이는 콩(2200만 헥타르)이나 옥수수(1300만 헥타르)와 비교할 때 상대적으로 협소하다.

2. 바이오에너지의 가격 불안정

각국 정부에서 바이오에너지를 통해 에너지 자립도를 높이기 위해 각종 지원책을 내놓자 많은 투자가 몰리고 있으나 과연 기대만큼 성과가 나올지 우려의 목소리도 높다.

미국의 경우 경기침체와 석유값 하락으로 수지가 맞지 않자 업체들이 잇달아 문을 닫고 있다. 2008년 바이오에너지 생산업체인 베라선에너지 파산 이후, 리뉴에너지, 퍼시픽에탄올, 노바바이오소스, 아벤틴리뉴어블

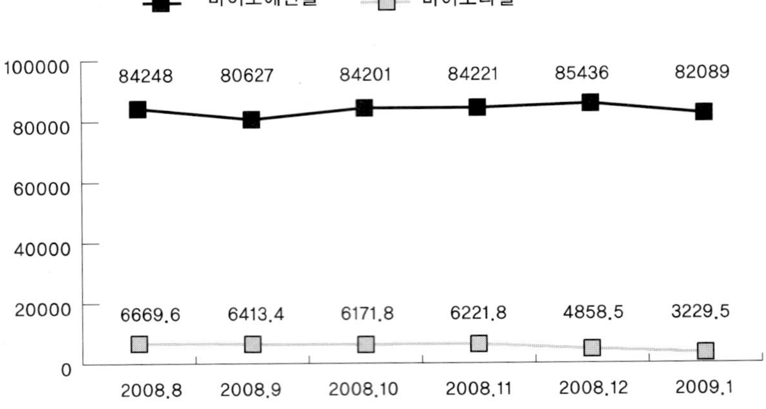

[그림 9-10] 미국의 바이오에너지 생산량 추이(단위: 만 갤런)

※자료: 미국에너지정보청(EA, 2009)

등 관련 업체들이 줄줄이 파산보호를 신청했다. 월스트리트저널에 따르면, 2009년 현재 180개 생산시설 가운데 23개 공장이 문을 닫았으며 생산능력도 지난해보다 20퍼센트 이상 감소했으며, 미 의회가 제시한 2010년 바이오에탄올 생산 목표량(129억 갤런) 달성도 어려울 전망이다.

상황이 이렇게 되자 미국의 200여 개 업체들은 옥수수가 아닌 해조류, 목재, 작물 폐기물 등에서 나오는 '차세대 바이오연료' 사업에서 활로를 찾고 있으나 자금이 여의치 않아 연구 및 공장 건설 계획이 미뤄지고 있고 투자유치도 쉽지 않다.

브라질의 경우, 대부분의 에탄올 공장은 사탕수수 생산업자 소유로서 설탕 가격이 오르면 업자들은 에탄올 생산을 줄이고 설탕 생산량을 증가시켰다. 이 경우 에탄올 공급이 줄어 가격이 오를 수밖에 없고, 안정적인 에너지원으로서의 바이오에탄올에 대한 신뢰를 떨어뜨리는 요인으로 작용한다. 2008년 후반기 원유가격이 급등함에 따라서 브라질은 더 많은 사탕수수 바이오에탄올을 생산했고 이로 인해 국제 설탕가격이 폭등했다.

3. 생산과정에서의 환경파괴

화석연료의 대안으로 등장한 현재의 바이오연료는 생각보다 별로 '그린'하지 않다는 비판이 제기되고 있다. 바이오연료를 생산하기 위해 작물을 재배하는 과정에서 비료와 농약, 그리고 농기계들을 움직이는 데 필요한 연료 등 여러 요소들을 고려할 때 그다지 친환경적이지 않다는 주장이 그것이다(표 9-10).

청정에너지의 대표 주자인 옥수수 바이오에탄올은 생산 과정에서 상당한 수준의 온실가스를 만들어 낸다. 옥수수를 키우려면 질소비료가 필요하고, 이 비료는 이산화질소를 생성하고 이산화탄소에 비해 300배나 강한 온실효과를 일으킨다. 여기에 이 작물을 키우는 데 막대한 양의 살충제와

〈표 9-10〉 바이오에너지 원료작물의 온실가스배출 및 자원사용 비교

작물	생산물	온실가스 배출량*	재배 · 수확 · 제조시 자원사용				찬반 주장
			물	비료	살충제	에너지	
옥수수	에탄올	높음	높음	높음	높음	높음	기술 높음/저렴/식량 감소
사탕수수	에탄올	중하	높음	높음	중간	중간	기술 높음/재배지 한정
속성 목본류	에탄올	낮음	중하	낮음	낮음	낮음	유휴지 활용/기술필요
목재 폐기물	에탄올/바이오디젤	없음	중간	낮음	낮음	낮음	기술개발 더 필요
대두	바이오디젤	중간	높음	중하	중간	중하	기술 높음/식량 감소
카놀라	바이오디젤	중간	높음	중간	중간	중하	기술 높음/식량 감소
해조류	바이오디젤	낮음	중간	낮음	낮음	높음	대량생산 가능/기술 필요

※자료: Martha Groom at al., 2008, Conservation Ecology.

*: 포플러 등 속성수 및 해조류를 조성하면 비용이 낮으므로 이산화탄소 저감에 기여

물, 그리고 에너지가 들어간다. 화석연료 대신 바이오연료를 사용함으로써 이산화탄소 발생량은 약간 줄일지 몰라도 온실가스 배출량은 큰 변동이 없는 것이 현실이다.

브라질의 사탕수수 바이오에탄올의 경우는 이산화질소 비료문제와 열대림 파괴문제는 그리 크지 않다. 경작지 조성을 위해 아마존의 밀림을 마구 벌목할 것이라는 환경단체의 우려와는 달리, 아마존 열대다우림처럼 비가 많은 지역은 사탕수수 재배적지가 아니다. 또한 실제로 주요 사탕수수 농장들은 아마존 열대우림에서 수 천km 남쪽에 위치해 있기 때문에 아마존 열대다우림 훼손과 사탕수수 재배는 직접적인 상관관계는 없다. 사탕수수 수송용 차량들 또한 에탄올을 사용하고 배출되는 탄화수소는 사탕수수밭에서 곧장 흡수되므로 온실가스 발생량 또한 미미하다. 하지만 식용자원인 사탕수수를 에너지원으로 사용함으로써 설탕가격의 앙등이 실제적으로 나타났으며, 대량으로 확대 재배될 때 기타 식량자원의 경작지를 축소시켜 이들 작물의 수급에 악영향이 나타날 수 있는 소지는 있다. 사탕수수는 온대지방에서 재배할 수 없으므로 선진산업국가에서 에너지원으로 사용하기에는 한계가 있다.

사탕수수가 안고 있는 문제는 식량 부족이나 환경파괴보다는 노동문제라고 할 수 있다. 현재 상파울루 주에서는 약 40만 명의 노동자가 설탕과 바이오에탄올 생산에 종사하고 있는데 이들에 대한 처우와 열악한 노동환경이 큰 사회문제가 되고 있다. 사탕수수를 수확하는 일은 과중한 노동강도와 노동시간, 낮은 임금, 열악한 위생시설로 인해 최악의 노동상황에 처해 있다. 사탕수수 노동자들은 노동자 한 명당 적게는 100미터, 많게는 200미터 분량의 사탕수수를 수확하고 한 달에 겨우 2백 달러 미만을 받으며 과로사도 빈번하게 일어난다. 기계화를 하는 경우 농촌 실업문제가 심각해져 이 또한 사회문제를 일으킨다.

이와 함께, 사탕수수가 땅의 지력을 약화시킬 수 있다는 사실도 브라질이 안고 있는 고민거리다. 그래서 6년간 사탕수수를 경작한 뒤 6개월씩 다른 작물을 교대로 심어 최소 1년 동안 땅을 쉬게 해줘야 하는데 현실적으로 쉽지 않은 문제다.

오늘날 유럽 등지에서 바이오디젤 연료로 각광받는 유채의 경우는 옥수수와 사탕수수의 중간 정도의 온실효과를 일으켜서 아주 무공해하지는 않다.

세계 팜유의 80퍼센트 이상은 말레이시아와 인도네시아에서 생산되며 이들 국가는 생물종다양성이 가장 높은 열대림 지역이다. 현재의 팜농장들은 과거에 울창한 열대림이 번창하던 곳이다. 인도네시아는 환경파괴가 더욱 심각해서, 보르네오 칼리만탄(Kalimantan)의 경우는 팜농장으로 할당된 6백만 헥타르 가운데 극히 일부분만 팜이 식재되고 열대림은 파괴된 상태로 남아 있다. 열대림 배수공사와 이탄지대의 불놓기로 막대한 이산화탄소를 방출하면서 인도네시아를 세계 3위의 이산화탄소 방출국으로 만들었다. 팜농장은 생물다양성을 파괴할 뿐만 아니라, 많은 지역주민들로 하여금 시장변동이 심한 작물을 재배하게 하여 만성적인 가난에 시달리게 한다.

4. 불충분한 바이오연료 공급량

만약 미국에서 모든 차량이 옥수수 에탄올을 사용한다면 거의 미국만한 농경지가 필요할 것이다. 당연히 가능하지 않은 이야기다. 현실이 이렇다 보니 현재도 옥수수 에탄올은 미국에서 차량용 연료로써 아주 소량만 차지하고 있을 뿐이고 앞으로도 대량으로 소비되기는 어렵다. 농경지가 모자라기 때문이다. 그러나 바이오연료는 곡물가를 상승시키고 새로운 판매처를 찾아 주었기 때문에 옥수수 재배농가와 곡물회사에는 매우 고마운 존재라고 할 수 있다. 여기에 연료용 옥수수에 대해 정부에서 보조금까지 지급하니 더할 나위 없이 좋다.

쓰레기처리장 및 축산 오폐수로부터 바이오가스 생산은 폐기물 재활용이란 측면에선 높이 평가되지만 이 역시 양이 적고 수송용으로 사용할 수 없고, 폐식용유 바이오디젤은 양적으로 한계가 있다.

각국이 세제혜택까지 주면서 고비용의 바이오디젤을 생산하는 이유는 크게 4가지다.

첫째, 농업 생산과 농촌 인구를 유지할 수 있다. 세계무역기구(WTO) 체제하에서는 식량 작물에 대해서는 보조금을 줄 수 없으나 기타 작물에 대해서는 보조금을 줄 수 있기 때문이다.

둘째, 이산화탄소 배출 절감 효과가 있어 기후협약의 이행에 유리하며, 바이오디젤을 1톤을 사용할 경우 2.2톤의 이산화탄소 감면 효과가 있다.

셋째, 경유를 대체할 수 있기 때문에 수입 석유에 대한 의존도를 다소 줄일 수 있다.

넷째, 경유에 비해 오염물질의 배출이 적다는 것도 매력적인 점이다. 국립환경연구원이 2001년 분석한 결과에 따르면 바이오디젤 20퍼센트를 함유한 경유(BD20)는 일반 경유에 비해 일산화탄소는 17퍼센트, 황화합물은 20퍼센트, 매연은 14퍼센트의 배출이 줄어드는 것으로 나타났다.

현재 바이오 연료의 가장 큰 문제는 그 원료가 대부분 식량작물이라는 점이다. 바로 이점이 모든 문제의 출발점이라는 데 많은 이들이 인식을 같이 하고 있으며, 바이오에너지 자체를 반대하는 것은 아니다. 당연히 대안은 뭔가 새로운 원료를 개발하는 2세대 바이오에너지가 필요하다.

대표적인 대안은 바이오에탄올의 경우, 작물의 먹지 않는 부분, 예를 들면 짚이나 줄기 등을 발효시켜 셀룰로오스 에탄올을 만드는 방법이다. 바이오디젤의 경우는 폐목재, 나무 조각, 생물쓰레기, 톱밥 등 임업 폐기물을 이용한 '선 디젤'이 현재 시판되고 있다. 그리고 아예 식량도 아니면서 바다에 풍부한 해조류(algae)를 연료로 사용하는 방법도 현재 활발하게 연구되고 있다. 이와 같은 친환경적인 바이오에너지에 대해서는 보다 많은 정부지원이 있어야 한다.

한국정부는 2009년 1월에 17개 '신성장동력'을 발표하며 바이오연료를 포함하는 신재생에너지 지원정책을 포함시켰다. 10년 동안 100조원 이상 투입해 부가가치 창출 규모를 2008년 222조원에서 2018년에는 700조원대로 늘리겠다는 목표이다.

한국은 저이산화탄소 녹색성장 패러다임을 실현하기 위해 브라질처럼 바이오에너지의 개발을 서둘러야 한다. 태양전지나 풍력은 녹색성장 에너지로, 바이오연료는 저탄소 에너지로 구분할 수 있는데 지금까지 우리 정부정책은 저이산화탄소보다는 태양광이나 풍력 등 녹색에너지에 치중해왔다. 하지만 태양광이나 풍력은 자가용, 화물차 등 광범위한 수송용 에너지로 사용하기 어려우므로 휘발유와 경유를 대체할 수 있는 바이오연료를 적극 개발하고 확보해야 한다. 해마다 한국의 원유 수입액은 기하급수적으로 늘고 있고(그림 9-11), 현재 사용되는 에너지의 대부분이 석유, 석탄, 천연가스 등의 화석연료여서 바이오에너지의 개발이 시급하다. 서울의 경우, 전체 대기오염물질 중 배기가스의 비율이 85퍼센트 이상을 차지할 정도로 자동차에 의한 대기오염은 심각한 수준이다. 현재 한국에서 사용되는 신·재생에너지의 약 30퍼센트가 바이오에너지이나(표 9-11), 대부분 고체 바이오매스인 나무나 폐목재를 이용하는 것으로서 에너지의 효율성이 극히 낮고, 산림 황폐화를 초래할 수 있다.

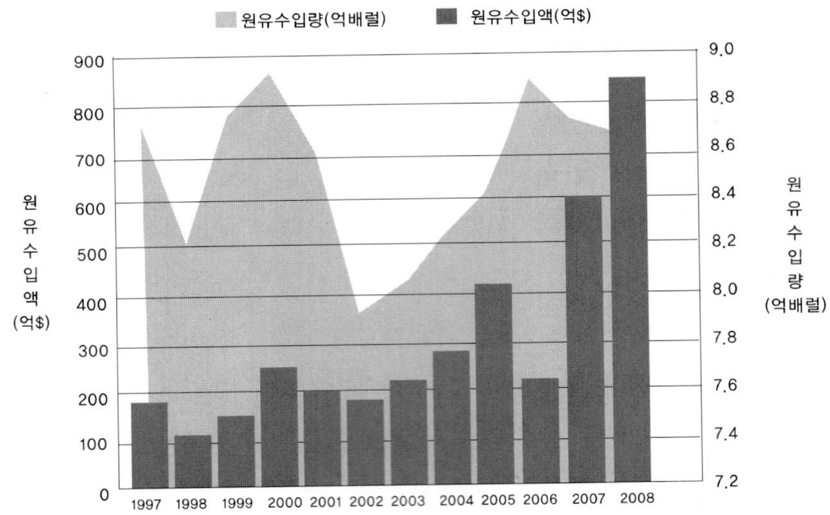

[그림 9-11] 한국의 원유수입량 및 원유수입액

※자료: 에너지관리공단(2009)

〈표 9-11〉 주요 OECD 국가의 에너지 구성비

구분	국명	총재생에너지	수력	바이오매스				지열	태양열	풍력	생활폐기물
				합계	고체	액체	가스				
총1차 에너지 대비	미국	4.2	1.1	2.5	2.1	0.2	0.2	0.4	0.1	-	0.2
	일본	3.5	1.6	1.1	0.9	-	0.2	0.6	0.1	-	0.1
	독일	3.2	0.5	1.9	1.5	0.2	0.3	-	0.1	0.5	0.3
	프랑스	6.0	1.9	3.6	3.4	0.1	0.1	-	-	-	0.4
	스페인	6.8	2.6	3.3	3.0	0.1	0.2	-	-	0.8	0.1
	한국	0.6	0.2	0.2	0.2	-	-	-	-	-	0.1
총재생 에너지 대비	미국	100	25.2	25.2	49.8	5.9	3.9	9.0	1.5	-	3.8
	일본	100	44.8	44.8	24.5	-	5.7	17.7	3.5	-	3.4
	독일	100	14.7	14.7	46.2	5.1	8.1	-	2.1	14.4	7.9
	프랑스	100	31.4	31.4	57.8	1.6	1.2	-	-	-	6.6
	스페인	100	38.2	38.2	43.8	1.8	2.8	-	-	11.2	1.5
	한국	100	35.9	35.9	30.6	-	-	-	-	-	20.2

※자료: OECD, Energy Balances of OECD Countries(2002-2003), 2005 Edition

Part 10

바이오농약

1장

바이오농약의 정의

1. 바이오농약이란

바이오농약(biopesticide)은 농작물의 해충, 병원미생물 및 잡초를 방제하기 위하여 자연환경에서 분리 채집된 병원균, 기주 저항성 미생물, 천연물 농약 및 천적을 제품화한 것을 말하며 생물농약이라고도 부른다.

최근 세계적으로 다국적 화학농약회사의 매출이 감소하고 있고, 화학합성농약은 개발비용에 비해 경제성이 계속 낮아지고 있어 이제 한계에 직면하고 있다. 또한 GM 작물의 보급 확대와 함께 농약 사용량이 점차 감소하고 있다. 이와 함께, 환경을 살리고, 유기농 및 바른 먹거리에 대한 사회적 관심 증대로 화학농약을 대체 또는 보완할 바이오농약 수요가 최근 급속하게 증가하고 있다.

미국 환경청(EPA)에서는 1994년 바이오농약 및 오염방지분과(Biopesticide and Pollution Prevention Division)를 신설한 이래 바이오농약 개발을 적극 장려하고 있다. 유엔환경개발회의(UNCED)에서는 2000년 말까지 각국의 화학농약 사용량을 25퍼센트 감축할 것을 권장했으며, 이에 농림부도 2010년까지 화학비료 40퍼센트, 합성농약 50퍼센트를 감축하기로 발표한 바 있다.

따라서 화학적 합성농약의 보건적 · 환경적인 여러 가지 문제점을 극복하기 위한 대안으로 등장한 것이 바이오농약인데, 바이오농약은 다음과 같은 장점이 있다(김진철, 2009).

첫째, 바이오농약은 합성농약보다 일반적으로 독성이 약하며, 합성농약으로 퇴치가 어려운 난방제 생물에 선택적으로 적용할 수 있다.

둘째, 합성농약은 보통 조류, 곤충 그리고 포유류 등에도 영향을 주는데 비하여 바이오농약은 일반적으로 단지 대상 병해충이나 근연종에 대해서만 영향을 준다. 생태계에 해가 적기 때문에 환경오염과 약제저항성을 일으키는 합성농약의 결점을 극복하는 농약으로 기대된다.

셋째, 바이오농약은 상대적으로 매우 적은 양으로 살포되고 수확시에 살포할 수 있으며, 환경에 노출시 빨리 분해된다. 따라서 합성농약이 일으키는 환경오염이나 잔류 독성의 가능성이 매우 낮다.

넷째, 합성농약의 경우 보통 개발하는데 7년 내지 10년이 소요되는데 비하여 바이오농약의 경우 3년 정도가 소요된다. 또한 개발비용도 합성농약의 경우 1.5억불 내지 2억불이 소요되는데 비하여 바이오농약은 5백만불 내지 1천만불이 소요된다. 즉, 개발기간이 짧고 개발비용도 합성농약에 비하여 훨씬 짧다.

다섯째, 합성농약의 경우 보통 개발하는데 15만개 내지 20만개의 물질 중에 하나가 개발되는데 비해서 바이오농약의 경우 2000개의 천연물 또는 미생물 중 한 개의 확률로 개발되어 성공확률이 훨씬 더 높다.

여섯째, 합성농약의 경우 일반 농산물 재배시에만 사용할 수 있는데 비하여 바이오농약은 일반 농산물뿐만 아니라 수출용 농산물, 유기농산물, 정원, 가로수 등에도 사용할 수 있다.

반면에, 바이오농약은 새로운 분야여서 아직 성장가능성이 불투명하여 개발과 투자에 다소 모험이 따를 수 있다. 또한 바이오농약은 효과가 느리고 완만한 지효성을 갖는 경우가 많으며, 농약사용에 적기가 있어 이것을 놓치면 효과가 감소되는 불편함이 따를 수 있다. 또한 대량생산이 쉽지 않고 사용규모가 작은 것도 단점으로 지적된다.

〈표 10-1〉 미생물농약과 화학합성농약의 장단점 비교

장단점	미생물농약	화학합성농약
장점	• 저독성이고 작물에 피해를 일으키지 않는다. • 사람과 가축, 어패류에 위해가 적고, 작물에 피해를 일으키지 않는다. • 약제 내성이나 저항성 유발 가능성이 낮다 • 약제 내성 병해충에 대해서도 방제효과가 있다. • 화학합성농약으로 어려운 난방제생물에 적용할 수 있다. • 생태계와 환경 부하가 작고, 안전성이 높다. • 병해충에 선택적이고, 천적 생물·유용생물 등에 악영향이 적다. • 무한 이용이 가능한 천연자원이다.	• 살포 후 약효 발현시기가 빠르다. • 약효가 이미 입증됐다. • 적용범위가 매우 넓다. • 품질 향상, 신선도 유지 등 원하는 목표를 쉽게 이룰 수 있다.
단점	• 약효 발현이 늦거나 효과가 제한적이거나 완만하다. • 적용 범위가 소수의 종으로 한정되어 있다. • 사용시기가 한정되어, 적기를 놓치면 효과가 감소할 수 있다. • 대량생산 및 보존이 어렵고, 이용 규모가 한정된다. • 주변의 화학합성농약의 영향을 받기 쉽다. • 생산비가 높고 수율이 낮다.	• 토양 산성화와 수질 오염이 우려된다. • 길항미생물의 수가 감소된다. • 사람과 가축 등에게 농약 성분이 축적되어 악영향을 미친다.

2. 바이오농약의 종류

미국의 환경보호청(EPA)에 의하면, 작물보호제(Pest control agent)는 〈표 10-2〉와 같이 화학농약(Conventional chemical pesticide)과 생물(바이오)농약(Biological pest control agent)으로 나눌 수 있고, 바이오농약은 다시 생물학적 농약(Biorational pesticide)과 기타로 분류된다.

생물학적 농약(Biorational pesticide)에는 세 개의 그룹이 속해 있으며, 여기에는 생화학농약(Biochemical biopesticide), 미생물농약(Microbial biopesticide), 그리고 식물농약(Plant-incorporated protectant)이 있다.

한국의 경우 2005년 4월 25일 공시된 농촌진흥청 고시 제 2005-3호의 바이오농약의 등록시험 방법 및 등록신청서류 검토 기준에는 바이오농약을 "살아있는 미생물, 천연에서 유래된 추출물 등을 이용한 생물적 방제제"로 정의하고 있다. 한국은 천적의 경우는 별도로 관리를 하고 있으며, 바

〈표 10-2〉 미국 EPA 분류에 의한 작물보호제(농약)의 종류

작물보호제
(Pest Control Agent, PCA)

- 화학농약 (Converntional Chemical Pesticide)
- 생물농약 (Biological Pest Control Agent)
  - 생물학적 농약 (Biorational Pesticide)
    - 생화학농약 (Biochemical PCA)
      - 천연물(Natura Antibiotics)
      - 페로몬(Pheromones)
      - 단백질(Proteins)
    - 미생물농약 (Microbial PCA)
      - 세균(Bacteria)
      - 곰팡이(Fungi)
      - 바이러스(Viruses)
      - 원생동물(Protozoans)
    - PIP농약 (Plant-Incorporated Protectant)
      - 식물체에 도입된 유전자에 의한 작물보호 물질
  - 기타(other Living PCA)
    - 천적(Insect Predator)
    - 선충(Nematodes)
    - 기생제(Macroscopic Parasites)

이오농약에 포함시키지 않는다. 한국은 바이오농약을 미생물농약과 생화학농약으로 분류하는데 다음과 같이 정의된다.

- 미생물농약 : 진균, 세균, 바이러스 및 원생동물 등 살아있는 미생물을 이용한 농업용 미생물 방제제
- 생화학농약 : 자연계에서 생성된 천연화합물을 추출하여 이용하거나 비독성학적 메카니즘에 의한 생물 통신물질을 이용한 농업용 생물질 또는 생약 방제제

1) 생화학농약

생화학농약(biochemical pesticides)은 자연계에서 생성된 천연화합물을 추출하여 이용하거나 방선균이 생산한 제초제처럼 비독성 메카니즘으로 병해충 및 잡초를 방제하는 천연물질을 말한다. 반면에 화학합성농약은 대개 병해충과 잡초를 죽이거나 억제하는 합성물질이다. 식물생장조절제와 같이 식물의 생장과 씨받이를 방해하는 물질, 성페로몬 살충제와 같이 곤충을 유인하거나 기피하게 하는 물질 모두 생화학농약에 속한다.

그러나 실제로 천연물질이 비독성 메커니즘으로 다른 생물을 방제하는지를 정확히 규명하는 일은 쉽지 않다. 미국에서는 미생물이나 식물, 동물 유래의 천연물질이라 하더라도 대상 유해생물을 직접 치사시키는 메카니즘을 가진 물질은 생화학농약으로 인정하지 않고 있으며, 비독성 메카니즘에 의하여 유해생물을 방제하는 경우에만 생화학농약으로 등록이 가능하다.

단백질을 이용한 바이오농약도 생화학농약에 해당하며, 작물에 유도저항성을 일으켜서 여러 가지 식물병에 대한 저항성을 높이는 엘리시틴(Elicitin) 단백질과 하르핀(Harpin) 단백질을 이용한 식물병 예방제가 있다.

2) 미생물농약

미생물농약(Microbial pesticides)이란 진균, 세균, 바이러스 및 원생동물 등 살아있는 미생물을 이용한 농업용 미생물 방제제를 말하며, 한국에서도 30여 종류 이상이 미생물농약으로 등록되어 사용되고 있다. 미생물농약에는 두 가지가 있는데 미생물 자체를 이용하는 방법과 미생물이 생산하는 활성물질을 이용하는 방법이 있다. 전자의 경우는 세균, 사상균, 바이러스, 병해방제 길항 미생물이 포함되며, 후자는 다른 생물의 발육 및 증식을 억제 또는 사멸시키는 항생물질을 꼽을 수 있다.

가장 널리 알려진 미생물농약은 흰불나방 방제약제로 등록되어 사용되고 있는 간균류, 즉 BT제(*Bacillus thuringiensis*)로서 곤충이 BT가 묻은 먹이를 먹으면 분해효소에 의해 독소가 활성화되어 소화기관이 파괴되어 죽는다. 그러나 꿀벌과 같이 소화기관 안이 알칼리성이 아닌 곤충이나 위액이 산성인 포유류에서는 독성을 나타내지 않으므로 익충이나 인체에는 큰 피해가 나타나지 않는다. BT는 그 종류에 따라 배추좀나방, 배추흰나비 등에 효과가 있는 것, 파리나 모기에게 효과가 있는 것, 갑충에게 효과가 있는 것으로 나뉘어져 있다. 세계 미생물농약 시장의 80퍼센트 이상을 이 BT제가 차지한다.

마른 짚이나 마른 풀에 살고 메주를 제조하는 데 쓰이는 고초균(*Bacillus subtillis*)은 병원균을 직접 공격하는 힘은 없지만 식물 표면에서 서식장소와 영양 확보를 위해 다른 병원균과 경쟁하므로 결과적으로 나중에 침입한 병원균은 서식장소와 먹이를 얻을 수

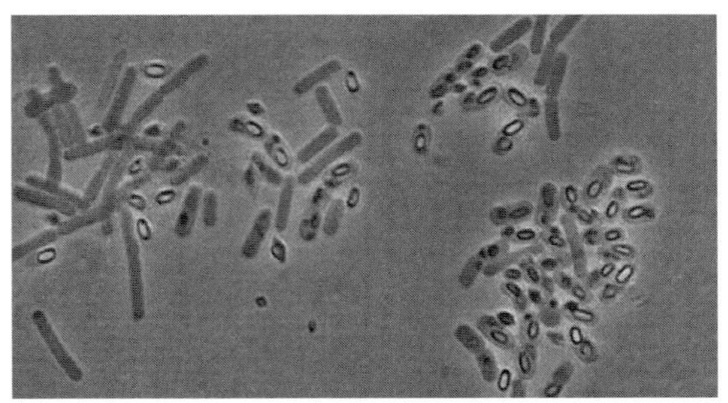

[그림 10-1] 미생물농약에 가장 널리 사용되는 비티균(*Bacillus thuringiensis*)

없게 된다. 국내에서는 다른 나라보다 고초균을 이용한 미생물바이오농약이 많이 개발되고 있다.

벼흰잎마름병균(*Xanthomonas campestris*)은 잔디 및 새포아풀의 줄기와 잎의 상처부위로 침입하여 수분과 영양을 체내로 운반하는 길을 막아서 고사시킨다.

바이오농약에 이용되는 곰팡이의 경우는 트리코데르마(*Trichoderma*)와 글리오클라디움(*Gliocladium*)이 있다. 트리코데르마 계열의 경우, 목재당화나 섬유소 분해에 이용돼 왔는데, 식물뿌리에 정착률이 높고 다른 병원성 곰팡이에 대한 우수한 기생력을 보유하며 항생물질을 생산하여 병원성 곰팡이를 억제하는 기능을 지닌 다양한 균주제품이 개발되고 있다. 글리오클라디움 계열의 경우, 병해유발균의 균주를 휘감아 용해시켜 박멸한다.

곤충을 숙주로 하는 바이러스를 이용한 제품도 상당수 존재하는데, 이것들은 특정 나비목 유충을 방제하는 경우가 많다. 각 유충에 선택적으로 작용하는 GV(Granulosis virus)와 NPV(Nuclear polyhedral virus)를 이용한 것으로서 잘 사용하면 효과적으로 방제할 수 있다.

살충성 선충은 농작물과 잔디 등에 피해를 주는 나비목, 메뚜기목, 딱정벌레목 등의 해충 방제에 성공적으로 사용되고 있는 천적살충제로서 그 효능이 매우 우수하여 미국, 일본, 중국 및 유럽 등지에서 사용되고 있다.

일본의 경우 1998년에 토멘(Tomen)사가 6종류의 천적제품을 내놓은 이후, 2000년에는 10종류 이상의 제품으로 연간 10억엔 이상의 매출을 올렸다. 이밖에도 세계 최대의 천적 농약회사인 네델란드의 코퍼(Kopper)사를 비롯하여 영국의 비시피(BCP)사도 종합해충방제(Integrated pest management, IPM)의 일반화에 노력하고 있다. 종합해충방제는 작물, 병해충, 천적에 대한 지식을 기초로 각종 해충 방제기술을 상호 유기적으로 사용하여 병해충 발생을 경제적 피해 수준 이하로 감소시키거나 유지하기 위한 관리체계를 말한다. 미생물농약도 다른 바이오농약과 마찬가지로 유해성을 확실히 단정할 수 없고 인체와 생태계에 유해한 미생물로 바뀔 수도 있기 때문에 지속적으로 감시해 나가야 한다. 한국은 천적제품의 품목 수에 있어서는 아시아에서 가장 많고 연구도 활발히 진행되고 있으며 해외 수출도 하고 있다.

〈표 10-3〉 국가별 천적제품 생산품목 수 비교

국가	네덜란드 (Koppert)	벨기에 (Biobest)	한국 (세실)	캐나다	일본
생산품목 수	34	33	29	12	7

※자료: 파이낸셜 뉴스, 2009

3) 식물농약

여기서 말하는 식물농약(plant pesticides)은 식물체에서 기원한 농약과는 다른 개념의 농약이다. 식물농약은 유전자변형(GMO) 식물 등 식물체에 도입된 유전자에 의해 식물에서 생산된 농약 성분을 일컫는 것으로서 디펠(Dipel), 서리사이드(Thuricide) 등 바이오톡신(BT Toxin)이 이에 속한다. 유전자가 도입된 식물체는 정부의 관리 감독을 받지 않으나, 이에 의해 생산된 단백질과 유전물질은 환경보호청에 의해 관리되고 있다.

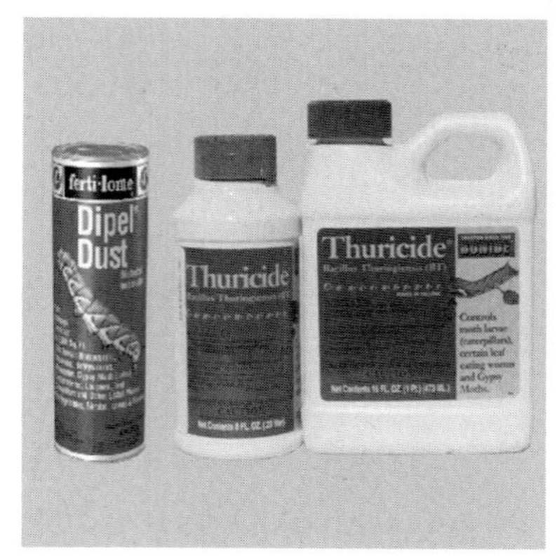

[그림 10-2] 바이오톡신 계열의 바이오농약인 디펠(Dipel), 서리사이드(Thuricide)

2장

바이오농약의 전망

지구산업분석(Global Industry Analysis Inc.)의 2006년 바이오농약(Biopesticides) 보고서에 따르면, 세계 화학합성농약 시장은 2006년의 약 260억 달러에서 2010년에는 약 250억 달러로 감소할 것으로 예상하고 있다. 반면에 세계 바이오농약 시장은 2006년 약 6억9700만 달러로 추정되며(약 2.5% 점유), 이 가운데 미국이 약 3억5000만 달러, 유럽연합이 약 1억5000만 달러를 차지했다. 2010년에는 10억 달러(약 4% 점유)로 성장할 것으로 예상되는데 살충성을 지닌 선충이나 바이러스를 활용한 미생물제재, 해충이 생산하는 페로몬이나 호르몬 등을 원료로 하는 생화학제재, 유전학적으로 형질을 개선시켜 주는 작물제재 수요가 증가하고 있다. [그림 10-3]에서 보듯, 국내외 바이오농약은 급속한 성장세를 보이고 있다.

1. 한국의 바이오농약 생산 현황

2004년 현재 국내의 경우 4종 복합비료로 판매되는 미생물제제를 포함한 국내 바이오농약 시장은 약 400억원 정도로 추정되며, 2015년에는 전체 농약 시장의 15퍼센트 정도인 1800억원 정도에 이를 것으로 예상된다(그림 10-3). 바이오농약은 2001년 세계 농약 시장의 약 2퍼센트인 5.8억 달

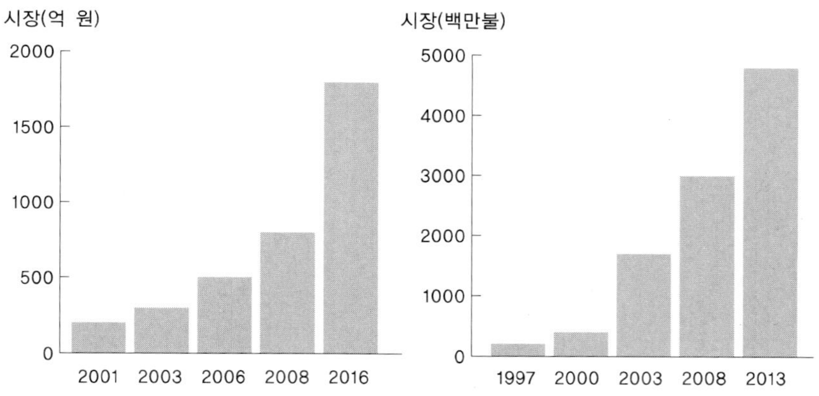

[그림 10-3] 바이오농약의 국내시장(좌) 및 세계시장(우) 전망

※ 자료: 생리활성로드맵 작성사업보고서(2001); Santander Investment(1998)

러였으나, OECD국가를 중심으로 한 친환경농업정책으로 인하여 그 시장 규모가 2013년에는 세계 농약 시장의 약 15퍼센트인 45억 달러에 달할 것으로 추정된다.

바이오농약이 개발되면 환경보호는 물론 농약 수입 대체효과도 크리라 기대되는데, 2002년도 현재 수입은 3억4천만 달러(원제 2억7천만 달러, 완제 3천6백만 달러, 합성 원료 3천만 달러)로서 수입 의존도는 78.3퍼센트에 이르고 있는 실정이다. 한국의 경우 2009년부터 바이오농약 지원사업을 실시하고 있으므로 바이오농약 시장이 급속하게 신장할 것으로 판단된다. 이에 따라 현재 국내에서 판매되고 있는 제품들 중에서는 품목당 매출액이 10억원 이상 되는 제품은 없으나, 시장이 확대되고 우수한 미생물농약 및 생화학농약이 개발되면 장차 품목당 40~50억원대 제품도 등장할 것으로 기대된다.

농촌진흥청은 ‘엑스텐’이란 미생물을 개발하여 국내업체와 다양한 형태의 제품으로 바이오농약 상품화에 성공하여 단일 품목으로 2007년에 약 30억 매출을 올린바 있다. 2008년 후반기부터는 베트남 등 동남아시아에 미생물농약을 수출하고 있다. 현재 농업진흥청은 비료와 농약을 대신할 수 있는 성능이 우수한 미생물을 수십 개 선발해 놓고 있으며 이를 산업화할 파트너와 정부의 예산지원을 기다리고 있다. 최근 개발한 미생물농약은 방제가 까다로운 토양 병해뿐 아니라, 농약으로도 방제가 곤란한 바이러스병까지 억제할 수 있어 앞으로 우리 농업발전에 크게 기여할 것으로 예상된다.

2. 국내 연구개발 현황

국내에서 미생물농약과 생화학농약에 대한 연구는 1980년대에 태동하여 1987년에는 인삼 뿌리썩음병 방제용 바이코나의 개발로 시작됐다. 본격적인 바이오농약 연구개발은 1990년대 후반부터 이루어졌으며, 농촌진흥청, 한국화학연구원 · 생명공학연구원 · 농업과학기술원 등 연구소, 경상대학교 · 순천대학교 · 서울대학교 등의 대학교, (주)동부하이텍 · (주)그린바이오텍 · (주)케이아이비씨 등의 기업체에서 독자적으로 연구를 진행해왔다.

미생물농약과 생화학농약 등록 규정은 각각 2001년과 2005년에 정해졌으며, 현재까지 미생물농약으로 살균제 10개와 살충제 12개 등 총 22개 품목이 한국에서 제조 및 등록되어 시판되고 있으며, 살균제제의 경우 고초균(*Bacillus subtillis*)이 높은 비율을 차지하고 있다(표 10-4). 미생물 제초제의 경우는 아직 등록된 제품이 없다. 생화학농약은 2개 제품이 등록돼 있는데, 아자디락틴 입제(제품명: 단독)는 생화학살충제로, 펠라르곤산유제(제품명: 싸이티)는 생화학제초제로서 등록되어 시판되고 있다. 아직 생화학살균제로 등록돼 있는 제품은 없으나, 현재 한국화학연구원, 국립농업과학원, 파이오니아, 경농 등을 중심으로 생화학살균제로 등록하기

〈표 10-4〉 한국에서 제조되어 등록된 바이오농약 (2008. 7 현재)

용도	구분	농약품목명	등록회사
살균	바실루스서브틸리스 DBB1501 수화제	테라스	(주)동부하이텍
	바실루스서브틸리스 DBB1501 입제	홀인원	(주)동부하이텍
	바실루스서브틸리스 JKK238 액상제	잎살림	(주)흙살림
	바실루스서브틸리스 GB365 수화제	그린올	(주)그린바이오텍
	바실루스서브틸리스 GB365 액상수화제	씰러스	(주)그린바이오텍
	바실루스서브틸리스 KB401 유상현탁제	슈팅스타	(주)고려바이오
	바실루스서브틸리스 KBC1010 수화제	재노탄	(주)한국바이오케미칼
	스트렙토아이세스고시키엔시스 WYE324 액제	쎄이프그로	(주)케이아이비씨
	스트렙토아이세스고시키엔시스 WYE20 액제	아이코사이드	(주)케이아아비씨
	암펠로마이시스퀴스콸리스 AQ94013 수화제	큐펙트	(주)그린바이오텍
	패니바실루스폴리믹사 AC-1 액상수화제	탑시드	(주)그린바이오텍
살충	모나크로스포륨타우아숨 KBC3017 고상제	땅거미	(주)한국바이오케미칼
	비티아이자 YNT424 수화제	토박이	(주)동부하이텍
	비티아이자 YNT424 액상수화제	토박이	(주)동부하이텍
	비티아이자 YGB413 액상수화제	솔빛채	(주)그린바이오텍
	비티쿠르스타키 수화제	그물망	(주)동부하이텍
		바이오비트	(주)동방아그로
		바이충	(주)인바이오믹스
		비결	(주)동부정밀화학
		삼공비티	(주)한국삼공
		슈리사이드	(주)바이오크롭사이언스
		영일비티	(주)영일케미칼
	패실로아이세스퓨모소로세우스 DBB2035 수화제	방시리	(주)동부하이텍

위한 연구를 현재 진행하고 있다.

2000년 이후 바이오농약의 국내 특허출원 비율이 급속히 증가했다. 90년대 초반엔 34건으로 바이오농약은 전체 농약특허출원의 8.9퍼센트에 정도에 불과했으나, 90년대 후반 이후 증가하기 시작하여 2000년대 접어들면서 106건으로 전체 농약특허출원의 18퍼센트를 차지했다〈표 10-5〉. 국내 바이오농약을 내용별로는 세균, 곰팡이 등 미생물을 이용한 농약이 가장 비중이 높고, 페로몬(곤충유인 성호르몬)과 천적을 이용한 특허출원이 그 뒤를 잇고 있다. 최근 들어서는 한약재나 유전자변형기술을 이용한 바이오농약이 출원되고 있어 바이오농약의 고도화와 다양화가 이루어지고 있다.

바이오농약은 원제에서부터 제품까지 독자 개발이 가능하고 개별마케팅이 가능하기 때문에 중소기업이나 벤처기업에 매우 유리하다. 또한 화학농약에 비해 개발비용, 성공가능성, 투자효과 등 여러 측면에서 유리하기 때문에, 앞으로 바이오농약에 대한 연구개발과 특허출원이 더욱 활발해질 것으로 예상된다.

이밖에도 현재 국내에서는 바이오농약으로 등록을 하지 않고 친환경유기농자재로 740종이 등록되어 있는데, 이 중에서 살충 또는 살균효과가 있다고 알려져 있는 작물병해관리용 자재는 98종이 목록에 등재되어 있다. 이 자재들 역시 추후 바이오농약으로 등록이 될 것이며, 천적을 이용한 생물학적 방제는 1995년 농촌진흥청 천적 연구실에서 연구되기 시작해

〈표 10-5〉 국내 전체 농약에서 차지하는 바이오농약의 특허건수와 특허출원비율

연도	1993~1994	1995~1996	1997~1998	1999~2000	2001~2002
바이오농약 출원	34	40	83	70	106
화학합성농약 출원	383	416	625	507	588
바이오농약 출원비율(%)	8.9	9.6	13.3	13.8	18.0

서 칠레이리응애, 콜레마니진디벌, 온실가루이좀벌 등 22종이 상업화됐다. 2002년에 식물검역법을 개정하면서 비로소 해외 천적의 수입이 가능해졌다. 2005년에 조세 특례제한법이 개정되면서 천적의 수입이 면세로 바뀌었다. 천적 업종의 분류는 2007년에 이르러 생물학적 제제 제조업으로 분류되었다. 한국의 경우 (주)세실을 중심으로 천적 분야에서 기술이 발달하면서 2007년부터 천적을 유럽으로 역수출하게 되었다. (주)세실의 경우, 천적 매출이 급신장해서 2003년에는 1억9000만원, 2005년에는 41억원, 2008년에는 184억원으로 크게 증가했다.

개발된 천적의 농가 보급면적은 2004년까지 약 400헥타르이며, 2008년 현재 1000헥타르에 걸쳐 농림수산식품부 시범사업으로 추진중이다. 현재 개발된 천적은 딸기, 토마토, 고추, 오이, 멜론, 포도 등에서 나타나는 해충에 대한 천적으로 현재 농가에서 이용되고 있다. 천적은 농약보다 가격이 비싸고 효과가 불안정하기 때문에 각 작목별 사용 프로그램을 개발하여 그것을 모니터링하고 천적의 이용효과를 높일 수 있는 연구개발이 꼭 필요하다.

3. 국외 연구개발 현황

미국환경보호청(EPA)에서 녹색화학기술 개발자들을 위한 포상제도(Presidential Green Chemistry Challenge Awards)라는 혁신적인 화학제품과 오염을 방지하는 제조공정을 증진하기 위한 경쟁제도를 도입해서 바이오농약의 연구와 개발을 장려하고 있다.

바이오농약의 경우에는 아그라퀘스트(AgraQuest) 같은 대기업도 있으나 대개는 중소 벤처기업들을 중심으로 연구개발이 이루어지고 있다. 전 세계적으로 약 110여개의 회사들이 바이오농약을 주요 사업으로 펼치고 있는 것으로 알려져 있다.

Business Communications의 2006년 바이오농약 시장조사에 따르면, 연간 매출 3천만 달러 이상의 큰 규모의 바이오농약 회사로는 AgraQuest사(미국 바이오농약 시장의 6%), Certis USA사(미국 바이오농약 시장의 6%), Verdera OY사(미국 바이오농약 시장의 5%, 핀란드기업) 등이 있고, 이외에 Ag-Biotech, San Jacinto Environmental Supplies, Troy Biosciences, Valent Biosciences Corporation 등의 농약회사가 있다. 이들 회사들은 각국 정부의 친환경농업정책의 일환으로 정부로부터 정책적 후원을 받으면서, 독자적으로 미생물과 천연물을 선발하거나 대학과 연구소에 외주연구를 통하여 우수한 후보물을 확보하여 바이오농약을 개발하고 있다.

2002년 현재 미국 EPA에는 76개의 미생물농약과 113개의 생화학농약이 등록되어 있다. 미국의 경우 작물에 해를 끼치는 병해충 및 잡초 방제제 외에도 조류 기피제인 안트라퀴논(anthraquinone), 개 · 고양이 기피제인 베르가못기름(bergamot oil)와 같은 물질도 농약에 포함시키고 있다.

〈표 10-6〉에서 보는 바와 같이 바이오농약은 세균, 곰팡이, 바이러스, 천적 등 각 부문별로 매출액 신장율이 약 10퍼센트 안팎으로 전 부문이 높은 성장세를 보였다. 미생물농약 중 세균을 이용한 바이오농약은 전체 바이오농약 시장의 약 80퍼센트를 차지하고 있다. 세균을 이용한 바이오농약 시장을 주요 균종별로 살펴보면 BT균(*Bacillus thuringiensis*)의 시장이 가장 크며 앞으로도 점유율과 성장률이 가장 클 것으로 예상된다(표 10-7).

〈표 10-6〉 바이오농약의 세계 매출액과 성장률 (생화학농약 제외)

(단위: 백만 달러)

분류	2003	2004	2005	2010	성장률
세균	346	415	497	796	9.9
곰팡이	47	56	68	107	9.5
바이러스	24	29	34	54	9.7
천적	37	44	53	86	10.2
기타	14	18	20	32	9.9
총계	468	562	672	1075	-

※자료: Business Communications Co., The New Biopesticide Market, 2006

〈표 10-7〉 균종에 따른 세계 바이오농약의 매출액

(단위: 백만 불)

분류	2003	2004	2005	2010	성장률
Bacillus thurungiensis	242.2	290.4	347.8	611	11.9
Bacillus subtilis	51.9	62.3	74.6	94	4.7
Pseudomonas fluorescence	34.6	41.5	49.7	62	4.5
기타	17.3	20.8	24.9	29	3.1
총계	346	415	397	796	9.9

※자료: Business Communications Co., The New Biopesticide Market, 20

중국 바이오산업의 생산액의 증가는 국가적인 바이오농업 지원정책에서 비롯된 것인데, 여기에는 유전자변형 면화, 바이오농약, 바이오매스 등 바이오기술 응용이 두드러진다.

중국은 농약으로 사용가능한 매우 풍부한 식물자원을 보유하고 있는데, 가치 있는 활성 화합물을 찾아내서 바이오농약을 개발하는 사업이 활발히 진행되고 있다. 중국의 '바이오산업 11.5 발전규획'에 따르면, 향후 중점적으로 발전시킬 그린 농용 바이오제품은 높은 효율, 낮은 독성, 제로 오염, 일정한 선택성 등의 뛰어난 장점을 보유해야 한다고 했다. 중국은 특히 식물바이오농약에 많은 관심을 가지고 있다. 식물체에서 추출한 항균, 항바이러스 또는 살충효과가 있는 성분이나, 식물체에서 분리한 새로운 활성물질을 찾아내고 낮은 독성과 높은 효율을 갖는 새로운 농약을 개발하고 있다.

중국은 바이오농약의 직접 이용면에서 많은 성과를 이루었는데 인도멀구슬나무(*Azadirachta indica*)를 대표적으로 꼽을 수 있다. 영명으로는 Neem tree 또는 Margosa tree라고 부른다. 인도멀구슬나무는 인도가 원산지이며 나무열매와 씨에서 기름을 얻는다. 이 나무 오일에는 아자크리틴(azadirachtin)과 캄페스테롤(campesterol) 등을 함유하고 있으며 맛이 쓰다. 예로부터 살충제와 탄저병에 사용해왔는데 활성이 강하고 오염이 없는 것이 큰 장점이다. 이 살충제는 중국국무원 그린식품판공실이 그린식품 생산에 중점적으로 추천하는 무공해 농약이며, 홍콩유기식품인증에서 사용을 허용하는 유일한 살충제이다. 현재 신장 초원의 메뚜기 퇴치를 위해 대면적에 살포하는 유일한 농약이기도 하다. 한국에 자생하는 멀구슬나무(*Melia azedarach* var. *japonica*)도 이에 준해서 바이오농약으로 개발할 수 있다. 중국은 이외에도 햇빛을 이용해 식물이 자체적으로 곤충에

[그림 10-4] 중국에서 바이오농약으로 널리 사용되고 있는 인도멀구슬나무(Neem Tree)

독이 되는 물질을 만들어내는 광활성(light activation) 농약의 개발에도 착수해 있다.

중국은 토마토의 시들병과 멜론 · 바나나 · 망고가 수확 후 썩는 병을 방제하거나 바이러스에 감염되어도 진딧물에 의해 더 이상 확대되지 않도록 하는 방제연구가 진행 중에 있다. 이러한 연구는 미생물 자체를 직접 농약으로 개발하여 사용하기보다는 미생물이 지니고 있는 세균 억제 유전자를 식물에 전이시켜 방제가 이뤄지도록 하는 방향으로 진행되고 있다.

이와 함께 천적의 개발에도 박차를 가하고 있는데, 옥수수, 면화, 밀의 해충방제를 위해 왕담배나방과 조명나방 알에 기생하는 명충알좀벌(*Trichogramma chilonis*)의 인공 대량사육기술을 보유하고 있다. 이외에도 진딧물만을 골라 잡아먹는 무당벌레와 풀잠자리 등 천적 종의 대량사육기술도 연구하고 있다. 특히 신장 지역에서 대규모로 발생하는 메뚜기에 대해서는 메뚜기 포식성 미포자충(microsporidia)을 살포하여 매년 발생률을 55퍼센트 정도 감소시켰다.

Part 11

바이오기술과 환경산업

1장
식물에 의한 환경복원

우리가 서 있는 땅은 공기, 물과 함께 환경의 3 요소로 불릴 정도로 우리의 생활과 밀접한 관계를 가지고 있다. 토양과 물은 오염원에 노출되면 기능을 상실하기 쉬우며, 원상태로 회복시키는 데 매우 긴 시간과 비용이 요구된다. 특히 토양오염은 확산 속도가 매우 빠른 대기오염이나 수질오염과는 달리 그 영향이 서서히 나타나고, 2차적으로 식량작물, 가축, 인간에 피해를 일으킨다. 이처럼 오염지역을 방치하면 돌이킬 수 없는 문제가 발생하므로 토양이 오염에 노출될 경우 과학기술을 적용한 치밀한 제거가 필요하다. 최근 인구의 밀집화와 산업화로 인해 오염물질이 다양화되고 중금속 등 오염원이 주변지역으로 확산되어 환경오염원을 어떻게 효과적으로 제거할 지가 중요한 관심사가 되고 있다.

세계적인 환경전문 조사기관인 국제환경산업(EBI)은 세계 환경산업 시장 규모가 2010년 8850억 달러(약 831조9000억원)에 이를 것으로 추정하고 있다. 최근 몇 년 사이 세계적인 기업들이 환경산업에 앞 다퉈 뛰어들고 있는 것도 이 때문이다. 현재 국내에서 폐수처리와 관련된 시장규모는 2000억원을 넘을 정도로 유망한 산업이며, 지구환경을 지키는 매우 중요한 바이오산업이기도 하다.

바이오 환경산업에는 생태복원용 식물을 이용하거나, 지하 환경에서 사는 세균, 곰팡이, 효모 등 미생물을 이용해서 특정 독성화학물질을 무독화하거나 독성을 경감하는 생물학적 정화기술이 포함된다. 생물학적 정화에는 식물정화복원과 미생물정화복원이 있으며, 유망 바이오산업 분야로서 독성물질이 유출된 지역의 정화 또는 위험한 독성 폐기물 처리를 위한 가장 가능성 있는 신기술로 인정받고 있다.

1. 식물정화복원의 정의

식물정화복원(Phytoremediation)은 미생물이 아닌 식물을 이용해 토양 및 지하수를 정화시키는 환경복원기술이다. 식물복원공정, 식물재배정화법 또는 식물정화공법이라고도 한다. 식물은 중금속, 살충제, 폭약, 기름 등 다양한 종류의 오염물질을 흡수·분해해 정화한다. 식물정화복원은 학문적으로도 떠오르는 분야이지만 산업으로도 성장을 하는 분야로 미국의 식물정화복원 시장은 1998년 1600만 내지 2900만 달러에서 2000년에 5500만에서 1억 달러, 2005년에는 2억1400만 내지 3억7000만 달러에 달할 것으로 추정됐다.

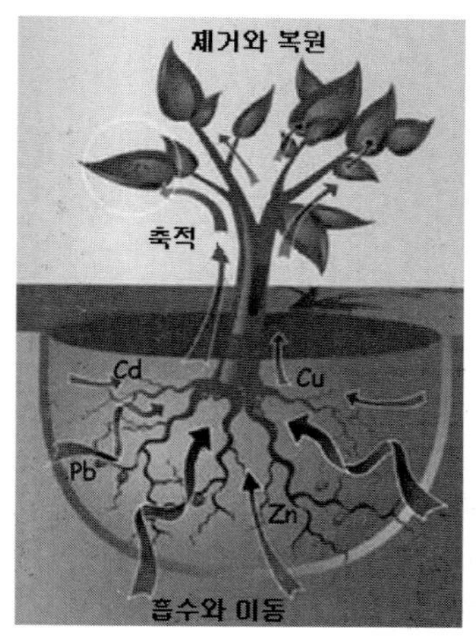

[그림 11-1] 식물정화복원의 개요와 원리

식물은 뿌리를 통해 수분이나 양분을 흡수하는 능력을 이용해 토양이나 지하수층에 녹아 있는 각종 중금속과 오염물질을 흡수 · 축적 · 분해할 수 있다. 모든 식물은 필요한 영양물질, 중금속을 외부환경으로부터 얻는데 특정 식물은 실제 대사에 필요한 양보다 훨씬 많은 영양염류, 중금속을 체내에 축적하는 능력을 가지고 있다. 식물에 의한 오염 정화는 주로 뿌리 주위에 형성되는 뿌리혹박테리아 또는 미생물과 공생을 통해 이루어진다.

식물정화복원에는 비교적 장시간이 걸리고, 식물의 뿌리가 닿는 비교적 얕은 지역, 저농도의 오염물질이 넓은 지역에 분포하고 있을 때에만 효과적이라는 제약이 있다. 하지만 현장 적용성이 우수하고 비용이 매우 저렴하고 친환경적이며, 2차 부산물의 발생이 적고 부산물을 바이오에너지 등에 활용할 수 있는 장점이 있다. 또한 식물정화복원은 시설비, 에너지, 전문적인 유지관리가 거의 필요 없어 매우 경제적이고 실용적이며, 자연생태계 교란을 최소화시킨 현장성이 높은 기술이다(표 11-1).

〈표 11-1〉 식물정화복원의 장점과 단점

장점	단점
유기물, 무기물 모두 적용 가능	오염원 제거를 위해 장시간을 필요로 함
현장(in-situ) 및 이동(ex-situ) 적용 가능	식물생육이 환경상황에 의존적임
효율적으로 실행, 적용이 용이함	뿌리 부위가 있는 오염지역에만 한정됨
기타 방법에 비해 비용이 절감됨	식물추출로 회수된 생체는 위험물로 분류됨
환경친화적이며 심미적 기능 창출	오염된 식물조직이 이동될 경우 문제점 발생
복원 대상지에서 매립량 절감	인체의 먹거리와 연계될 가능성이 있음

2. 식물정화복원의 다양한 방법

식물 가운데 목본식물인 나무를 이용해서 오염된 토양이나 지하수를 정화시키는 기술을 식물정화복원(phytoremediation) 방법 중 수목정화복원(dendroremediation)이라고 부른다. 수목정화복원이라는 용어는 의미상으로 다양한 해석이 가능하여 그 대상에 따라 환경을 복원할 경우와, 인체의 질병을 치유할 경우를 나누어 생각 할 수 있다. 여기에서는 환경을 중심으로 기술하기로 한다.

수목정화복원을 통하여 오염된 토양에서 중금속, 방사성물질, 소수성 유기물질 등의 오염원을 제거하는 방법에는 7가지가 있으며, 이 가운데 식물추출(phytoextraction), 식물분해(phytodegradation), 식물안정화(phytostabilization), 식물휘발(phytovolatilization), 식물촉진(phytostimulation) 과정에 대해 자세히 설명하면 〈표 11-2〉와 같다.

〈표 11-2〉 식물정화복원 방법 및 식물 적용

적용방법	대상 지역	오염물질	대표 식물
식물추출 (phytoextraction)	토양, 침전물	중금속(Pb, Cd, Zn, Ni, Cu), 방사성 물질	포플러나무, 해바라기, 인도겨자, 쐐기풀, 민들레, 십자화과식물
식물분해 (phytodegradation)	토양, 지하수, 쓰레기 매립지	방향족 탄화수소(BTEX), 염소화 용매(TCE), 탄약폐기물(TNT, RDX), 할로겐, 유기화합물	포플러나무, 버드나무, 사시나무
식물안정화 (phytostabilization)	토양, 침전물	중금속(Pb, Cd, Zn, As, Cu, Cr, Se, U), 소수성유기용매(PAH, PCB, DDT, dieldrin)	포플러나무, 버드나무, 사시나무
식물휘발 (phytovolatilization)	토양, 지하수, 매립지, 침출액	제초제(atrazine, alachlor), 방향족 화합물, 염소화 용매(TCE),탄약폐기물(TNT, RDX)	포플러나무, 버드나무, 김의털, 콩과식물,
식물촉진 (phytostimulation)	토양, 침전물, 침출수	유기오염물질(살충제, 방향족 탄화수소	뽕나무, 수생식물, 버뮤다그라스

①근권여과(rhizofiltration) : 식물의 뿌리를 이용해서 오염된 지표수로부터 오염물질을 생물, 또는 비생물적인 과정을 통해 뿌리 주변에 축적, 여과되거나 식물체 내로 흡수시키는 과정을 말하며 주로 수질환경을 대상으로 하는 기술이다. 육상식물 및 수생식물이 모두 이용될 수 있으나 육상식물이 좀 더 효과적인 것으로 나타나고 있다. 적용대상물질은 납, 카드뮴

등의 중금속 물질과 방사성 원소 등이 있다.

②근권분해(Rhizodegradation) : 근권분해는 식물체의 뿌리 부근의 미생물 군집이 식물체의 뿌리의 도움을 받아 오염물질을 분해하는 과정을 말한다. 즉 식물체 뿌리의 분비물에는 영양분이 함유돼 있을 뿐 아니라 뿌리 자체가 미생물의 서식처의 역할을 하게 되므로 미생물의 활성이 증가돼 오염물질 분해가 촉진되게 된다. 경비가 적게 소요되며 오염물질이 현장에서 분해되므로 따로 처리할 필요가 없는 점이 장점이다. 그러나 뿌리가 충분히 발달하기 위해서는 시간이 많이 소요되며 서로 다른 미생물과의 상호작용에 대해서도 연구가 필요하다.

③식물추출(phytoextraction) : 오염물질을 식물체 내로 흡수, 농축시킨 후 줄기와 같은 오염물질이 농축된 식물의 부위를 제거하는 방식이다. 수확된 식물은 경우에 따라서 유용한 자원이 될 수도 있으나 중금속 등 오염물질이 함유되므로 적절한 처리가 요구돼 대체적으로 수확된 식물은 소각 등에 의해 처리된다. 토양 및 폐기물 등을 대상으로 중금속이나 방사성 동위원소 등의 제거에 이용될 수 있다. 중금속을 고농도로 축적할 수 있는 식물은 대체적으로 성장이 느리며, 오염물질을 처리하기 위해서는 식물체의 뿌리가 도달해야 하므로 뿌리의 깊이에 따라 제거 깊이가 달라진다. 이에 적합한 식물은 속성으로 자라면서 생체량을 증가시켜 체내에 많은 양의 오염물질을 빨아들이는 능력이 있고 중금속에 대한 내성이 있는 식물이어야 하며, 대표적인 식물로는 포플러나무, 해바라기, 인도겨자, 쐐기풀, 민들레, 십자화과식물 등이 있다.

④식물분해(Phytodegradation) : 오염물질이 식물체 내로 흡수돼 그 안에서 대사에 의해 분해되거나 식물체 밖으로 분비되는 효소 등에 의해서 분해되는 과정으로 식물체가 직접 분해에 관계되는 과정이다. 제초제, 방향족 화합물, 염소화 용매(TCE), 탄약폐기물(TNT, RDX)로 오염된 토양,

지하수, 쓰레기매립지 등에 포플러나무, 버드나무, 사시나무 등의 수목을 식재하여 오염원을 제거한다.

⑤식물휘발(Phytovolatilization) : 오염물질이 식물체에 의해 흡수된 후 대사과정을 통해 휘발성산물로 변해 대기로 방출되는 과정을 말하며 주로 지하수에 적용되고 있으나 토양이나 폐기물 등에도 적용되기도 한다. 생성된 휘발성 산물은 대개 독성이 약화되지만 경우에 따라 유독한 경우도 있다. 식물휘발에는 포플러나무, 버드나무, 김의털, 콩과식물 등이 적합하다.

⑥식물전환(phytotransformation) : 오염물질이 식물체에 흡수돼 그 안에서 대사에 의해 분해된다.

⑦식물촉진(phytostimulation) : 식물에 의해 유해한 성분을 분해시키는 과정으로서, 식물이 체내에서 독성물질을 분해하는 효소를 분비하거나 뿌리에 공생하고 있는 미생물에 필요한 영양분을 제공하여 분해능력을 활성화시켜 독성이 있는 오염물질을 무독성으로 전환시키는 원리이다.

분해에 널리 이용되고 있는 효소로는 nitroreductase, dehalogenase, peroxidase, laccase, nitrilase 등이 알려져 있다. 이 가운데 nitroreductase와 laccase는 사격장 탄약폐기물(2,4,6-trinitro-toluene: TNT)을 미생물이 분해시킨 뒤 식물체가 비활성 상태로 변형된 물질을 흡수하며, dehalogenase는 염소계 화합물을 분해하는 효소이다.

오염물질을 분해하는 미생물의 활성은 식물 뿌리에서 분비되는 효소에 의해 촉진되며 미생물의 성장에 필요한 탄소원과 에너지원을 공급한다. 뿐만 아니라 광합성 과정 중에 발생하는 산소가 뿌리를 통해 방출되어 주변에 있는 미생물에 전달되어 미생물의 활성을 촉진시킨다. 뿌리혹박테리아(Rhizobium)은 종속영양 박테리아로써 콩과식물 및 오리나무속(Alnus) 수종의 뿌리에 공생하여 질소를 식물생장에 필요한 암모니아 형태로 환원시킨다. 뿌리혹박테리아를 가진 아까시나무 · 사방오리 · 족제비싸리 등의 비료목 또한 척박지의 안정과 정화복원에 아주 우수한 수종이다.

⑧식물안정화(phytostabilization) : 오염물질이 식물체의 뿌리 주변에서 비활성의 상태로 축적되거나 식물체에 의해서 이동이 차단되게 해 중금속 등이 지하수나 대기 중으로 빠져나가지 못하게 하는 방법이다. 즉 뿌리 주변에서 오염물질은 미생물학적, 화학적 산화과정을 겪으며 뿌리 주변 토양의 pH 등이 변함에 따라 중금속의 산화도가 바뀌어서 불용성의 상태로 된다. 이 방법의 장점은 토양 및 폐기물을 제거할 필요가 없고 저렴한 비용으로 처리가 가능하다는 점이다. 그러나 오염물질이 처리대상지역에 장기간 그대로 남아 있게 되므로 장기간 관리가 필요하게 되며 오염물질이 식물체 흡수 및 지상운반으로 확산되는 것에 대한 대비책이 필요한 것이 단점이다.

여기에 적합한 식물은 포플러나무처럼 오염원에 대해 강한 내성이 있고, 뿌리를 통해 오염물질을 흡수 · 침전 · 환원시킴으로써 오염물질을 고정시킬 정도로 빠르게 생장해야 하며, 오염물질을 뿌리로부터 지상부로 이동시키지 않고 뿌리주변에 함유하고 있는 능력이 있어야 한다.

3. 식물정화복원 수종의 선택

토양오염물질을 정화시킬 수 있는 능력이 뛰어난 식물은 바이오매스 생장이 큰 속성수가 적합하다. 또한 변화된 환경에서 잘 적응하는 능력이 있고, 다량의 수분을 증산작용을 통해 증발시키고 불순물을 몸에 축적하는 능력을 지닌 목본식물이 효과적이다. 뿐만 아니라, 유해한 독성물질을 무해한 상태로 전환시킬 수 있고 일반식물과는 달리 독극물에 대한 내성을 지니고 있어야 한다. 오염지역의 기후와 토성은 환경정화복원 식물의 선택에 중요한 요인으로 작용하며, 버드나무과 식물처럼 다양한 기후대에 분포하면서 종다양성이 높은 수종이 바람직하다.

식물정화복원에 가장 널리 활용되고 있는 수종은 버드나무과에 속하는 포플러, 버드나무, 미류나무, 사시나무 등이다. 그 이유는, 버드나무과 수종은 지리적으로 넓은 지역에 광범위하게 분포하고 있고 생장속도가 빠른 심근성 수종으로서 지하수 표면까지 뿌리를 발달시켜 오염처리 규모를 넓힐 수 있고, 증발산량도 많아서 지하수 처리에도 용이하기 때문이다. 뿐만 아니라, 이 수종들은 나무의 생육 특성상 수관이 좁아 밀식이 가능하고 광활한 지역에 적용할 수 있다는 장점을 가지고 있다.

포플러나무는 뿌리에서 효소를 분비하여 뿌리에 자생하고 있는 세균이 오염원을 분해시키도록 도와주는 역할을 한다. 선정된 식물이 오염물질의 분해에 관여하는 메커니즘은 분자생물학적 연구를 통해 구명됐다. 중금속 제거를 위한 식물의 선정은 적용방법에 따라 달라지겠지만 식물추출(phytoextraction) 방법을 이용할 경우 중금속을 상부까지 축적할 수 있는 식물이 적합하며 온대지방은 십자화과 식물이, 열대지방에는 대극과 식물이 널리 이용되고 있다.

식물정화복원은 오염된 토양에 식물을 식재하여 토양 내에 존재하고 있는 오염물, 토양미생물, 토양을 구성하고 있는 유기·무기물 속에 포함되어 있는 오염물질을 제거하는 환경복원기술로서 식물의 생육기술 및 모니터링 기술을 기반으로 한다.

4. 환경생명공학 기술의 응용

환경분야에서의 생명공학은 대체에너지를 개발하기 위한 바이오에너지

연구에서부터 폐기물 재순환, 육상 및 해양 오염원 제거 연구 등 다양하다. 뿐만 아니라, 자연생태계 복원분야에서도 생명공학을 적용하여 희귀 및 멸종위기종을 생명공학을 통해 번식시키고 현지에 복원하는 시스템이 구축되고 있으며, 진화를 비롯한 생물다양성 연구에도 적용하고 있다.

최근에는 녹색성장이라는 새로운 패러다임과 맞물려 환경생명공학을 포함한 다양한 생명공학 분야에 유전공학기술을 적용하여 형질전환생물체를 개발하고 환경오염원을 제거하기 위해 활용하고 있다.

식물정화복원용 수목을 개발하기 위해서는 조직배양법을 이용하여 기내에서 무병상태의 식물체를 증식시키고, 중금속 등 다양한 환경오염물질을 배지에 투입하여 환경에 내성이 있는 식물체를 육성해 나가는데, 이를 체세포변이(somaclonal variation)라고 한다. 이것을 이용하면 기내에서 캘러스 배양을 통하여 알루미늄에 내성이 있는 돌연변이체를 육성해 낼 수 있다.

또한 유전공학 기술을 적용하여 수은 환원 유전자를 식물체에 도입하면 수은 저항성 유전자가 발현하여 흡수한 수은을 휘발시켜 대기 중으로 방출하거나 무독성화시킬 수 있는 능력이 배가된다. 이처럼 환경오염을 해결하기 위한 다양한 유전공학 연구가 진행되고 신기술들이 속속 특허 출원되고 있다.

이미 환경복원에 사용하는 모델식물에서 상당한 수의 중금속 흡수, 분해, 수송에 관한 유전자가 분리돼 있어서 이를 임목에 집적시킨다면 효율적인 정화복원체계를 구축할 수 있을 것이다(표 11-3).

〈표 11-3〉 식물정화복원을 위해 식물형질전환에 사용된 유전자

유전자	대상물질	수종	국가	연도
τ-glutamylcystein synthase	Cadmium	포플러	프랑스	2000
Metallothionein	Copper	담배	미국	2003
glutathione stransferase	Cadmium	담배	미국	2000
glutathione peroxidase	Aluminium	애기장대	일본	2001
phytochelatin synthase	Cadmium	애기장대	미국	2003
glutathione reductase	Ozone	포플러	독일	2002
glutathione synthase	Cadmium	포플러	독일	2002
ATP sulfurylase	Selenium	인도겨자	미국	2004
laccase	TCP	애기장대	중국	2004
Selenocysteine methyltransferase	Selenium	애기장대 인도겨자	미국	2004
ZnTA(E.coli)	Cadmium/Pb	애기장대	한국	2003
YCF	Cadmium/ Pb	애기장대	한국	2003
selenocysteine lyase	Selenium	애기장대	미국/일본	2003
nitroreductase	TNT	애기장대	영국	2001
aldose/aldehyde reductase	Cadmium	담배	헝가리	2004
ferritin	Fe, Zn	벼	필리핀	2003
merB	Methylmercury	애기장대	미국	1999
merA	Mercury	황철나무	미국	1999

5. 환경생명공학 기술을 적용한 사막복원

이러한 생태복원기술을 바탕으로 최근에는 건조사막지역을 복원시키기 위해 식물정화복원 방법이 적용되고 있다. 특히 중국의 사막화는 황사를 통해 한국의 환경과 인체에도 막대한 피해를 일으키고 있다.

사막의 환경 특성은 겨울에는 춥고 낮은 강수량으로 수분이 부족하므로 토양 염분농도가 높아 식물생육이 극히 제한된다. 특히 사막화는 건조지역 또는 반건조지역에서 특징적으로 나타나고 있는 토양열화로 인해 식물 생산 능력이 소실되고 염류화로 인하여 식물 종구성에 변화가 생긴다. 장기간의 가뭄과 방목으로 인해 식생이 회복할 수 없을 정도로 파괴되고 있다. 특히 사막지역에서는 토양의 수분 증발이 심해서 토양표면에 가용성 염류가 축적되는데, 이로 말미암아 내염성이 강한 수종만이 사막지역에서 생존이 가능하다.

사막화는 건조화, 풍화작용, 양분의 감소, 염류집적, 토양의 구조 파괴와 관련된 복합적인 현상이지만 가장 근본적인 원인은 생물종 다양성이 매우 빈약한 상태에서 열악한 환경에 적응할 수 있는 식생이 부족하기 때문에 나타난다. 사막화 현상은 지구적 규모의 기후 및 환경의 장기적인 변동에 따른 자연발생적 요인도 있지만, 주요 원인은 폭발적인 인구증가와 이에 따른 산림벌채, 관개농업 확대, 가축의 과다 방목 등이다.

최근에는 사막화방지와 식생복원을 위한 연구가 활발히 진행되고 있는데, 사막화현상을 극복하기 위한 수종 선발, 관개 및 식재 방법 개선 등 다양한 기술이 적용되고 있다. 특히 생명공학을 적용하여 실험실에서 염분, 추위, 건조에 강한 수종의 조직배양, 형질전환 등 생명공학기술을 적용하여 극한 환경에서 견딜 수 있는 수종을 개발했고, 중국, 몽골 등의 사막지역에서 대규모 녹화에 이용되고 있다. 대표적인 예로서, 다양한 품종의 포플러나무를 유럽, 북미 등에서 도입하여 건조지역에서의 적응시험을 거쳐 우량목을 대상으로 식재를 추진하고 있다. 이와 함께 생명공학과 조직배양 기술을 활용하여 체세포변이체를 유도하고 염분, 추위, 건조에 강한 유전자를 포플러 임목에 삽입하여 신품종을 육성하고 있으며, 현장에서 확대 조림을 실시하고 있다.

사막은 생물종 다양성이 낮으므로 주로 사막에 자생하고 있는 식물들을 식재하고 있으며, 교목으로 가장 널리 심고 있는 포플러나무를 비롯하여 관목인 버드나무, 비타민나무, 비술나무, 사막보리수나무 등을 주로 심고 있다. 앞으로 적응력시험을 통해 사막에 생존력 뛰어난 더 많은 수종들을 발굴하고 육성·보급할 필요성이 있다.

6. 식물정화복원의 사례

미국의 에덴스페이스(Edenspace)사가 인도겨자(*Brassica juncea*)를 이용해 뉴저지 트렌톤(Trenton) 지역의 브라운필드(brownfield)의 납 오염토양

[그림 11-2] 미국 뉴저지에서 갓의 일종인 인도겨자를 이용해서 납 오염을 정화하는 장면

[그림 11-3] 대표적인 수질정화식물인 부들은 바이오에탄올 원료로도 사용된다.

의 75퍼센트 정화한 것은 대표적인 사례이다. 오수처리시설의 초산염 처리를 위한 포플러 조림지, 우라늄 친화성 해바라기 조림지도 이에 해당된다.

미국 공군은 항공기 금속부품의 기름 제거 등 산업 및 군수용으로 널리 사용되는 발암물질인 트리클로르에틸렌(trichlorethelyne)을 흡수하기 위해 미국 텍사스 카즈웰(Carswell) 기지에서 포플러를 이용한 식물정화복원을 오랫동안 실행하고 있다.

부들(*Typha orientalis*)은 습지에서 대규모 식물정화복원에 이상적인 수생식물로서 한국에서도 수질정화에 많이 이용되고 있는데, 미국에서도 플로리다 대습지(Everglades) 지역에서 과도한 인, 비소, 메탄 등의 외부 배출을 방지하고 수질을 정화하는 역할을 한다.

부들은 수질정화뿐만 아니라 바이오에너지와 종이를 사용하는 데에도 사용돼 일석이조의 역할을 할 수 있다. 한국의 바이오기업인 (주)나노톡스텍은 미국 노스캐롤라이나 주립대학 펄프제지연구소에서 세계 최초로 습지식물 부들을 이용, 인쇄용지 및 바이오에탄올 생산에 성공했으며, 노스다코타 부들 군락지를 이용해 종이와 바이오에탄올을 대량생산하는 사업을 추진할 계획이다.

수질정화에 이용되는 식물은 식생형태에 따라 정수식물인 갈대와 부들을 비롯하여 부수식물(浮水植物, floating plant)인 미나리·부레옥잠·개구리밥 등이 있다. 각 수생식물은 오염물질의 흡수·제거능력, 재배관리, 수집·운반의 용이성에 따라 서로 장단점을 가지고 있으므로 처리대상과 장소에 따라 적용을 달리한다. 대체로 정수식물은 근대의 발달도가 높고 밀생하여 미생물에 대한 부착매질로서 양호한 조건을 제공해 주고 통기조직을 통한 산소의 공급을 통해 유기물의 분해나 탈질을 유도한다. 부수식물인 부레옥잠은 모든 부분에서 수질정화에 적합한 식물이나 과밀하게 성장하면 물 표면의 산소유통을 차단하여 용존산소를 결핍시키며 내한성이 낮아 적용범위가 크지 않다. 이에 반해 개구리밥은 생체량이 적고 근대 발달이 적어 제거능력이 상대적으로 떨어진다. 정수식물인 미나리는 정수식물과 부수식물의 중간수준의 장점을 가지며 내한성이 커서 국내의 기후조건에 매우 적합하다. 부엽식물과 침수식물은 자연습지에서 다양한 영양구조의 한 구성원으로서 중요한 역할을 하나 정수용 식물로는 효과가 적다. 대체로 갈대나 부들은 주로 유기물 제거에 적합하며, 자연적인 기후조건하에서 유기물 및 영양염류 제거에는 미나리나 개구리밥 · 좀개구리밥이 좋다. 온실조건이나 기온이 온화한 조건에서는 부레옥잠이 적합하다.

삼성전자 기흥사업장 수질정화습지는 수질정화를 위한 대표적 습지 복원사례로서 경기도 용인시 기흥읍에 위치하며 2000년 조성됐다. 조성 목적은 공단지역에서의 생물다양성 증진을 위한 기법개발, 공업용수의 수질개선을 위한 기법개발, 점토블럭의 투수 및 수질정화능력 향상기법 개발, 식물정화조와 생태연못, 점토블럭 등이 복합적으로 어우러져 수질정화효과를 증대시키기 위한 기법을 개발하는 데 있다.

정수식물 정화 시스템은 폐수시설에서 1차적으로 정화된 배출수를 정수식물의 정화능력을 이용하여 2차적으로 정화하는 시스템으로, 집수조와 식물정화조로 구성된다. 생태연못의 면적은 206m^2이며, 집수조는 폐수

처리수를 식물정화조에 공급하기 위한 장치로 규모는 6.8m^3이며, 식물정화조는 처리수를 식물의 정화능력을 통해 정화하는 시설로 규모는 53m^3이다. 이 시스템의 하루 처리용량은 2.5톤이며, 하루에 4회에 걸쳐 분담처리하도록 되어있다. 이 시스템은 오염물질인 질소와 인을 처리하고 BOD를 개선하는 것으로 나타났다. 이 시스템에 적용된 정수식물에는 갈대, 골풀, 노란꽃창포, 부들 등이 있다. 그리고 이 정화시스템의 수처리 과정은, 공장내 폐수처리장 최종 처리조 → 집수조 → 식물정화조 → 자연형 계류 → 자연형 생태연못(저류못) → 자연형 생태연못(침투못) → 하천으로 방류하도록 되어 있다.

[그림 11-4] 삼성전자 기흥사업장 생태연못

〈표 11-4〉 식물정화조의 수질정화 효과

(단위 : ppm)

구분	BOD		NH^3–N		NO^2–N	
	평균	최대	평균	최대	평균	최대
처리 전	3.02	5.5	3.08	4.06	0.39	0.59
처리 후	1.1	2.6	0.06	0.160	0.17	0.33

※자료: 환경부 국토환경보전과, 생태복원의 공법과 사례(2008)

7. 향후 활용방안

식물정화복원을 적용할 경우 가장 큰 장점은 비용이 절감된다는 것이다. 예를 들면, 1에이커의 오염된 토양을 정화할 경우, 오염토양을 채굴하여 다른 지역에 버리면 40만 달러 정도 들지만, 식물정화복원을 하면 6만 달러 정도로서 비용을 70퍼센트 절감할 수 있다. 하지만 식물정화복원의 경우, 정화식물이 인간 및 동물의 먹거리와 연계될 수도 있기 때문에 주의를 요한다. 오염물질을 흡수한 식물을 다시 야생동물이 섭취하여 오염원을 다른 지역으로 확산시킬 소지가 있기 때문이다.

식물정화복원에 사용되는 수종은 오염물질을 제거할 뿐만 아니라 이산화탄소를 저장하여 맑은 공기를 배출시키고 토양을 안정화시키고 목재와 바이오연료를 제공하는 등 다양한 가치를 제공한다. 많은 식물들이 환경오염원을 대사과정을 통해 비활성화시키는 능력을 가지고 있다. 특히 포플러나무는 빠르게 생장하고 뿌리가 잘 발달되고 수분을 흡수하는 능력이 뛰어나며 환경의 변화에 적응하는 능력이 뛰어나기 때문에 식물정화복원 소재로 널리 이용되고 있다. 포플러나무는 오염된 토양으로부터 트리클로로에틸렌(TCE), 방향족탄화수소 등을 대사과정을 통하여 제거할 수 있는 능력을 지니고 있다.

식물이 자체적으로 유기환경오염물질에 대한 농도를 줄여줄 수 있지만 실질적으로 너무 느리게 작용하여 효율성이 떨어진다. 이러한 단점을 극복하기 위하여 최근에는 다른 생명체에서 존재하는 내성 유전자를 식물에 도입하여 정화능력을 향상시킬 수 있는 기술이 개발되고 있다. 예를 들면, 질소방향족화합물인 탄약폐기물 TNT, RDX 등은 식물에 해롭기 때문에 이들 물질을 분해시키는 유전자를 보유하고 있는 세균으로부터 유전자를 도입하여 신품종 수목을 개발하여 식물이 분해 할 수 있는 능력을 향상시킬 수 있다.

최근 한국에서도 광산 개발지에서 흘러나오는 중금속 침출수와 쓰레기 매립지의 침출수 등을 처리하는 데 식물정화복원 기술이 적용되고 있다. 또한 유전자 조작기술을 통하여 중금속을 흡착 분해시킬 수 있는 유전자를 포플러나무에 도입하여 유전자변형식물체를 만들어 정화 효율을 높여 나가고 있다. 생명공학을 접목시킨 식물정화복원 기술은 미래의 활용 가능성이 매우 높은 고부가가치 기술이라고 할 수 있다.

이처럼 바이오기술은 식물체 내에서 정화에 일조하는 유전자를 발굴해 발현시키고, 다시 이 유전자를 식물에 재조합해 오염정화 및 자정능력을 배가시키는데 이용된다. 바이오기술을 이용해 바이오매스가 큰 식물에 특정 유해물질의 분해기능이나 흡착 등의 기능을 증진시킨 유전자변형 식물을 개발하는 경우 오염지역을 보다 효과적으로 정화시킬 수 있을 것이다. 미국에서는 구리, 카드뮴, 코발트, 알루미늄, 망간, 니켈, 셀레늄, 아연과 같은 중금속을 흡수할 수 있는 생태복원용 유전자변형 식물(애기장대)과 수목(포플러)이 개발되고 있다. 산림수종의 유전자재조합 사례는 1988년에 벨기에서 포플러를 이용한 것이 시초이다. 그 뒤 최소 24종의 산림수종에 대해 100건 이상의 연구결과가 보고되고 있다. 주로 유전자재조합을 통해 해충 및 바이러스 저항성, 제초제 내성, 리그닌(lignin) 함량 등을 변화시켜 산림수종에 적용한다. 자체적으로 리그닌 함량을 감소시키는 것은 종이의 원료가 되는 나무를 연구하는 데 중요한 역할을 한다. 왜냐 하면 종이를 생산하는 과정에서 리그닌 제거 화학약품의 사용량을 줄일 수 있기 때문이다. 2009년 산림청 국립산림과학원 분자생물연구팀은 자생 진균류인 백색부후균에서 리그닌을 분해하는 락카아제(laccase) 유전자를 분리하여 이 효소의 활성을 높일 수 있게 형질전환체(GMO)를 개발했다. 또한 많은 바이오기업들이 산림수종을 대상으로 온실가스 흡수량 증대에 대한 연구도 진행하고 있다. 식물정화복원 식물을 개발하기 위해서는 다음의 과정이 필요하다.

- 환경오염물질을 과량 축적하는 식물의 탐색
- 오염물질의 내성과 축적성에 기여하는 생체물질의 탐색
- 오염을 정화할 수 있는 생체물질을 생산하는 유전자 탐색
- 유전자를 삽입한 형질전화 식물 개발
- 형질전환 식물의 환경정화 능력시험
- 식물정화복원(phytoremediation)의 현장적용

2장 미생물에 의한 환경복원

1. 미생물정화복원이란

미생물정화복원(bioremediation)은 미생물을 이용해서 오염된 환경의 유해한 유기화합물을 탄산가스, 메탄, 바이오가스, 수분, 무기염류 등과 같은 무해한 물질로 분해하고, 무기물은 다시 안전한 물질로 변화시켜 안정화해 본래의 물질보다 단순한 구조로 복원하는 기술을 말한다. 생물복원공정 또는 생물학적 정화라고도 부른다. 이것의 기본 과정은 탄소순환이며, 유기물과 무기물 사이를 탄소의 산화반응과 환원반응을 통해서 행해진다. 생물분해는 근본적으로 해당 위치에 서식하는 토착미생물에 의해서 그 효과가 좌우되며, 생물반응기(Bioreactor)를 설치해서 이용하는 경우는 오염물질을 분해할 수 있는 미생물을 이식해야 한다.

재래식 지하수 및 토양정화방법이 비용이 많이 들고 유해하기 때문에 현장 미생물정화복원(in-situ bioremediation)과 같은 대체 정화기술을 개발하지 않을 수 없었다. 현장 미생물정화복원은 현장에서 미생물을 이용해 오염물을 파괴하거나 비유동성으로 만드는 기술이다. 1970년대 말 미국 썬 오일(Sun Oil)사는 현장 미생물정화복원에 대한 최초의 연구를 진행했다. 이들은 석유계 탄화수소로 오염된 지역의 산소의 농도가 매우 낮은 것을 발견했고, 공기주입구를 통해 오염토양에 공기를 불어넣어 오염지대의 산소농도를 증가시켜 석유계 탄화수소 오염물의 분해를 촉진시켰다.

또한 미국 공군은 1988년 유타주 공군기지에서 석유계 독성물질에 대한 미생물정화복원을 실시했고, 처리한 오염부지의 최종 토양시료에서 BTEX(벤젠, 톨루엔, 에틸벤젠, 크실렌)과 TPH(석유계총탄화수소)가 기준치 이하로 감소됐다. 정화복원기술은 이외에도 많은 야외시험과 오염현장에서 성공적인 결과를 거두었고, 하수 및 토양오염에 대한 상업적 규모의 정화기술을 발전시키는 계기가 됐다.

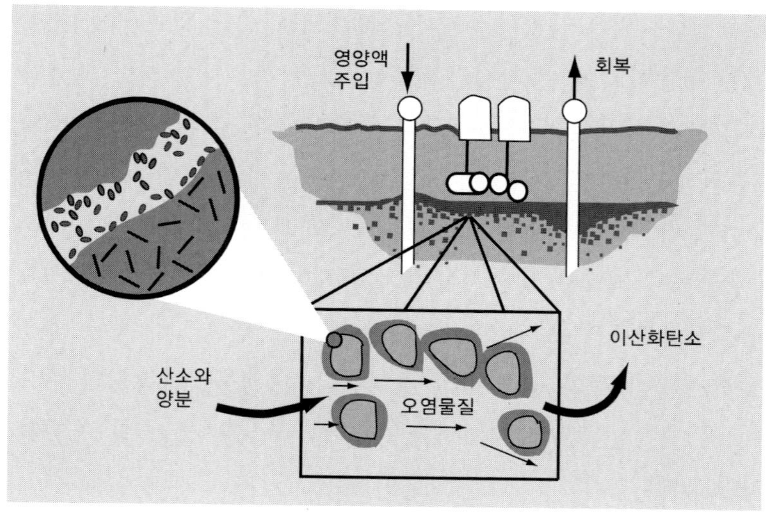

[그림 11-5] 미생물정화복원의 개요와 원리

2. 미생물정화복원의 다양한 방법

토양오염물질의 제거는 처리위치에 따라 현장처리(in-Situ)와 이동처리(ex-Situ)로 나누고, 처리방법에는 물리 · 화학적처리방법, 열처리방법, 생물처리방법이 있다. 물리 · 화학적처리방법에는 토양수세(Soil Flushing), 토양

증기추출(Soil Vapor Extraction), 토양세척(Soil Washing), 용제추출(Solvent Extraction) 방법 등이 있으며, 열처리방법에는 유리화(Vitrification), 소각(Incineration), 고온열탈착(High-Temperature Thermal Desorption) 등이 있다. 생물처리방법에는 생물분해(Biodegradation), 생물주입(Bioventing), 토양경작(Landfarming) 방법 등이 있다. 이들 방법 중 환경부하물질의 종류에 따라 가장 최선의 방법이 무엇인가를 알아야 하며, 저에너지, 저비용으로 환경복원을 해결할 수 있는 가장 좋은 방법이 미생물정화복원이다.

미생물정화복원은 생물학적인 시스템이므로 중단 없이 가동해야 한다. 미생물이 활동하기 좋은 최적의 pH와 온도를 유지해야 좋은 효율을 얻을 수 있다. 또한 미생물의 반응속도를 높이기 위한 물질, 특히 산소와 영양원을 공급해야 한다. 대부분의 시스템에서는 유기오염물질을 분해해서 CO^2와 H^2O 및 바이오가스를 생성하는데, 그 과정에서 유해한 중간 생성물이나 부산물이 최소로 발생하도록 설계해야 한다.

미생물정화복원의 초기비용과 운전비용은 오염물질의 종류, 현장조건, 처리용적, 복원목표치 등에 따라 결정된다. 미생물정화복원의 주요 비용은 액체나 토양을 복원공정시설로 이동하는 비용, 산소 및 영양원 공급 등의 비용이다.

일반적으로 미생물정화복원은 토양미생물의 생리 및 생화학적 정화능력에 좌우된다. 미생물에 의한 미생물정화복원이 이루어지기 위해서는 오염물을 분해 또는 제거할 수 있는 미생물이 존재해야 하며, 오염물이 분해 미생물이 처리할 수 있는 형태여야 하며, 환경이 분해 미생물에게 우호적이어야 한다.

미생물정화복원은 하수오니, 해양기름유출, 송유관누출 등을 포함해 자연계에서 다양한 화학물질을 처리하기 위해 채택된다. 이 공정은 유해물질을 무해한 물질로 변환하는 미생물의 대사작용에 기반을 두고 있다. 자연저감 과정이 충분하지 않을 때 유해물질의 분해를 촉진하는 특별한 시

〈표 11-5〉 생물학적 토양오염 복원방법

생물학적 분해법 (Biodegradation)	in-situ	수용액을 오염토양내로 순환시킴으로써 토착미생물의 활성을 자극해 유기물 분해기능을 증대시키는 기술
생물주입배출법 (Bioventing)	in-situ	오염된 토양에 대해 강제적으로 공기를 주입해 산소농도를 증대시킴으로써, 미생물의 생분해능을 증진시키는 기술
토양경작법 (Landfarming)	ex-situ	오염토양을 굴착해 지표면에 깔아 놓고 정기적으로 뒤집어줌으로써 공기를 공급해 주는 호기성 생분해 공정
식물복원법 (Phytoremediation)	in-situ	식물체의 성장에 따라 토양내의 오염물질을 분해 · 흡착 · 침전 등을 통해 오염토양을 정화하는 방법
퇴비화법 (Composting)	in-situ	오염토양을 굴착해 팽화제로 나뭇조각, 동식물 폐기물과 같은 유기성 물질을 혼합해 공극과 유기물 함량을 증대시킨 후 공기를 주입해 오염물질을 분해시키는 방법
자연분해법 (Natural Attenuation)	in-situ	토양 또는 지중에서 자연적으로 일어나는 희석, 휘발, 생분해, 흡착 그리고 지중물질과의 화학반응 등에 의해 오염물질 농도가 허용 가능한 수준으로 저감되도록 유도하는 방법

스템을 설치해야 한다.

일반적으로 이러한 시스템은 대상 오염물의 분해에 관여하는 대사작용을 촉진하는 것을 근간으로 한다. 따라서 미생물정화복원을 이해하려면 미생물의 대사작용을 이해하는 것이 반드시 필요하다. 지하수의 주된 오염물인 탄화수소의 미생물분해에는 용존산소와 같은 전자수용체(electron acceptor)가, 염소화합물의 분해에는 전자공여체(electron donor)가 중요하다. 따라서 자연저감을 증진시키는 미생물정화복원에서는 전자수용체, 전자공여체, 영양염류의 공급이 적절히 고려돼야 한다.

현재까지 미생물정화복원이 오염토양이나 하수정화에 가장 저렴한 공정으로 알려져 있다. 미생물정화복원에서 미생물(주로 박테리아)이 유해한 오염물을 파괴시켜 덜 유해한 물질로 만들려면, 그 미생물이 생존과 증식을 할 수 있어야만 한다. 많지는 않지만, 오염 지역의 자연조건이 양호해서 인간개입 없이도 미생물정화에 필요한 물질이 충분히 공급될 수 있으며, 이런 과정을 '고유 미생물정화복원(intrinsic bioremediation)'이라고 한다. 하지만 대부분의 경우는 미생물을 활동을 자극할 수 있도록 공학 시스템을 적용해서 복원하게 되는데 이런 과정을 '공학 미생물정화복원(engineered bioremediation)'이라고 부른다. 공학 미생물정화복원은 더 많은 미생물의 성장을 촉진하고, 미생물의 해독작용을 위한 최적의 환경을 제공함으로써 환경복원을 가속화하는 공정이다. 특히 석유계 탄화수소의 분해에는 반드시 산소가 필요하기 때문에, 공학 미생물정화복원에서는 산소공급이 가장 중요한 문제이다.

태안기름유출사고와 같은 기름유출사고의 경우, 초기 응급방제가 끝나면 백사장, 갯벌, 자갈, 암석 등에 잔존하는 TPH(석유계총탄화수소)를 신속히 낮추고 2차 환경오염이 생기지 않도록 미생물정화복원이 반드시 시행돼야 한다.

액손 발데즈 사건은 1989년 액손사 소속 유조선이 알래스카 남부 발데즈항에서 좌초해서 충남 태안의 4배에 가까운 1080만 갤런의 기름을 쏟아낸 최대의 해안 기름유출 사고였다. 알래스카 주민들은 20년이 지난 지금도 메스꺼움, 두통, 어지럼증 등을 호소하고 있다. 또한 알래스카 사고 지역의 전체 주요 동물 24종 가운데 15종이 아직도 원상태로 회복되지 않았다. 액손 발데즈 사건 연구자인 미국의 리키 오트 박사는 태안을 방문한 뒤 미생물정화복원(bioremediation) 방법을 개발해 마무리 방제에 적용해야 한다고 말한다. 하지만 태안 주민들과 자원봉사자들이 걸레로 기름을 닦아낸 것 외에 이렇다 할 미생물정화복원이 시행되고 있지 않다.

미생물정화복원을 시행할 때 순수하게 자연 미생물에만 의존한다면 비용이 적게 든다고 생각할 수도 있지만, 분해에 오랜 시간이 걸리게 돼 경제적인 효율성에 오히려 문제가 될 수 있다. 이런 관점에서 가장 비용 경제적이면서 시간을 줄이는 방법은 토착 미생물을 적극적으로 활용하는 방법이다. 즉 미생물 활성제를 토양에 첨가해줌으로써 미생물에 의한 생물학적 분해를 가속시키고 향상시킨다. 토착 미생물만으로는 분해가 어려운 경우는 난분해성 물질을 쉽게 처리하는 환경정화 균주를 투입하는 방법이 있을 것이다. [그림 11-6]은 해안 기름누출 사고 후 미생물활성제를 첨가해서 보다 빠르게 정화복원을 하는 방법을 나타낸 것이다.

기름누출 사고 직후

미생물활성제로 정화복원처리 후

[그림 11-6] 1989년 액손사 소속 유조선이 알래스카 남부 발데즈항에서 좌초해 1080만 갤런의 기름을 쏟아낸 최대의 기름누출사고인 액손 발데즈 사건 이후 미생물 활성제(Inipol EAP22)를 사용해 토양을 정화복원한 장면.

3. 한국의 생물정화복원 기업

한국은 미생물정화복원 분야에서는 아시아의 선도적인 위치를 차지하고 있으며, 몇몇 분야에서는 유럽이나 미국, 일본 등의 선진국에 앞서는 기술력을 보유하고 있고 수출도 하고 있다. 대표적인 환경기업과 제품을 소개하면 다음과 같다.

1) 다일생명공학

다일생명공학은 환경호르몬 등으로 오염된 토양 등을 복원하는 미생물제제를 생산하는 기업이다. 토양에서 순수 분리된 클레브시엘라(*Klebsiella*)와 슈도모나스(*Pseudomonas*) 등 환경정화 균주를 이용해서 인체와 환경에 유해한 난분해성 오염소화페놀, 염소화합물 및 다이옥신을 분해한다. 균주의 혼합과 설비공정의 조정에 의해 분해시간과 분해효율을 조절할 수 있는데, 국내 및 미국, 호주, 뉴질랜드, 중국, 일본, 유럽에서 특허를 등록해 놓고 있다. 다일생명공학의 기술력을 인정해서 2007년 유럽 최대의 바이오행사인 '유로바이오 2007(EuroBio 2007)'의 기조강연에 초청됐다.

이 미생물제제는 펜타클로로페놀(목재 방부제, 농약, 살충제), 다이옥신, 유기 염소화합물로 오염된 목재, 토양, 하수, 산업폐수, 유기농토양, 골프장 등의 정화복원공정에 유용하게 사용할 수 있다.

주요 기능 및 기대 효과는, 다이옥신의 주성분인 펜타클로로페놀을 포함한 유독한 염소화합물을 90~99퍼센트 생분해해서 정화복원을 한다. 난분해성 유해물질로 오염된 환경을 자연친화적인 박테리아의 결합작용에 의해 정화복원을 하는데, 토양의 다이옥신 생분해 처리는 세계적으로 우수한 기술로 꼽힌다. 미국에서 상품화된 플라보박테리아(Flavobacterium)나 백색부후균(White Rot Fungi)보다 우수한 효과를 가졌다.

2) 큐바이오텍

SK계열의 큐바이오텍(주)은 세계 최초로 환경 분야의 노하우와 바이오 기술을 접목해서 성공한 대표적인 기업이다. 휘발성 유기화합물질(VOC) 및 냄새를 특화된 미생물로 처리한 필터를 통과시킴으로서 냄새가 없는 무해한 물질로 분해시키는 기술을 개발했다. 또한 기존의 방법으로 처리가 어려운 고농도의 악성폐수를 특정 박테리아로 처리해서 경제적이고 효율적으로 일반폐수 수준으로 처리하는 새로운 생물학적 폐수처리 공정을 개발했다.

큐바이오텍의 주력상품은 각종 악성폐수를 생물학적으로 처리해주는 '신속생물반응기(Quick BioReactor, 약칭 QBR)' 기술이다. QBR기술은 고농도 폐수, 산업폐수, 독성폐수, 난분해성 폐수는 물론 소각 외에는 처리방법이 없는 악성폐수까지 특별한 전처리 과정없이 생물학적으로 처리하는 세계 최초의 바이오 환경기술이다. 또한 큐바이오텍은 독자기술로 생물학적 바이오필터(QBF)를 개발함에 따라 수입산에 비해 50퍼센트 이상 싼 필터제품을 공급해 연간 약 1500억원의 수입대체효과를 얻게 됐다.

휘발성 유기화합물(Volatile Organic Compounds)은 휘발유나 벤젠, 톨루엔, 자일렌 등 유독물질로 호흡기질환과 피부질환, 각종 암을 유발하는 광화학스모그를 일으키는 주범이다. 주로 석유화학, 정유, 도료, 도장 공장의 제조·저장과정에서 발생한다.

QBR은 기존 생물학적 방법과 비교해 10배 이상의 유기물 부하를 처리할 수 있고 운전비용도 반 이하로 절감할 수 있을 뿐만 아니라 좁은 면적에도 설치가 가능하다. 큐바이오텍은 QBR을 같은 계열사인 SK에버텍(주)

에 적용했는데, 소각 처리하던 고농도 산성폐수를 QBR로 대체한 후 연간 15억 이상의 운전비 절감 및 2차 대기오염 해결로 QBR기술의 환경적, 경제적 가치가 입증됐으며 현재 미국 메이저 회사와 기술이전 계약을 추진 중이다. 2004년부터는 SKC(주) 울산공장에서도 QBR을 가동하고 있다. 현재 폐수처리와 관련된 시장규모는 농약, 금속, 염료 및 각종 화학공장 등 국내에만 약 2000억 정도로 추정되며, 이미 울산을 포함한 여수, 광양, 대산 등 전국 20여 개 대규모 화학공장에 설치돼 있다.

큐바이오텍은 중국 제노화공구와 환경오염 정화기술 공동사업에 대한

〈표 11-6〉 국내 환경산업의 중국수출 추이

(단위: 달러)

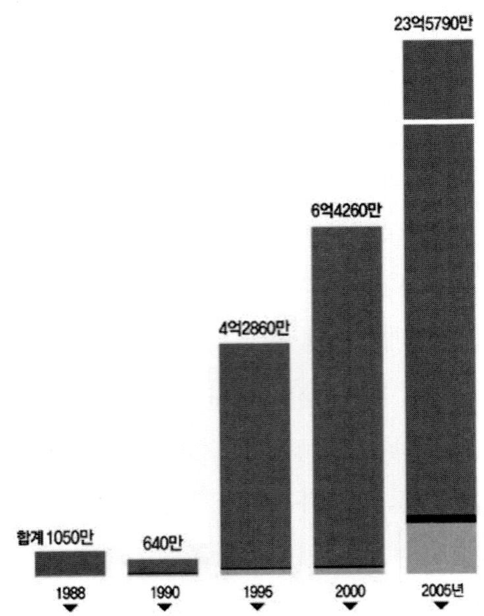

	구분	1988	1990	1995	2000	2005년
	오염관리	1010만	560만	4억 410만	6억 1100만	21억 1600만
	청정기술 및 제품	0	30만	100만	480만	1550만
	자원관리	40만	50만	2350만	2680만	2억 2640만

※자료: 환경기술진흥원(2006)

양해각서(MOU)를 체결, 환경오염 정화기술에 대해 국제적으로 인정받았다. 제노화공구는 중국 산동성정부와 중국석화집단(SINOPEC)이 합자해 만든 단지로, 제노석유화학공사 등이 위치한 중국의 세 번째 규모의 핵심 석유화학단지이다. 이와 함께, 산동성 치박시에서 산동미링그룹(Shandong Meiling Group)과 함께 설립한 조인트벤처 회사인 '산동쾌미환보과기유한공사'도 창립해서 본격적으로 중국진출을 꾀하고 있다. 현재 큐바이오텍은 중국, 대만, 동남아, 유럽의 여러 업체와 기술적용 협상을 진행할 정도로 세계경쟁력을 보유한 기업이다.

3) 디엠퓨어텍

디엠퓨어텍은 2001년 환경기술의 선진화를 위해 환경부에서 주관하여 4대 부문 22개의 핵심 환경기술 과제를 선정하는 'Eco-Technopia21, 차세대 핵심 환경기술 개발사업'에 기술이 선정되어 기술력을 인정받았다.

디엠퓨어텍은 국내뿐만 아니라 동남아, 중국, 미주 지역에도 영업망을 구축하여 환경 플랜트를 본격 수출할 계획이며, 세계시장 진출의 전초기지로 중국 북경사무소를 설치하여 활발한 영업활동을 전개하고 있다.

디엠퓨어텍은 이런 기술적 성과를 바탕으로 2008년 중국 국가환경보호총국 산하 저장성(浙江省) 난징환경과학연구원 의뢰로 중국에서 세 번째로 큰 담수호인 타이후(太湖)호 정화를 위해 정수장을 설치했다. 타이후(太湖)호를 음용하는 곳은 쑤저우(蘇州), 우시(無錫), 창저우(常州) 등 3400여만 명에 이르며 주변 소규모 농촌 지역 인구까지 합치면 1억 명에 육박한다.

디엠퓨어텍의 오염수 처리설비는 2008년 9월 중국 당국의 수질 테스트에서 생수 기준보다 높은 오염수 처리능력을 인정받아 본격 가동에 들어

[그림 11-7] 디엠퓨어텍이 저장성 타이후 호수에 설치한 정수설비. 주변 1억 명에게 맑은 물을 공급한다.

갔다. 중앙정부에서도 디엠퓨어텍의 오염수처리설비를 성공적인 것으로 평가하고 있으며, 3억 명에 이르는 농촌 인구 음용수 문제가 심각해 중앙정부에서 이 설비에 대해 큰 관심을 갖고 있다.

디엠퓨어텍의 정수설비는 미생물정화복원(bioremediation)을 채택하고 있는데 미생물이 잘 성장할 수 있는 조건(용존산소, 온도, pH 등)을 적절히 조절한다. 산소를 공급해 호기성 상태를 유지하고 혼합침전을 방지하기 위해 공기주입기를 설치한 폭기조를 두어 폐수 및 오수 중에 포함된 유기물질을 분해시킨다.

4) 한국바이오시스템

한국바이오시스템은 환경계측기 및 생태독성평가 사업을 수행하고 있으며, 국내 20건 국제 13건의 특허를 보유하고 있다. 또한 생태환경 컨설팅을 통해 환경영향평가, 서식처 복원 설계 및 시공으로 친환경 생태복원 등의 연구를 진행하고 있다.

중국과 동남아시아에도 해외사업을 벌이고 있는데, 최근 저장성(浙江省) 하이닝(海寧)시 대규모 정수장에 한국바이오시스템(주)의 독극물 감지 경보장치를 설치했다. 하이닝시는 인구 65만 명의 작은 도시지만 가죽제품 생산이 많은 만큼 오염물질 배출도 심한 곳이다. 이 정수장은 하루 30만 톤의 물을 정수해 하이닝시 40만여 명에게 공급하고 있다.

취수장에서 유입된 물은 독극물 감지 경보장치를 거쳐 정화시설로 이동하게 된다. 이 과정에서 오염된 물이 전기화학적 활성균에 의해 감지되면 경보가 발생하고 물 유입이 차단된다(그림 11-8). 한국바이오시스템의 독극물 감지경보 장치는 터치스크린 방식으로 편리하고 안전하게 시스템을 조작할 수 있도록 고안됐다. 현장 미생물을 이용하므로 부가적인 장비나 영양공급이 불필요해 아주 편리한 공정이다. 이것은 중국 내에선 3번째로 설치된 생물경보장치로 대당 가격이 5만 달러 수준이다. 특히 미생물연료전지를 이용한 시스템 등 차별화된 기술력으로 중국 당국으로부터 높은 평가를 받고 있어 다른 많은 정수장에 도입될 예정이다.

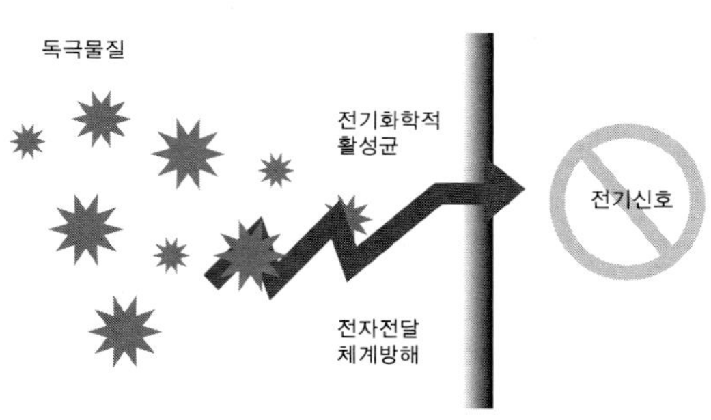

[그림 11-8] 한국바이오시스템의 독극물 감지 경보장치의 원리

| 참고문헌 |

강호덕. 2003. 식물자원을 이용한 신약개발 연구 현황. 한국자연보호협회 창립 40주년 기념 심포지움. pp 33-50.

고유상. 2002. 바이오클러스터: 샌디에고 vs 한국. 한국 바이오 클러스터의 발전전략 심포지움. 삼성경제연구소.

과학기술부. 2003. 2003년도 생명공학육성시행계획.

과학기술부. 2003. 생명공학백서.

권기수. 2007. 브라질 바이오에탄올 산업의 발전 현황과 전망. 대외정책경제연구원.

김선배. 2001. 지역혁신체제 구축을 위한 산업정책 모형. 지역연구 제17권 2호.

김수동. 2003. 바이오벤처 기업의 현황, 2001 바이오벤처기업 실태조사. 한국바이오벤처협회.

김인중 외 2인. 2001. 지식기반경제에서의 지역혁신체제 구축모형. 산업연구원.

김주한. 2000. 생물산업 발전을 위한 기반구축 방안. 산업연구원.

김주한 외. 2003. 바이오클러스터의 성공조건과 발전방안. 산업연구원.

김진철. 2009. 생물농약의 연구개발 동향. 한국화학연구원.

김현철. 2005. 바이오 클러스터 계획수립 가이드라인. 한국보건산업진흥원.

남기범. 2004. 클러스터 정책의 교훈. 한국경제지리학회지 7(3).

농촌경제연구원. 2007. 바이오에너지 산업의 동향과 전망, 농업전망.

그린바이오텍. 2007. 국내 미생물농약의 개발 동향.

동북아경제중심추진위원회. 2003. 클러스터에 기초한 경제발전 전략. 제3차 국정과제 회의 자료.

복득규 외. 2003. 한국산업과 지역의 생존전략, 클러스터. 삼성경제연구소.

이공래 외. 2002. 지역혁신을 위한 지식클러스터실태분석. 과학기술정책연구원.

이영덕 외. 2003. 바이오클러스터의 발전동인 탐색.

산업자원부. 2002. 전국 바이오벤처 실태조사.

산업자원부. 2002. 산업클러스터 활성화 정책 추진.

산업자원부. 2007. 바이오디젤 중장기 보급 계획.
산업자원부. 2007. 바이오안전성백서.
산업자원부. 2008. 각연도국내바이오산업통계.
삼성경제연구소. 2000. 바이오 혁명의 파장과 벤처생태계의 현황.
삼성경제연구소. 2002. 산업클러스터의 국내외 사례와 발전전략, 정책연구.
설성수 외 2인. 2002. 대덕밸리의 형성과 진화. 과학기술정책연구원.
식품의약품안전청. 2007. GM농산물, GM식품 이것이 궁금합니다.
안두현 · 김석관. 2000. 생물산업 기술패러다임의 변화에 따른 대응방안 모색. 한국과학기술정책연구원.
윤상욱. 1997. 소나무와 자연요법. 아카데미서적.
윤상욱 외 2인. 1997. 솔잎의 약리학적 · 영양학적 가치. 동국대학교연습림보고서.
이공래. 2002. 우리나라 지식클러스터 실태와 육성방안. 과학기술정책연구원.
이영덕. 2002. BT 및 생물산업의 혁신특성, 경쟁전략 및 생태계에 관한 연구. 충남대학교.
이영덕 · 김정석. 2003. 바이오 클러스터의 발전동인 탐색. 충남대학교.
최윤희 외. 2002. 바이오벤처기업지원센터의 효율적 운영방안. 산업연구원 용역보고서.
최윤희 외. 2006. 바이오산업육성을 위한 R & D 전략. 국가과학기술자문회의.
한국과학기술정보연구원. 2002. 바이오농약.
한국기술거래소. 2001. 환경친화적 생물농약.
한국농촌경제연구원. 2007. 농업전망.
한국보건산업진흥원. 2005. 단백질칩 최근 기술이슈 및 시장동향.
한국생명공학연구원 · 바이오안전성정보센터. 2007. Biosafety Vol. 8(4).
황효성 외. 진단 및 치료에서의 바이오칩(Biochip) 연구 동향. 인구의학연구논집 제17권.
Anselin, L. 1997. Local Geographic Spillovers between University Research and High Technology Innovations. Journal of Urban Economics 42.
AstraZeneca. 2000. AstraZeneca and its genetic research-Feeding the world or fuelling hunger? ActionAid 1999.
Backman, P.A. and R.A. Sikora. 2008. Endophytes: An emerging tool for biological control. Biological Control 46:1-3.
BIO2000 Conference. 2000. Networks of Innovation: Regions Collaborating to Compete in the Global Market National Gathering of Biotech/Life Science Innovation Regions.
Chesbrough, H. 2004. Open Innovation: The New Imperative for Creating and Profiting

from Technology. Harvard Business Press.

Copping, L.G. and J.J. Menn. 2000. Biopesticides: a review of their action, application and efficacy. Pest Management Science 56:651-676.

Copping, L.G. 2004. The manual of biocontrol agents. BCPC, Hampshire, UK.

Rimando, A.M. and S.O. Duke. 2006. Natural products for pest management. American Chemical Society, Washington, USA.

ISAAA. 2007. Global Status of Commercialized Biotech/GM Crops.

Ernst & Young. 2004. Resilience: Americas Biotechnology Report 2003.

Ernst & Young. 2006. Beyond Borders: Global Biotechnology Report 2006.

Lundvall, B. 1992. National Systems of Innovation - Toward a Theory of Innovation and Interactive Learning, London. Printer Publishers, London.

MacBeath, G. and Schreiber, S.L. 2000. Printing Proteins as Microarrays for High-Throughput Function Determination. Science 289:1760-1763.

National Science Foundation, Division of Science Resources Studies. 2001. Characteristics of Doctoral Scientists and Engineers in the United States.

Committee on In Situ Bioremediation. 1993. In Situ Bioremediation. National Academy Press.

OECD. 1998. Cluster and Cluster Policy.

OECD. 2001. Innovative Clusters: Drivers of National Innovation Systems.

Pandey, A., and Mann, M. 2000. Proteomics to study genes and genomes. Nature 405:837-846.

Porter, M. 1998. The competitive Advantage of Nations, NY: Free Press, 1990 Clusters and the New Economies of Competition. HBR Nov-Dec Vol.76(6).

Porter, M. 2000. Clusters and Competitiveness: Findings from the Cluster Mapping Project. Nature Biotechnology Vol 18.

RAND. 2008. The Global Technology Revolution 2020, In-Depth Analyses.

Ringler, C. 2006. Global Food, Feed, Fiber and Bioenergy Demand Prospects, Implications for Natural Resources-Drawing on the Millenium Ecosystem Assessment. International Food Policy Research Institute.

Roberto Y. Hukai. 2006. Developing Business Opportunities in Japan and Brazil Bioenergy.

Roelandt, T.J.A and P. Hertog. 1998. Cluster Analysis and Cluster-based Policy in OECD Countiries.

Rosegrant, M.W. et al. 2006. Bioenergy and Agriculture: Promises And Challenges, Biofuels and the Global Food Balance. International Food Policy Research Institute.

San Diego Workforce Partnership, Inc. 2002. San Diego's Biosciences Industry Cluster. San Diego State University.

Stears RL, Martinsky T., and Schena M. 2003. Trends in microarray analysis. Nature Med. 9:140-145.

Swann, G.M.P, Prevezer M, Stout D. 1998. The Dynamics of Industrial Clustering Internationale Comparisons in Computing and Biotechnology. Oxford Press.

Thakore, Y. 2006. The new biopesticide market. Business Communications Co., Inc., USA.

Worldwatch Institute. 2006. Biofuels for Transfortation.

Yuk J.S. et al. 2006. Analysis of protein interactions on protein arrays by a novel spectral surface plasmon resonance imaging. Biosens. Bioelectron. 21:1521-1528.

日本經濟産業省 BT戰略會議. 2002. バイオテクノロジー戰略大綱.

| 저자약력 |

윤상욱(尹相旭)

약력 농학박사
동국대학교 겸임교수
경산종합건설 기술이사

주요 저서
『원색자원수목도감』, 『한국의 자연, 자원수목』, 『개발이냐, 보전이냐?』,
『소나무와 자연요법』, 『숲과 환경과 인간』, 『생활과 조경』, 『도시와 생태』 외 다수

강호덕(姜鎬德)

약력 임학박사
동국대학교 바이오환경과학과 부교수
황사 · 사막화방지 연구소장
한국임학회 학술위원장

주요 연구
『사막화방지를 위한 동북아지역 모니터링 연구(UN)』, 「갈매보리수나무 신품종 및 증식기술 개발」(산림청), 「꼬리겨우살이 기내외 증식체계 확립을 통한 종보전 연구」(연구재단), 「한반도 산림복원 및 국제산림협력연구 사업단」(산림청) 외 다수

강규영(姜奎榮)

약력 농학박사
동국대학교 바이오환경과학과 조교수
한국목재공학회 이사
(사) 한국공업화학회 펄프 · 제지 · 피혁분과 기획간사

주요 연구
『표현형질 분석기법을 이용한 하이브리드 포플러 클론의 바이오에탄올 생산 적용성 평가 연구』(한국연구재단)
『조선왕조실록 밀랍본 복원기술 연구』(국립문화재연구소)
『남부지방 단기 임산자원의 소득화에 관한 연구』(국립산림과학원) 외 다수.

바이오산업과 환경

초판 1쇄 2010년 7월 10일
초판 2쇄 2011년 8월 20일

지은이 | 윤상욱 · 강호덕 · 강규영
펴낸이 | 조복자
펴낸곳 | 문음사
주소 | (140 – 111) 서울 용산구 원효로 1가 39 – 9
등록 | 가제 3 – 15호
전화 | 713 – 7570
팩스 | 713 – 7436
이메일 | moonumsa@moonumsa.co.kr
홈페이지 | www.moonumsa.co.kr

ISBN 978 – 89 – 8168 – 477 – 8 93470

파본된 책은 바꿔드립니다.

정가 18,000원